Menschheit wo hin willst Du?

Totengräber der Demokratie.

Totengräber der Demokratie
oder
Einhundert Jahre oder Morgen"

Verfasst und geschrieben im Jahr 2000

Von Jo *Redstone*

Die Titelseite zeigt das Deckblatt Vorträge, die der Autor

über die Energieversorgung 1987 abhielt.

Verfasser und verfasst 2000 von Jo Redstone

Impressum:

Geschrieben von Red Stone 2000 bis 2002.
Deckblatt: Entwurf Red Stone, S:E:W.A.Technik

Verleger: ... Verlag 2003

Neufassung (2020) von Jo Redstone, Verfasst von H. Schiemansky

Dieses Buch ist eine Neufassung und wurde überarbeitet, weil der erste Verleger es sträflich behandelt hat.

Er hat sich seine NICHT-Arbeit, gut bezahlen lassen aber kaum Leistung dafür erbracht. Somit wurde aus dem Buch ein REINFALL erster Güte, und ich sehe mich veranlasst, es der Zeit, anzupassen, da sich vieles geändert und eben so viel, von dem, was für manch einen, als Vision dargestellt, bewahrheitet hat.   Der wesentliche Teil der ersten Fassung aber wurde erhalten und ist durch eine andere Schriftart sofort zu erkennen.

Trotz der Überarbeitung ist nicht auszuschließen, dass sich nicht doch noch Fehler haben ein geschlichen.

Bibliografische Information der Deutschen Nationalbibliothek: Die
Deutsche Nationalbibliothek verzeichnet diese Publikation in der
Deutschen Nationalbibliografie; detaillierte bibliografische Daten sind im
Internet über dnb.dnb.de abrufbar.

© 2020 H. Schiemansky
Herstellung und Verlag: BoD – Books on Demand, Norderstedt
ISBN: 978-3-7526-0749-9

Totengräber der Demokratie ,

Oder *Hundert Jahre oder Morgen*

Aus dem Inhalt

Ein Buch zum Mit- und Nachdenken mit tief- und hintergründigem Inhalt!

Mein Leben - meine Leben - das im ersten Jahr des zweiten Weltkrieges begann und meine Erfahrungen brachten mir schon früh die Erkenntnis, dass ich oft um Jahre, Jahrzehnte Dinge voraussah, die sich ereigneten.

Und mit diesen Erfahrungen und Erkenntnissen stärkte sich in mir der Glaube an eine andere (bessere?) Welt, wenn, ja wenn es die (der) Mensch/en hätte/n zugelassen.

Die Wirren des Krieges, die Jugendzeit, und alle Abschnitte meines Lebens brachten Blüten hervor die mehr als nur erlebnisreich waren und einen sensiblen Menschen zum Denken, zwingen.

Unter dem Deckmantel „freie, soziale Marktwirtschaft" wird alles was es an Werten zu pflegen und Erhalten gäbe geopfert, und die Masse ist nicht einmal gewillt und im Stande diese Vorgänge erkennen zu wollen, weil sie durch Medien und Werbung vom wirklichen Inhalt der Aussagen und Geschehen abgehalten wird.

Hat die Technik sich stets weiterentwickelt – perfektioniert - so ist der Inhalt der Grundlage - die Artikel des Grundgesetzes - soweit heruntergewirtschaftet worden, dass von einer Demokratie im demokratischen Sinne schon lange nicht mehr die Rede sein kann und der Zeitpunkt für die überfällige Wende einfach vertan wurde.

So wie früher auch gilt mehr denn je das Zitat „Brot und Spiele" und (fast) alle sollen mitspielen. Nie zuvor klang der Lärm vom Turmbau zu Babel lauter herüber als in letzter Zeit. In ihm gehen die vielen edlen Taten und das Tun einer kleinen Schicht – die, den Glaube an die Menschheit aufrechterhält - fast lautlos unter.

Alltägliche Vorfälle und Abläufe zeigen dem Sehen wollenden aber zu deutlich die Schwächen der gelebten Demokratie und lassen einem schnell zu dem Schluss kommen wer die Totengräber dieser - und aller anderen - Demokratien sind.

Zunehmender Verfall der Werte menschlichem Zusammenleben, Rücksichtslosigkeit, Besserwissertum, Arroganz, werden vollendet von Schiebereien, Kuppeleien, Schmierereien, Bestechung, Lug, Betrug und Korruption bis hin zum Mord, und an oberster Stelle steht als Ziel **Geld** und **Macht** und alles im oder unter dem Namen dieser (sogenannten) Demokratie.

Dabei hätte alles in gemäßigter Form wesentlich menschlichere Ergebnisse für die gesamte Menschheit gebracht!

So aber beschränkt sich alles auf eine kleine Schicht, die ein von Überfluss geprägtes oft sinnloses Leben lebt und dadurch ein früheres Ende dieser Spezies herbeiführt Was bleibt den Erben dieser Demokratie zum Überleben noch übrig?

Wohin führt der Weg den diese Demokratie eingeschlagen hat?

So ist die Erkenntnis aus diesem, meinen Leben, der Untertitel dieses Buches, der da lautet

„Hundert Jahre – oder Morgen"

Anno 2000

Totengräber der Demokratie!

oder *EINHUNDERT JAHRE ODER MORGEN*

Vergangenheit

Das können glückliche Stunden mit einem geliebten Menschen sein die man nie vergessen kann und möchte, die einen für den Rest des Lebens prägen.

Vergangenheit, das können aber auch die schlimmsten Erlebnisse eines Lebens sein, die man eben so wenig vergisst.

Ich habe von allem reichlich erfahren dürfen, sie haben meine Gesinnung beeinflusst und gefestigt und meine Meinungsbildung geprägt.

Es gibt eine Schicht in Politik und Wirtschaft, die aus Schwäche oder ..., mit dem Argument um sich wirft –
„was interessiert uns die Vergangenheit, wir müssen nach MORGEN blicken".
In Prinzip ist etwas Wahres daran, doch dabei wird leider – bewusst – zu viel vergessen.

Je weiter man zurückblicken kann,
desto weiter wird man vorausschauen.
(W. Churchill)

Denn eines ist sicher, wer nicht seine positiven und negativen Erfahrungen von GESTERN nutzt – „kann nichts Gutes oder Besseres für die Zukunft schaffen" – aber das ist auch gar nicht von denen, die das Sagen haben, beabsichtigt.

7

Davon ganz abgesehen ist das wenig Gute für die Zukunft der gesamten Menschheit mehr als äußerst sparsam gesät.

Galt früher der Satz –„ man nimmt (auf dem letzten Gang) doch nichts mit", so trifft zurzeit eher zu, „solange man lebe, nehme man mit, was immer möglich ist".

Ob diese Meinung unmenschlich und unehrlich ist oder nicht, spielt dabei lange keine Rolle mehr.

Mit der ersten Aussage meinte der Volksmund einmal, dass man ruhig für den anderen etwas überlassen darf, ja soll.

Dies trifft für die heute so schnelllebige Welt, für die meisten nicht mehr zu.

Vieles, mit dem die wenigen ehrlichen (und auch die anderen) Menschen heute leben oder kämpfen müssen, gäbe es nicht, würde man die Gier einschränken und der Masse ein wenig mehr Gerechtigkeit auferlegen.

Vergangenheit, das ist für die einen Grund genug um das, was schlecht gelaufen ist, zu verbessern.

Vergangenheit, ob gut oder schlecht, entscheidet mit über das Morgen, ob man will oder nicht.

Gäbe es keine Vergangenheit, ständen wir heute am Tage null, und wer wollte das schon.

Es ist leicht gesagt, lasst uns doch bei null anfangen, doch das geht leider oder Gott sei Dank, nicht.

Nur was hat die Menschheit dazu gelernt? Wenig, und warum?

Sie ist vom Streben, von der Gier nach Macht und Geld, bis heute blind geworden und geblieben und strebt mit aller Macht einem rätselhaften Ende zu.

Die Zeichen der Zeit, die Menschheitsgeschichte ist längst geschrieben, doch nur wenige sehen sie und noch wenigere tun dies kund.

Wer sich der bequemeren Denkweisen der Mehrheit nicht anschließt, wird auch heute noch und in einem Staate wie dem unseren nach Möglichkeit mundtot gemacht oder als Querulant abgestempelt.

Was also haben wir, was hat die Menschheit aus der Vergangenheit gelernt???

Wer, so meinen SIE, hat als Politiker der letzten Jahre (hundert, -tausend), wer hat als Geistlicher der letzten Zeit, nach Ihrer Meinung

so große menschliche Leistungen vollbracht, dass Sie Ihn uneingeschränkt als Vorbild akzeptieren könnten?
Ich kenne leider keinen.
Keiner dieser Herren oder Damen, verdient, es, hier aufgeführt zu werden.
Ja, man hat nicht einmal den Mut gegen Unmenschlichkeiten vorzugehen (s. Tscheschenien u. u. und)
Was bleibt, sind Menschen, wie Albert Schweizer, Mutter Theresa, ... menschliche Menschen gibt es noch, aber, sie arbeiten im Stillen.

Doch sie arbeiten nur in einem Spektrum das die Menschheit betrifft - denn seine Kraft kann man meist nur sehr begrenzt einsetzen.
Wofür aber gibt es eigentlich eine Regierung mit vielen Fachministern und Bediensteten, wenn für die gesamte Bevölkerung doch nicht mehr dabei herauskommt?

Warum ich nur die letzten Jahrzehnte nehme?

Sicher, die Menschheit war schon immer unmenschlich. Doch alle diese (Tugenden und) Untugenden kann man erst richtig in den letzten Jahrzehnten überblicken, und, *ich möchte nicht so unmenschlich sein und nach einem Schema urteilen.*

Wenn man eine grobe Zeitzuteilung vornehmen will – *an der ich eine Umkehr in die positive Richtung für möglich gehalten habe - so sei das Ende des zweiten Weltkriegs diese Grenze.*
Hier, so meine ich, hätte die letzte Chance bestanden, in eine menschenwürdigere Gesellschaft überzuwechseln.

Vieles, was schon heute unumkehrbar ist, gab es damals noch nicht, kannte man nicht oder war in so geringen Mengen vorhanden, dass es ohne großen Schaden anzurichten wirkte.
Die Reichen und Super-Reichen belasten diesen Globus und das Weltall überproportional.
Durch ihren übertriebenen Luxus entstehen Dinge, die dieser Welt nur schaden und absolut lebensunwichtig sind. Sie sind es auch, die das Sklaventum fördern und Ungerechtigkeit erzwingen.

9

Spätestens zu diesem Zeitpunkt hätten fähige Leute eine Wende in dem Zusammenleben der Menschheit erkennen müssen. Ein Zusammenleben unter menschlichen Gesichtspunkten, denn nur so ist ein Zusammenleben mit Zukunft möglich.

Dass diese meine Gedanken nicht Wirklichkeit werden, ist und war mir schon immer klar aber es gibt nur zwei Möglichkeiten für diese Menschheit;
Entweder man entscheidet sich für ein menschliches Zusammenleben – was nie mehr zustande kommen wird und wofür es schon zu spät ist,
oder
man lebt so unkontrolliert zusammen wie heute; Jeder lebt und wirkt zunächst für sich selbst und stellt das angebliche Wirken für die anderen nur für seinen eigenen Vorteil als Aushängeschild vorne an.

Ich gebe zu, man lebt in einer Zeit, in der man viele Vorteile dieser Zeit am eigenen Leben erleben durfte und darf, und ich möchte nicht mehr auf alles wieder verzichten.
Dennoch, meine Lebenserfahrung hat mir Höhen und Tiefen dieses Daseins beschert und ich sage, auf einiges, eine Menge an ÜBERFLÜSSIGEM könnte ich durchaus verzichten, wäre es für die Zukunft unserer Nachkommen wichtig und richtig, - auch auf wesentlich mehr.

Dennoch fühle ich mich auf der Liste der Einkommen derzeit in Deutschland ziemlich unten angesiedelt, was aber auf keinen Fall heißen soll, dass ich unzufrieden bin. Nein im Gegenteil, ich fühle mich innerlich reich. Reich im Wissen, und habe früher bessere und schlechtere Zeiten erlebt.
Was mir so völlig klar geworden ist, ist die Tatsache, dass, gäbe es eine andere, eine gerechtere Lebensform der Menschen, der allgemeine Wohlstand weltweit größer wäre, und es viele der jetzt durch den übertriebenen Reichtum einiger entstandener Übel unserer Gesellschaft gar nicht gäbe !!!
Ein menschenwürdiges Leben also.

Dieses aber, machen mir Freunde und Bekannte mit dem Argument streitig, „wer da oben sitzt, bedient sich zunächst selbst".

Ich streite dies dennoch ab, obwohl es leider der Wahrheit entspricht
- denn ich meine, in jedem Menschen steckt auch etwas Gutes aber
noch nie hat einer, der das Sagen hatte, versucht, diese Seite im
Buche der Menschen aufzuschlagen geschweige noch zu entwickeln.

„Anerkennung" erntet der, der Geld und Macht hat, dies hat aber
nichts mit Menschlichkeit zu tun.

Die anderen, die die menschlich leben und handeln, tun dies
vorwiegend, ohne jede Anerkennung von außen dazu zu bekommen.

Allen Regierungen und den sogenannten Großen dieser Erde kann
man vorhalten und muss man vorwerfen, nichts für eine Gesicherte,
ruhige, friedfertige Zukunft der Menschen getan zu haben oder zu
tun.
Wenn ich alle sage, meine ich auch alle – in allen Orten, allen
Ländern, allen Staaten, alle korrupt und kaum sozial.
Sie alle leben auf Kosten und von der Arbeit anderer – den Sklaven.

Klar, auch solche Menschen werden wie du und ich nur mit
irgendwelchen Genen geboren, sind also keinesfalls etwas Besseres,
vielleicht brutaler, rücksichtsloser, skrupelloser ja krimineller.
Und die breite Masse, das dumme Volk, jubelt ihnen zu. So wie es
früher war, so wie es zu Adolfs-Zeiten war und so wie es heute ist.
Die, die da warnen und eine andere Richtung wollen, die macht man
am besten mundtot.
Und es ist die Politik und ganz allein die Politik die dafür die
Gesetze macht, ja es zulässt und sogar fördert.

*Ich höre die Masse der Lesenden aufschreien, aber lesen sie weiter
und versuchen einmal über den Tellerrand hinaus zu sehen und zu
denken, dann erst verstehen Sie meine Worte*

> *Die Welt ist voll von Leuten, die Wasser predigen
> Und Wein trinken.*
>
> *(G.Guareschi)*

Vertane Chance

Der Weg zur U N O /UNESCO wäre ein richtiger Anfang – wäre er nicht da stehen geblieben, wo er am Anfang stand.

Gedacht war er wohl um die Interessen der Weltbevölkerung zu regeln, einmal – in Zukunft natürlich, aber ... ... !

Die Interessen der Einzelnen, ob Personen, Staaten, Länder, Religionen und, und, verhindern aber, einen einheitlichen Willen eine menschlichere Erde für alle zu schaffen.

Gleichheit und Gerechtigkeit bis ins Letzte kann es nicht geben, dazu sind auch die Menschen nicht gleich. Ungleich in ihren Eigenschaften, Aussehen, Anlagen, Streben, Mentalitäten, Veranlagungen und, und, und.
Doch ein wenig mehr an Gerechtigkeit würde für alle ein ruhigeres, erstrebenswerteres Leben bringen. Stattdessen entstehen durch immer neue unmenschliche Veränderungen, immer neue Krisen und Krisenherde.

Werden, die Völker sich nicht eines Tages in einem „Heiligen" Krieg selbst das Aus zufügen, so wird es die Technik sein, die den Lebensraum Erde, für die Spezies Menschen unbewohnbar macht.

Hat in den zurückliegenden Jahren der viel zitierte Satz Gültigkeit gehabt, „die Erde bereinigt die Schäden, die ihr der Menschen zufügt, von selbst" – gemeint, sind wohl die Umweltsünden die man ihr antut – so trifft dies doch seit spätestens dem zweiten Weltkrieg nicht mehr zu. Da kann man verschönen, so viel man will, diese Rechnung wird so nicht mehr aufgehen.
Differenziert werden muss jetzt, dass sie die Erde es immer noch tun wird nur ohne die Spezies Mensch – von ihr wird sie sich trennen.

Sie kennen die Antwort nicht?
Statt aus der Vergangenheit zu lernen und für die Zukunft zu leben, tut man so, als wisse man alles besser und könne den lieben Gott ersetzen und die Erde – die Welt – gestalten, wie man wolle.

Lebenserfahrenes

Dieses Buch beruft sich in seinem Inhalt auf die Lebenserfahrungen, die ich gemacht habe und nimmt für sich nicht in Anspruch, der Weisheit letzter Schluss zu sein.
Doch sind im Laufe meines Lebens viele meiner Voraussagen eingetroffen, so dass zu Recht auch ein Anspruch einer möglichen Zukunftsvision bei diesen Gedanken besteht.

Nicht nur an Leo

„Du wirst mir Recht geben, wenn du mal meine Geschichte ganz kennst und meine Gedanken, die ich zuvor von verschiedenen, ich meine, fast allen Richtungen durchleuchtet und betrachtet habe".

Das menschliche Leben, der Mensch, teilt sich in sehr vielen Klassen auf, wobei es doch eigentlich nur den Typ Mensch auf dieser Erde geben - sollte.

Schlimmer als bei den Bienen – die ja nicht denken können, nur instinktiv handeln –malochen die meisten von uns – wenn sie denn überhaupt dürfen – für eine Schicht, die sie total ausbeutet – und hier unterscheiden wir uns wieder von den Bienen, die nur je Volk eine Königin haben und das, damit sie überhaupt überleben können.
Wir, der Mensch, aber schafft für eine ganze Schicht Reicher - Er aber bräuchte diese Ausbeuter nicht.
Nein, die Menschheit hätte es wesentlich besser, würde man sich dieser Schichten entledigen, würden sie sich eine Gesellschaftsform zulegen, die allen gerechter wird.

Mit der jetzt gelebten Demokratie geht das wohl nicht oder besser, richtiger gesagt, mit der Einstellung der Menschen heutzutage ist dies nicht möglich.

Leo:

Zu dem ich dies einmal sagte, der war zunächst ein kennengelernter „zwangsläufiger" Kollege, der aber lang schon, ein guter Freund geworden war.

Leo, so ist sein Rufname, ist heute Pförtner in einem kleineren Betrieb und durch eine Umschulungsmaßnahme dort hingekommen, nachdem er sein Kreuz auf einem Bagger/Lkw ruiniert hatte und das mit erst 38 Jahren.

Leo stammt aus einem einfachen Elternhaus. Vater und Mutter haben sich ihr Leben lang für ihre 5 Kinder krummgelegt, damit sie satt wurden und wenigstens einen Beruf erlernen konnten. Für mehr aber reichte es bei ihnen nicht.
Doch da war noch dieses, wenn auch alte Häuschen, das sie besaßen, und von dem Leo viele Geschichten aus seiner Jugend erzählte. Damals für Apfel oder Ei zu haben - wenn man den damaligen Stellenwert des Geldes nicht betrachtet, hatten sie an diesem Häuschen ein etwas größeres Grundstück, das inzwischen an Wert gewann. Die jetzt ortsnahe Lage, eines solchen Grundstücks in einer solch herrlichen Gegend war einfach ihr Geld wert. Eigentlich zu schade, um es zu verkaufen.

Fahrer, das wird man, lernt man meist nicht, und so war es auch bei Leo. So war es Früher
Zunächst hatte er seinen Wunschberuf gelernt, doch dann reizte auch ihn das Geld das er draußen mehr verdienen konnte, und er ging, wie so viele, auf den LKW, und hatte seine Freiheit dazu.

Seine Jugend verlief ohne große Sorgen, Vorkommnisse, Höhen und Tiefen, und so verwunderte mich seine Gedankenwelt, seine Einstellung und Handlungsweise zum und über dieses Leben und die Menschheit nicht. Er er/lebte es nicht anders, und er kannte es nicht

14

anders, auch nicht aus Diskussionen oder Gesprächen – wie die meisten von uns.

Gedanken – warum sollte gerade er sich diese machen - lebte er doch bis zu Tage X für seine Verhältnisse recht gut.
Hatte eine gute Frau, drei nette Kinder und ein sehenswertes Häuschen mit Garten.

Bis zum Tage X war für ihn, seine Familie, die Welt auch in Ordnung.
Na ja, ein paar Mark Darlehen waren schon noch auf dem Haus, aber das war steuerlich gesehen sogar besser.

Als der Arzt ihn wegen seiner starken Schmerzen erst mal auf unbestimmte Zeit krankschrieb, war die Welt dieser Familie noch in Ordnung. Er hatte ja gut verdient und immer Höchstbeiträge gezahlt, da konnte doch nichts schief gehen. Und da waren auch noch die Rücklagen aus den vielen Überstunden/Schwarzarbeiten, die er gemacht hatte. Nein erst war mal alles in Ordnung – oder?

Das erste Krankengeld kam – da stimmt doch was nicht – warum haben mir diese Idioten denn soviel abgezogen, die müssen doch wissen, wie viel ich jeden Monat verdient habe.
Das Krankengeld aber stimmte natürlich auf den Pfennig genau.

Vieles, was er verdiente, unterlag nicht den Sozialabgaben und zählte nicht bei etwaigen Zahlungen aus diesen Kassen.

Es ging an seine Reserven. Auch da lief es noch ganz gut – aber man fing an zu überlegen, ob und was das Wichtigere war, was angeschafft werden musste - konnte.
Das zweite Auto, nein das musste wegen der vielen erforderlichen Fahrten bleiben - wenigstens vorläufig, im Falle, dass es nicht reichte, konnte man immer noch neu darüber nachdenken.
Dann waren die Kinder an der Reihe, auch wenn´s, schwerfiel!

Susanne hatte drei feste Vereine zu denen sie regelmäßig jede Woche musste und noch weitere 6, die im Wechsel 14 tägig bis vierwöchig anstanden.

Bei Jens sah es nicht viel anders aus, und jeder musste und wollte dort hingebracht werden?! Nein hier mussten wir anfangen zu sparen - auch wenn´s schwerfiel und Proteste angesagt waren.

Und Kai musste noch nirgendwohin, war noch zu klein – Gott sei Dank.

Die Krankheit zog sich hin, wurde nicht wie zuvor, wieder besser. So ging es von einem Arzt zum anderen – bis zum Aus.
Berufsunfähig wurde ihm bescheinigt.
Aber dafür hatte er ja Beiträge eingezahlt. Weniger als jetzt könnte es ja auch nicht mehr werden, dachte er. Da dachte er aber falsch!
Die Reserven wurden selbst bei dem veränderten Lebensstil auch immer weniger, und man musste neu nachdenken, wie man die Zukunft meistern kann.
So wurde, musste der Zweitwagen seiner Frau und weiterer kleiner Luxus geopfert werden.

Er stellte einen Antrag auf Berufsunfähigkeitsrente und musste sich schon im Vorfeld sagen lassen, dass er mit diesem Geld, der Rente, nicht auskommen wird.

Gehen sie zum Arbeitsamt und lassen sich dort helfen, stellen sie einen Antrag auf Umschulung oder -.

Die Beratung war gut, der Eignungstest zufriedenstellend, doch die Angebote entsprachen nicht seinen Vorstellungen.
So kam es, dass er als Pförtner mit erweiterten Funktionen, einen Arbeitsplatz annahm.

Und hier, bei dieser Firma, war es, wo wir uns wieder trafen.

Ich hatte von meiner damaligen Firma als Bauleiter eine Arbeit bei diesem Unternehmen durchzuführen und sah dabei Leo wieder.

Um auf das Werksgelände dieses Unternehmen zu kommen, benötigt man einen Ausweis des Unternehmens und eine Genehmigung dasselbe zu befahren.

Bei der ersten Einfahrt wurden wir natürlich genauestens kontrolliert, und ich sagte zu meinen Begleitern: „Das war doch Leo, der uns da vorhin kontrollierte, oder"?
„Ja, der sah genau so aus".
„Hat von euch eigentlich mal einer was gehört, was mit ihm geschehen ist, seit wir ihn nicht mehr gesehen haben"? „Nein", sagten alle drei – „nichts".

Vor Jahren

Wir vier bildeten eine Stammgruppe, und Leo war von einer Fremdfirma oft bei unserer Arbeit - wenn wir denn einen Bagger benötigten – zugeteilt, und wir benötigten wegen der Schwere der Lasten häufig einen.
.
Rein und raus und Informationen, wo was und wie auf dem Gelände war, alles das wusste Leo, an ihn sollte ich mich wenden, wenn ich etwas wissen wollte, wurde vom Betriebsleiter mir gesagt.

„Also, doch Leo"! Er erzählte mir bei einer Wartepause die Geschichte seiner letzten fünf Jahre, solange wie wir uns nicht mehr gesehen hatten.

Nur, jetzt war seine Gesinnung eine andere geworden und er war, wie wir alle, älter geworden.

Die Arbeit war erträglich und das Klima in der Firma, so sagte er, gut, nur wir müssen uns doch sehr einschränken mit dem Geld, aber was nutzt das Jammern – nichts.

Seine Freizeit, seine wirkliche Freizeit verbrachte er früher bei seinen Tauben, die füllten den Rest seines Lebens aus.
Jetzt schob er in einem Ton, der sein wirkliches Empfinden verdeckte, nach, „jetzt habe ich wenigstens für meine Tauben Zeit", und er merkte, dass ich etwas sagen wollte, und schob nochmals nach, „auch für meine Familie".

Dann machte er eine längere Pause, und sagte dann zu mir, „ich habe dich immer für einen Spinner gehalten mit deinen Vorstellungen von einer anderen Gesellschaft, von einem anderen Leben".

„Ja, du", antwortete ich ihm, „meine Ansichten sind inzwischen noch weitergehender, noch fester und überzeugender, wir unterhalten uns mal bei einer anderen Gelegenheit darüber, oder komm mit deiner Frau doch mal bei uns vorbei".

Leo mochte ich im Gegensatz zu manch anderem mir gelegentlich zugeteilten Fahrern, die, wenn Oelwechsel, am Fahrzeug fällig war, sich ein kleines Loch, bagerten, darüberfuhren und das Oel dahinein abließen. Solche Dinge tat Leo nicht und auch sonst gehörte er nicht zu der Schicht Menschen, die mir weniger lagen.

Gespräche mit diesen Herren "Verschmutzer", persönlich und gelegentlich mit ihren Vorgesetzten/Besitzern - natürlich ohne Benennung der Person – brachten keinen Erfolg.

Umweltschutz war in den 60ziger, 70ziger Jahren allgemein kaum ein Thema, und andere taten es ja auch.
Ich aber wollte es auf meinen Arbeitsplätzen nicht haben und wählte dementsprechendes Personal und Firmen aus.

Ja, so sind und bleiben die Menschen.

Dabei bekommt der Fahrer doch Stundenlohn und kann jeden Aufwand abrechnen. Und sein „Alter", der rechnet garantiert solche Arbeiten in ordnungsgemäßer Ausführung in seinen Kosten mit ein. Schweinerei also, was da millionenfach täglich draußen und erst recht auf der Erde geschieht.
Bei all diesen Regierungs-Systemen auch kein Wunder.

Zu dieser Zeit hatte ich einen täglichen Verdienst – auch an Samstagen, Sonn- und Feiertagen, die arbeitsfrei waren - um den mich selbst Freunde - hohe Beamte – beneideten, obwohl ich denen nie die volle Summe sagte.
Es war eine Arbeit, die in jeder Beziehung Höchstmaß erforderte, sowohl geistig, als auch des Öfteren noch körperlich – da es mein

Team war das eine Leistung zu erbringen hatte und nicht nur ich, war es für mich selbstverständlich, wenn es darauf ankam, war ich mir nie zu schade mit anzufassen, und ich weiß, wovon ich rede.

Gesellschaftsformen

Blaues Blut und Hochwürden, Euer Ehren oder „von und zu" – wenn ich richtig liege, soll ich auch mal dazu gehört haben - alles dummes Gefasel.

Der Einzelne, der Mensch, die Person zählt für mich.
Tatsachen, nicht Titel oder Namen – alles nur Schall und Rauch, alles Betrug an der Allgemeinheit.
Neid, das muss ich aufs schärfste zurückweisen.

Seien Sie ehrlich, kennen sie jemanden der in großer Mission auf der Toil... war und kein braunes A....loch hat?

Ich weiß, es klingt hart, primitiv und Sie verurteilen mich deshalb, aber überlegen Sie mal – denken mal über den Tellerrand - von dem Sie täglich essen - hinaus, was Sie dann alles erfahren, sehen müssen.
Oder sind Sie einer der unendlich vielen Mitläufer, Mittäter?
Vielleicht aber auch nur etwas blind?

Die Menschen suchen seit Jahrhunderten nach anderen Lebens-, Gesellschaftsformen, doch was sie blockiert ist eine kleine, reiche Schicht, die sie - noch - in Schach hält – und sie selbst stehen sich im Wege.
Aber mit zunehmender Veränderung in unserer Gesellschaft wird das Ende immer brutaler.
Auf Brutalität aber kann nur mit noch größerer Brutalität geantwortet werden. Leider!

Was mir aber noch mehr Nachdenken bereitet ist die Dummheit, die Dummheit, die (fast) alle irgend wo und wie haben. Diese führt zu Fehlschlüssen und wird großes Unheil anrichten.
Wenn die Masse, der Mob tobt, kann nur Ungutes dabei herauskommen.

Inzwischen gehörte ich auch zu der „oberen Schicht" – oder? – bin/war selbständig.

Entschuldigen Sie, dass ich lache, statt früher für andere, schuftete ich jetzt auf eigene Kosten und Risiko für Gewinn, doppelt so viel und mehr, wie ich für mich selbst benötige.
Das war aber auch alles.
Klar es gab Monate, in denen ich gut verdiente, mehr als ich für meine Begriffe brauchte. Aber zu denen da oben zählte ich mich nicht, das war auch nie mein Ziel.

Rechnete ich die Zeit, Arbeit und Aufwand einmal um, dann sah der Stundenverdienst – nach Abzug aller Kosten, doch anders aus, und die Reichen bekommen ihr Geld zum Teil, auch ohne eine Leistung zu erbringen.

Diese Erkenntnis und die, die mir mein Leben geschrieben hat, prägten in mir meine Ansichten, Meinungen, und lassen sich durch nichts beeinflussen.
Selbst nicht, als ich noch vor wenigen Jahren dafür von manchem beschimpft wurde.
Sie hatten ja Recht, in ihren Augen war ich ein Spinner – ich aber wusste, dass sie nicht weit genug sehen und denken konnten oder wollten?!
Muss der einzelne ja auch nicht, dafür, sollten eigentlich andere da sein – die Elite – wie man so schön sagt. Die, die sie als ihre Vertreter – ihre Abgeordneten – wählen.

Häuschen mit Garten

Und so kam es, dass ich beruflich mit einem meiner Kunden, einen, richtiger, eine solche reiche Familie besuchen musste, um eine Beratung durchzuführen, denn Fachleute in dieser Technik die ich vertrat, konnte man, wie die berühmte Stecknadel im Heuhaufen, seinerzeit, suchen.

Also fuhren wir zusammen nach Terminvereinbarung dorthin.

Das Anwesen, ein etwas „kleineres" Grundstück mit einem eben so kleinen Einfamilienhaus war schon imponierend – ein kleines Schloss in einem ebenso „kleinen" Park.
Von so etwas träumten sicher viele – wenn man das Drum und Dran nicht sah - oder hatte - und hier hatte man es - alles.

Dieses junge Paar hatte einen Palast, der sich sehen ließ, und ich, der bisher vieles zu sehen bekam, musste neidlos gestehen: Klasse.
Das riesige Areal mit der darauf stehenden Villa war geerbt und einige Milliönchen dazu. Beide hatten eine exzellente Ausbildung gehabt und so fiel der Einstieg in einen Beruf, die Selbständigkeit, nicht schwer.

Statt wie viele, sich um einen ordentlichen Job bemühen zu müssen ohne Garantie für Erfolg, wurden diese beiden schon auf ihrem Arbeitsplatz erwartet.
Bei dem einen, wurde zunächst im väterlichen Betrieb Gejobbt, bei der anderen, in dem des Onkels.
Übernommen wurde dann, nein, wurden zwei eingesessene Anwalts-Büros mit einer Klientel, wo Geld zwar keine Rolle spielt – aber alles ist.

Wir sahen uns an, was uns gezeigt wurde – alles nur nicht das auf das es bei diesem Gespräch eigentlich ankam.
Man schwelgte in seinem Reichtum und gab für meine Begriffe wie ein Sack Seife damit an. Einfach großkotzig!
Mein Kunde aber machte mit, da er dieses Pärchen ja als seine Kunden kannte.

Zum eigentlichen Gespräch ist es nicht gekommen, trotz der hohen Abschreibungsmöglichkeiten in diesem speziellen Fall.
Bei über einer Millionen DM, zu versteuerndes Jahreseinkommen (schon damals), und einer Abschreibung über 10 Jahren war man nicht bereit, einen lächerlichen Betrag zu investieren um ihn doppelt und dreifach wieder heraus zu bekommen. Selbst das sah man nicht!

Wir steuerten nach wenigen Minuten die Bar an und tranken, ich wie immer Wasser, da ich fuhr, sonst jeder, was er mochte.

Thema war, das neue Auto der gnäd´gen Frau und das was der gnäd´ge Herr in Kürze bekam.
Natürlich durften auch die Urlaubsreisen und - nicht fehlen – zum Kotzen.
„Gnädige schlimm, lebten auf Kosten anderer und meinten, sie wären wer.
Nein, Respekt habe ich vor solchen Ar....ern nicht, da kenne ich größere.

Gott sei Dank gibt es auch hier einige die alles richtiger einordnen können und sich entsprechend menschlicher verhalten.
Doch eigentlich kann man ihnen gar keinen Vorwurf machen, ist doch diese Gesellschaft, dieser Staat Schuld, dass sie so sind, eine andere Erziehung haben sie ja nie erfahren, und die Gesetze dieser Demokratie, zwingt ihnen Reichtum ja auf.

Wissen diese Menschen eigentlich, auf wessen Knochen ihr Reichtum aufgebaut ist?
Wissen diese Menschen eigentlich, dass nur eine so miserable Politik ihren Wohlstand garantiert, ja fördert?
Politiker, die Unrecht zu Recht machen!

Mir reichte dieses dumme Gefasel, und ich tat vorsichtig meinen Unmut kund. So wenig Verständnis für die Umwelt und die Menschheit, da sollten sie ruhig wissen, wie ich denke.
Wollte man mich nicht verstehen oder war man so blöd?

Ein Geschäft werde ich hier ohnehin nicht landen, kann also für die Umwelt, die Menschheit und mich nichts tun, das war mir klar.
Ich stieß meinen neben mir sitzenden Kunden mit dem Fuß an und gab ein Zeichen zum Aufbruch, der wenige Minuten später erfolgte.

Ziemlich schweigend fuhr ich ihn nach Hause und wollte die Sache vergessen, was mir auch ein Jahr lang, gelang.

Ziel erkannt und ausgemacht

Dann, es war in einer Fußgängerzone, rannten wir uns fast um, obwohl ich ihn schon einige Meter zuvor entdeckte und ausweichen wollte um mit diesem Herrn nicht sprechen zu müssen. Er aber, er musste mich auch entdeckt haben und steuerte geradewegs auf mich zu.

Wenn es denn sein sollte – wich ich grundsätzlich niemandem aus, warum auch.

Er begrüßte mich, als seien wir alte Freunde und sähen uns nach langer Zeit wieder.

So, als sei nichts geschehen - war es ja auch nicht - fing er wieder an zu schwärmen. Aber, ich meinte in seiner Stimme etwas zu entdecken, was anders war.
Vielleicht hatte ich mich geirrt, vielleicht hatte er einen entsprechenden Tag, vielleicht war er ohne seine andere Hälfte ja ein anderer Mensch, vielleicht ...

Es dauerte nicht lange, da kam es heraus. „Wissen sie", sagte er zu mir, „voriges Jahr, bei ihrem Besuch bei uns" - natürlich wusste ich zu gut – „dachte ich erst, was wurde uns denn da für ein Heini mit seinen verschrobenen Ansichten ins Haus geschleppt, aber heute. Ich habe inzwischen viel nachdenken müssen und würde mich gerne mal mit ihnen darüber unterhalten, wenn sie zustimmen könnten. Nur, leider habe ich jetzt keine Zeit - darf ich sie in der nächsten Zeit mal anrufen"? wandte er sich an mich.
„Sicher - dürfen Sie".
„Was an Unterlagen soll ich ihnen mitbringen oder reicht mein Wissen im Kopf aus".
Er lachte und meinte: „Ich denke, dass das, was sie darin gespeichert haben, für unser erstes Gespräch mehr als ausreicht".
Neugierig geworden schob ich nach: „Wollen sie mir nicht doch das genaue Thema verraten über das sie mit mir sprechen möchten, Herr Hochberg?"

23

„Wenn´s nicht unbedingt sein muss – Allgemein-Information", schob er jetzt nach.

Mir reichte dies, und es ist nicht meine Art unbedingt wissen zu wollen was ist, wenn Zeit zum Erfahren vorhanden ist - obwohl anders herum betrachtet? Eigentlich machte ich mir über alles viel zuviel Gedanken, und da war es immer gut, das Thema schon zu kennen, dann fiel der Gedankengang geringer aus. – war mehr Zeit für anderes da.

Mit seiner Bemerkung: „Jetzt eilt´s aber bei mir, sonst versäume ich noch meinen Termin", ging er, und rief im Gehen mir noch zu: „Ich freue mich schon".

Na, da bin ich ja mächtig gespannt was der wohl von mir will, freut sich ohne mich zu kennen, dachte ich, drehte mich um und ging meines Weges.

Erstes Treffen

Es vergingen 14 Tage, drei Wochen, und ich dachte schon nicht mehr an diesen Anruf, der da kommen sollte.
Dann bekam ich einen Termin in der Nähe dieses Anwesens, und der Gedanke, ich rufe ihn einfach mal an. Nein, anrufen tust du nicht – soll er doch kommen, wenn er was will.
Der Termin war erst in 10 Tagen, und da konnte ich ja noch überlegen – aber ich änderte meine Meinung nicht, warum auch.
Das Telefon klingelte im Auto und Herr Hochberg war am Apparat – „Sekunde, Herr Hochberg, ich muss mir ein Plätzchen zum Halten suchen – so jetzt geht's",

Reden, intensives Reden während der Fahrt, das mochte ich nicht – trotz vorhandener Freisprechanlage - von Anfang an.
Obwohl ich glaube, zu den sicheren Fahren zu gehören. Vielleicht aber war es auch nur meine größere Umsicht beim Fahren sich durch nichts vom Fahren abhalten zu lassen.
Mir gehörte die Straße soweit ich sehen konnte und alles, was in der Zeit in der ich die sichtbare Strecke befuhr, geschah oder geschehen wird, konnte, wurde in meinem Fahrverhalten, mitberücksichtigt.

Das hat mich bisher von einigen Karambolagen, die mir zugestoßen wären, abgehalten.
Und für einen Termin war es auch besser, wenn ich ihn gleich schriftlich festhielt, denn das Diktiergerät hatte ich nicht angeschlossen.

Er kam direkt zur Sache.
„In den nächsten Tagen – nicht möglich - ich bin zwar Über-morgen in ihrer Nähe habe aber gegen Abend nichts mehr frei".

„Und wie sieht es in den anderen Stunden davor aus?"
„Eigentlich alles belegt – aber warten sie mal, ich glaube der Termin über Mittag ist ausgefallen - ja da könnte ich … "

„Wie lange"? fragte Herr Hochberg.

„Na, so 2 bis 3 Stunden".

„Ja darf ich sie dann ins „goldene Jagdhorn" zum Essen einladen? Sie kennen das „goldene Jagdhorn" doch, oder"?

Ich machte extra eine kleine Pause und tat so, als ob …

„Ja, wenn sie wollen, nehme ich ihr Angebot an, ich kenne es.
Aber sicher doch, gelegentlich bin ich dort schon mal zu Besprechungen – am Wochenende, wenn es wirklich mal eines gibt - brauche ich Ruhe dann sind wir in der näheren Umgebung von uns - wenn wir essen gehen.

Der Donnerstag kam, an dem wir uns treffen wollten und auch der Termin am Morgen platzte, so dass ich eigentlich reichlich Zeit zum Anreisen hatte.
Tat ich auch, trotzdem ich wie immer zu einem Termin eher 5 Min. zu früh da war, vermied ich es an diesem Tage, zu diesem Treff das gleiche zu tun.
Ich wartete, verdeckt an der Buschhecke neben dem Hotel und ließ ihm Vortritt.
Eigentlich wollte ich die berühmten 15 Min. überschreiten, aber mein Pünktlichkeitssinn trieb mich und so waren es ganze 7 Min. die ich im Prinzip zu spät reinging.

Herr Hochberg hatte schon in einer Ecke, in der wir ungestört waren Platzgenommen und trank, wenn ich richtig sah Wasser.

Der Chef de rang der mich empfing und nach meinem Wunsch fragte, führte mich zu seinem Tisch.

Begrüßung in der bekannten Form, aber etwas verhaltener – und wir nahmen Platz.

„Wollen wir uns erstmal dem leiblichen Wohle zu wenden", sagte Herr Hochberg zu mir – „und Sie sind selbstverständlich mein Gast".

„Gut", sagte ich, damit ich was sagte, „ich nehme an", meinte es eigentlich sogar in Wirklichkeit, denn der Schuppen hatte gesalzene Preise.

Der Ober brachte die Speisenkarten und reichte sie uns.

Herr Hochberg fragte ihn dabei, was es heute Besonderes gäbe.

Er nannte einige Besonderheiten die nicht auf der Karte standen, und sagte dann, „ich gehe kurz nach nebenan, wenn sie einen Blick in unsere hervorragende Karte mit ihren Menüs werfen wollen, - ich komme dann wieder".

„Aber, selbst verständlich, das ist eine gute Idee, wir sehen, mal nach, Herr" – er nannte den Ober bei Namen – war wohl häufiger hier.

Dann wandte er sich zu mir: „Was ist denn ihr Lieblingsgericht?

„Ja, wissen sie Herr Hochberg, das kann man uns hier nicht bieten, dann müssen wir zu Mutter fahren und uns Bedienen lassen.

„Was", sagte er – „ihre Mutter, ist die Köchin"?

„Nein", kam meine Antwort – „Hausfrau und eben meine Mutter".

„Haben sie ein Glück – mit ihrer Mutter", und seine Stimme klang anders.

Ich ergriff das Wort. „Ich schlage vor", sagte ich, „ich überlasse heute die Wahl des Essens ihnen. Ich mag alles was auf der Speisenkarte steht – ob Fleisch oder Fisch oder, ich esse alles und", schob ich nach, „hier müsste es ja eigentlich schmecken.

Der Ober kam wieder und sagte zu uns: „Wie haben die Herren sich entschieden"?

„Ich wähle für uns beide", antwortete Herr Hochberg.
„Wir machen eine Zusammenstellung aus ihrem Angebot und der Karte".

Die Salatauswahl wurde für uns beide die gleiche bestellt und dann fragte er mich: „Mögen sie Hummer"?
„Ja, schon, aber er müsste es nicht sein - heute ist Donnerstag", sagte ich und dachte, ich könnte ihn von dieser teuren Speise abhalten.

Wenn sie ihn mögen – wollen wir jeder einen halben nehmen", sagte er, „einen nicht so großen vielleicht, damit noch für die Hauptspeise Platz ist"?!
„Ja", sagte ich, „nicht schlecht".

Das Hauptgericht wurde eine Komposition aus verschiedenen Fleischspezialitäten - den Nachtisch wählen wir später aus.

Zum Trinken suchte Herr Hochberg zwei verschiedene, exzellente Weine aus, wobei ich bemerkte: „Aber erlauben sie mir, ich werde unter keinen Umständen mehr als zwei kleine Gläser, ihres, Köstlichen Nasses trinken, ich muss schließlich noch fahren.

„Wo die Zeit nur bleibt", warf ich ein, als der Ober mit der Bestellung ging, denn 16 Min. waren schon um.

„Ja die Zeit", antwortete er, „die Zeit".

„Wollen wir uns auf das Eigentliche zunächst beschränken was Ihnen auf oder am Herzen liegt", sagte ich scherzhaft zu ihm.

„Ja, Sie haben Recht, die Zeit vergeht viel zu schnell" – und machte eine kleine Gedankenpause.

„Ich, nein wir, meine Frau und ich, haben uns wohl nicht in Ihrem Sinne benommen, als Sie mit Herrn Zubierh im vorigen Jahr bei uns waren, und das wollte ich wieder gut machen".

„Das wäre aber nicht nötig gewesen – ich bin Schlimmeres gewohnt"
– schob ich nach, und er vernahm wohl den Unterton in meiner
Stimme, den ich bewusst nicht unterdrückte.

„Aber das ist es nicht allein, ich hätte doch gerne mehr gewusst von
der Technik, die sie da so preisen und von Ihnen – was also ist mit
dieser Technik?
Ich spürte, dass er von mir ablenken wollte, und ließ ihn in den
Glauben.
Unsere Getränke waren längst gebracht, und der Salat kam.
„Hummhh – herrlich – alleine schon der Anblick, das muss einfach
schmecken - eine herrlich, leckere Variation", bemerkte ich
anerkennend.

Während wir aßen sprach ich über alle Themen, die ihn interessieren
konnten, und fragte, was für ihn speziell wichtig war.
Er hörte mir aufmerksam zu und stellte nur Fragen, wenn er eine
Sache für ganz unmöglich hielt.

Der Hummer kam mit einigen Kleinigkeiten an Meeresgetier als
Extras und all den Werkzeugen die zum Öffnen dieser erforderlich
waren.

Es innert mich an meine Reise nach Frankreich, bei der wir in
Avranches – in der Normandie – wo wir zu einer Werksbesichtigung
in St. Thegonnec eingeladen waren und tags zuvor übernachteten –
da gabs auch eine so wundervolle Tafel, aber im Alleingang und
noch ein wenig opulenter.

„Jetzt muss ich aber leider eine Sendepause einlegen", sagte ich,
„und mich ganz der Essenstat hingeben".

„Ja, das sehe ich ein - ist auch meine Meinung – also, nochmals
guten Appetit".

Ich sah verdeckt auf die Uhr – wir waren schon fast eine Stunde hier
und hatten kaum ein Ergebnis vorzuweisen – aber, was solls, was
wollte er von mir"?

Jedes einzelne Getier war köstlich, jedes für sich - und der Wein?

„Ihr Wein", sagte ich zu ihm – „einfach Spitze – daran könnte man sich gewöhnen".

„Sie dürfen gerne nachbestellen, soll ich …

„Nein, vielleicht nachher noch, aber ich darf über mein Max. nicht kommen.

„Ein Mensch mit festen Prinzipien", bemerkte Herr Hochberg! „Wenn alle so wären wie Sie, hätte unsere Schadensfallabteilung nur die Hälfte zu tun" – warf er ein.

Ich schwieg – wollte keinen Anlass, zu irgendwelchen Unpäss- lichkeiten geben und wandte mich wieder meinem Teller zu. ü

„Schluss", sagte ich, „der Rest ist für die Götter", aber, es waren keine Reste mehr vorhanden.

Das war eine meiner Eigenarten, pulen, wie wir zu Hause sagten und knabbern.
Wenn, ja wenn`s denn mal `ne Gans gab, konnte ich mit voller Begeisterung die Knochen und das Gerippe abnagen – bis eben, auf die Knochen, natürlich in vollendeter Ausführung, nur privat Zuhause.

„Nein", sagte ich, „das leckerste ist an den Knochen, am Gerippe – das lasse ich mir auch heute nicht nehmen, wenn Sie gestatten"?!

„Da haben Sie recht – man sollte vielmehr auf seine Tugenden achten und vor allem sie sich von niemandem nehmen lassen".

Die Platten mit den Resten, wurden abgeräumt – ich sah zur Uhr, schon weit über eine Stunde vorbei, dachte ich, und er musste den Vorgang bei mir bemerkt haben und sagte: „Ja die Zeit läuft".

„Gut, machen wir weiter wo wir stehen geblieben sind" – da aber kam schon unser Hauptgang.

Ich spare mir die Worte dazu – „herrlich".

„Wir werden aber weiter machen", sagte ich, „sonst sitzen wir morgen noch hier". Ich wusste zwar, dass ich eigentlich Alleinunterhalter war, aber es musste ja weiter gehen.

Die allgemeinen Themen waren eigentlich durch, die Uhr zeigte fast 14 Uhr und ich fragte häufiger bei ihm nach, fragte, was denn nun für ihn in Frage käme.
Er wich wiederholte Male aus, fand wohl nicht die richtigen Worte.

Ich provozierte ihn jetzt unterschwellig, forderte ihn bewusst – aber nicht direkt – auf, eine Antwort zu geben.

Die Antwort fiel ihm sichtbar schwer – doch sie kam.

„Steuerlich ist wohl z.Z. wenig drin für uns zum Abschreiben, ich hoffe, es wird demnächst wieder besser.
Aber lassen wir dieses Thema für ein andermal sein – ich erzähle es ihnen dann".

Der Ober kam und räumte wieder ab, fragte nach dem Dessert.

„Nein, für mich bitte nicht mehr – nichts geht mehr", sagte ich, „es sei denn – ein Espresso für den Abschluss"
.
Herr Hochberg schloss sich an – der Ober ging.

„Ich will ehrlich zu Ihnen sein", hörte ich ihn sagen, „Herr Zubierh, hat mir gesagt, Sie seien einer von denen, die die Welt verändern würden oder so, wenn es ginge - das würde mich noch interessieren"!

Ich lachte, und er sagte, „na ja, ganz so hat er das nicht gesagt, aber eine andere Lebensform sollte dabei schon herauskommen".

„Wollen Sie hierzu wirklich meine Meinung hören – die wird fürchterlich sein für Sie - es gäbe ein Erwachen für Sie, als hätte ihnen jemand auch das letzte Spielzeug weggenommen.
Und alle ihre Aktien und Wertpapiere und die hohen Versicherungen wären auch weg, weg, einfach weg – können und wollen Sie sich das antun, sich von mir so etwas sagen zu lassen?

„Will ich, antwortete er mit fester Stimme. - Wenn ich Ihnen von dem letzten Jahr erzähle, werden Sie vieles verstehen und anders sehen, wie ich es jetzt auch muss".

„Ja denn, dann wollen wir mal – auf ihre Verantwortung hin".
Ein Telefon klingelte im Hintergrund, und der Ober näherte sich – sagte: „Ein Anruf für Sie, Herr Hochberg.

Ich geh schnell zur Toilette, sagte ich, damit er in Ruhe telefonieren, und ich mich erleichtern konnte.

Als ich zurückkam, sagte er nur: „Ich muss jetzt leider abbrechen, es ist etwas geschehen das meine Anwesenheit zwingend erforderlich macht – können wir unser Gespräch demnächst weiterführen".

„Wenn es nicht eilt - jeder Zeit, nur in den nächsten 14 Tagen bin ich voll mit Terminen belegt" – schließlich interessierte er mich jetzt noch mehr.

„Gut", sagte er, winkte dem Ober zu – „schreiben Sie es auf unsere Rechnung" – schob ihm einen Schein zu, und sagte zu mir, „tut mir furchtbar leid, aber es geht nicht länger. Ich danke Ihnen vielmals und freue mich schon – bis bald". Drehte sich um und war weg.

Ein paar Minuten Zeit hatte ich selbst schon noch, und dieses Haus hätte auch gut einiges, für ein umweltbewußtes Image, tun können, also sprach ich den Ober so im Vorbeigehen an.

Interesse und Bedarf lag hier wirklich vor - er verriet mir auch meinen Ansprechpartner, nachdem er erfuhr, wer ich war und was ich tat.

Dann fragte er, ob ich Herrn Hochberg schon länger kenne, und ich sagte ihm, wie es war.
Warum aber fragen Sie? fragte ich zurück.
Er wandte sich zu mir und sagte, Wissen Si, in unserem Beruf ist Schweigen höchstes Gebot, und das werde ich auch nicht brechen, lassen Sie mich nur anmerken, ein schwerer Schlag für Herrn Hochberg, den er jetzt durchmachen muss.

Meine Antwort war nur ja – dabei beließ ich es für heute.

Bedankte mich bei ihm und ging.

Ich lade ein

Unser nächstes Treffen war gut 3 Wochen später in einem Lokal meiner Wahl.
„Dieses Mal aber darf ich Sie einladen", sagte ich zu ihm.
„Wenn es denn sein muss" – kam die Antwort.

Ich wählte den „Wasserfall", eine Lokalität, wo ich mich wohl fühlte.
Das Ambiente sehr ansprechend und zum gemütlichen Plaudern, wie geschaffen. Die Speisen auf der Karte, immer ausgewählte Gerichte und immer sehr zufriedenstellend, exzellent im Geschmack.
Wann immer, man Appetit nach etwas anderem hatte oder suchte, jeder machbare Wunsch wurde einem erfüllt – oder zumindest mir.
Vom Preis her lag dieses Restaurant zwar auf gehobenem Niveau, aber zur Leistung – die stimmte für mich einfach.

Ich fragte, ob er zu Mittag gegessen hatte, und wählte dann ein Gericht nach meinem Geschmack aus, so wie es mein Spesensatz für ein Arbeitsessen erlaubte, mit etwas privater Zulage allerdings schon.

Kommen wir zur Sache, sagte er, unsere Investitionen, in was auch immer, müssen zurzeit weit zurückgestellt werden.
Er machte eine Pause mit einem schweren Seufzer, und erzählte mir dann eine fast nicht glaubhafte Geschichte.

Ausführlich, werde ich Ihnen alles später einmal erzählen, aber ....

Seine Erleuchtung

Neben einer menschlichen Tragödie, die vor 10 Monaten bei ihnen ablief, kam auch noch die Finanzielle vor 9 Monaten dazu.

Dass uns das passieren konnte, sagte er, glaubt uns fast keiner, aber es ist leider die Wahrheit, um ein Haar hätten wir alles verloren – trotz der vertraglichen Absicherungen durch unsere Spezialisten.

Ja, und dann bin ich vor 4 Monaten, auf Anraten unserer Ärzte, zu einer Erholungspause, oder wenn Sie wollen, zur Besinnung für 10 Tage auf eine Alm in der Nähe von Rauris gefahren.
Wieso dann, kann ich nicht genau sagen, aber irgendwie kamen meine Gedanken auf Sie.

Sie scheinen eine andere Einstellung zu dieser Welt, zu diesem Leben und der Menschheit zu haben und deshalb möchte ich, wenn ich darf und sie mir erlauben, mehr darüber von Ihnen hören, denn ich bin inzwischen zur Überzeugung gekommen, dass eine anders denkende und handelnde Menschheit wesentlich bessere Aussichten im Leben und zum Überleben und mehr Freude im Leben hätte. Lug und Trug, wie es in unserer Gesellschaft täglich hier und überall stattfindet und sich ausbreitet, ekelt mich inzwischen an, aber so einfach, mit dem Wechseln, einen anderen Beruf sich aneignen, so einfach ist das ja auch nicht.

Das Essen hatten wir genießend hinter uns gebracht – das Geschirr wurde gerade abgeräumt – und er sagte: „Ein solches Essen habe ich mir schon immer mal gewünscht, aber das ist ja für unsere Kreise nicht würdig genug, - lecker, einfach köstlich".

Ja, antwortete ich ihm, „eine Mahlzeit für fast jede Tageszeit und sehr gesund und für die späteren Stunden des Tages ideal für den Magen.
Wenn ich mal Zeit habe, koche ich zu Hause auch dieses Gericht, etwas einfacher – denn die vielen verschiedenen Zutaten, die man dafür benötigt, sind kaum in kleiner Menge zu haben – und man kann die verbleibenden Reste nicht alle wegwerfen, das wäre eine Schande – in meinen Augen".

Ich glaubte nicht richtig zu hören, war aber durch seine undurchsichtigen Gebärden und Erzählungen, auf alles. Mögliche gefasst.
Machte eine Pause und dachte nach.

„Entschuldigen Sie, Herr Hochberg, nicht dass ich Ihnen nicht spontan antworten oder alles erzählen kann was ich Meine und denke, ich muss mir nur über die Reihenfolge meines Erzählens im Klaren werden.
Na, denn Prost"!

Wir schwiegen einvernehmlich einen kleinen Moment, bis ich sagte: „Wenn ich Sie richtig verstehe und die Sache richtig sehe, werden wir noch einige Sitzungen zusammen verbringen, bis Sie etwas von mir und ich etwas von ihnen weiß2.

„Ja, da würde ich zustimmen" – sagte er – „mindestens einige".

„Wenn ich Sie schon mit den wenigen Minuten und Worten von mir zum Nachdenken gebracht habe, dann sollten Sie erst mal – bevor ich mit dem eigentlichen Warum und Wieso komme, hören und erfahren, wie man zu einer solchen Einstellung und Meinung kommt".

Mein Leben und die darin gemachten positiven und negativen Erfahrungen haben mich zu dieser Einstellung kommen lassen. Mein Leben, zu dem auch mein Beruf und alles Drumherum genau so gehört.

Wenn Sie also bereit sind, mir einige Stunden zuzuhören, kennen Sie mein Leben, und warum ich diese Gesinnung, Meinung und den jetzigen Glauben habe.

Ja, dann wollen wir mal – ich meine, fange ich mal von vorne an.

Tatsachen der Anfang

Wir schreiben das Jahr 1940, ein Jahr, das das Deutsche Volk aus der schweren Krise führen soll, in der es, wie viele andere Völker steckt und es zu neuem Ansehen in der Welt, ja die Weltherrschaft bringen soll. Wohlstand für alle?

Spätestens seit Kolumbus, weiß man ja, dass die Erde rund ist und fängt an, Zusammenhänge global zu sehen. Doch bei dieser Erkenntnis hört man auf, weiter zu denken. Die Vorteile und ebenso die damit verbundenen Nachteile (für manche, für viele!) will man Einfach nicht sehen, nicht wahrhaben!

Was aber wäre aus dieser Weltherrschaft geworden, wie hätte, wie würde die Zukunft für das Deutsche Volk und die anderen Völker wohl ausgesehen haben, wäre der Ausgang ein anderer gewesen?

Die Antwort, die man sich heute darauf gibt oder geben kann, sieht düster aus, genau sagen kann man es ja nie, denn es sind alles nur Spekulationen.
Eines aber ist sicher, Wohlstand für alle – nie!!!
Der damals von einer Mehrheit gewählte **Führer,** schaffte ja auch eine Menge an Vorteilen für die Allgemeinheit, das muss man klar gestehen.

Das Wissen um die Gefahren, die dahinterstanden, die man ahnen musste und wusste, wurden von den meisten unterdrückt. Man wollte sie nicht wahrhaben, da sie unmenschlich waren(?!) – nicht für alle und zum Glück, nur für die anderen.

Adolf, so hieß dieser große Führer wohl, zettelte vor einem Jahr einen Krieg an, der zwar nur von kurzer Dauer sein sollte, für den er aber Soldaten brauchte.

Mein erstes Leben

So wurde ich in diesem Jahr, 9 Monate nach Kriegsbeginn geboren. Eigentlich hätte feststehen müssen, dass bei Erreichen meines wehrpflichtigen Alters, der Krieg hätte zu Ende sein sollen, denn einen dreißigjährigen Krieg wollte er wohl nicht, wollte keiner.

Hurra ein Junge!

So erblickte ich Mitte des J. 40 in einer Stadt im Ruhrgebiet das Licht dieser „sympathischen" Erde mit all ihren so redlichen Menschen und Schönheiten der Natur.
Mein erstes mir geschenktes Leben.

Die Familie in die ich hineingeboren wurde, bestand aus Vater, Mutter und drei weiteren Geschwistern.

Wir hatten ein für die damalige Zeit neuartiges, zukunftsorientiertes Unternehmen das von meinem Vater erfolgreich geführt wurde, da es sowohl in Friedens- als auch in Kriegszeiten einsetzbar, ja wichtig war.
So also fuhr meines Vaters Firma, jetzt nicht mehr Urlauber oder dergleichen in die Ferien, sondern hohe Offiziere in andere Länder wozu auch immer.

Krieg -

Waren die meisten Fahrzeuge anderer Besitzer konfisziert, so erweckten die unter unserem Namen fahrenden Wagen den Anschein der Seriosität.

Die Fahrten führten auch in all die Länder, in denen es zumindest im Anfang nicht an Nahrungsmitteln haperte, sondern alles reichlich vorhanden war.
So lebte meine Familie – und ich – zunächst recht gut, ja zum Teil sogar besser als vor dem Krieg, in dieser zunehmend schlechter werdenden Zeit.

Und so kam, was kommen musste: Das Blatt des Krieges wendete sich und die Angriffe kamen auch in unsere Stadt.

Zwangsarbeiter

Von Mutter weiß ich – durch Gespräche, die wir später manchmal hatten - dass dann auch sogenannte Fremdarbeiter in Deutschland arbeiten mussten.

Man hatte sie sozusagen in ihrer Heimat eingefangen – deportiert, wie es so verharmlosend heißt - und zur Zwangsarbeit in Deutschland, in Feindesland – verpflichtet, gezwungen.

Wie man längst weiß, lebten und arbeiteten sie hier unter meist sehr schlechten, ja menschenunwürdigen Bedingungen.
Es war bei Strafe der Bevölkerung verboten, ihnen jede Art Unterstützung zukommen zu lassen.

Die Verhältnisse und Bedingungen unter denen man Früher wohnte und lebte, waren mehr als ein wenig anders als sie heute hier anzutreffen sind.
Zudem war unser Betrieb im Aufbau und ein eigenes Haus stand noch an.

Das Haus in dem wir wohnten, war ein vierstöckiges Gebäude. Es lag an einer Hauptverbindungsstraße zwischen zwei Ortsteilen, die darüber hinaus noch andere Städte miteinander verband.
Links vor dem Haus stehend war die Bahn, und dahinter kamen direkt Häuser des nördlich gelegenen Stadtteils.
Rechts davon war eine größere Lücke, bis die ersten Häuser des südlichen Stadtteils kamen.

Im Abstand von weniger als 10 m querte eine mehrspurige Eisenbahnlinie die Straße und unser Haus. Dem nicht genug, fuhr etwa 5 m vorm Wohnzimmerfenster die Straßenbahn, mit den zuvor beschriebenen Verbindungsmöglichkeiten vorbei.

Auf der anderen Straßenseite – uns gegenüber, stand zunächst ein Haus in dem eine Gastwirtschaft untergebracht war. Dahinter lag der Bahnhof dieses Ortsteils, den man über eine abgehende Straße erreichte.

Dass hier ein relativ reger Publikumsverkehr herrschte, versteht sich von selbst. Dass darunter auch Zwangsarbeiter waren, liegt nahe.

Mutter, die nicht nur ein Herz für uns hatte, legte, wann immer es ging, für diese armen Seelen etwas auf die Fensterbank raus, so dass sie es sich nehmen konnten.
Wissen, durfte davon niemand wissen - trotzdem tat sie es und wurde auch (fast) dabei erwischt - da aber half ihr jemand aus dem Kreis der uns bekannten Offiziere, die wir fuhren, ohne dass mein Vater und die Partei (das Gesetz) davon erfuhr - es gab ja auch menschlich handelnde Offiziere.

Der erste Angriff

Hinter unserem Haus, dem Schienenstrang abgewandt, waren Wiesen und in etwa 800 m Entfernung breitete sich eine große Raffinerie aus – also ein geradezu notwendiges Angriffsziel von Fliegern der anderen Seite.

Wenn Fliegeralarm war, flüchteten alle Hausbewohner in den Keller. Dies war die einfachste Möglichkeit sich in „Sicherheit" zu bringen. War mein Vater zu Hause und die Zeit vom Alarm bis zum Eintreffen der Flieger ausreichend, so fuhr die Familie zum nahe gelegenen Erdbunker, der sicherer schien, da er von einem Mini-Wäldchen mit überwiegend mittlerem Baumbewuchs eingerahmt war.
Das Auto – oft ein Bus – wurde immer an der gleichen Stelle unter einem Baum mit einer mächtigen Krone abgestellt.
Mutter und meine Geschwister gingen in den Bunker, während mein Vater und ich im Auto das Ende des Angriffs abwarteten.

Die Angriffe, die eigentlich dem Werk galten, das eine so große Fläche einnahm, dass es eigentlich ein Leichtes hätte sein müssen, immer dort hinein zutreffen, wurde mehr und mehr durch die dort stationierten Flak-Geschütze auseinandergezogen, so dass sich zunehmend Bomben verirrten, und andere Ziele erreichten. Dies mussten wir bald erfahren.

Sie rechnen nach - nicht nötig - entweder Sie glauben mir - oder nicht, aber das Ganze geschah, als ich gerade 3 Jahre alt war; ich habe dies später meiner Mutter erzählt und sie bestätigte mir diese Ereignisse.

Der erste Treffer / Mein zweites Leben

Es gab mal wieder Alarm, und wir fuhren, da nichts Besonderes angezeigt war, zu diesem Erdbunker in das nahe Wäldchen zu unserem Baum.
Unterwegs mussten wir aber wahrnehmen, dass der angezeigte Alarm doch wohl sehr spät erfolgte, denn es fielen schon die ersten Bomben.
Wir kamen also nicht mehr rechtzeitig zu unserem Platz oder doch - Hoffentlich ging`s gut.

Dann, als wir näherkamen, spürten wir, ja sahen wir die Bescherung - es fehlte die sonst weithin sichtbare Krone unseres Baumes.
Zwar stand der Bunker noch unbeschadet an seinem Platz, aber unser Parkplatz, unser Baum, fehlte ganz. Stattdessen „zierte" ein großer Trichter die Stelle, an der wir normalerweise standen.
Wir fuhren trotz Bombenhagel sofort zurück - an diesem Tage.

Erst langsam kam den Erwachsenen in den Sinn, was hier vorgegangen war. Unser Zuspätkommen hatte meinem Vater und mir das Leben gerettet.

So verbrachten wir die nächste Zeit der Angriffe alle im Keller, denn bis zum Hochbunker in der Nähe der Ev. Kirche in Ortsteilmitte war es doch ein Stück entfernt und die Zeit, dieses Ziel zu erreichen, reichte so gut wie nie aus.
Dazu kam, dass Mutter mit uns vier Kleinen schon so mehr als genug zu tun gehabt hätte, dorthin zu kommen.

BILD "Erdbunker" mit Bombentrichter!!!!

Erdbunker
A.S.2000

Kellerkinder / Das dritte Leben

Wie gesagt, der Bunker im Keller sollte auch unsere ständige
Zuflucht bei Fliegeralarm von da an sein.

Bei dem entscheidenden Alarm war ein auf Urlaub sich befindender
Landser aus unserem Hause unter den etwa 20 Anwesenden im
Keller, die sonst nur aus Müttern mit ihren Kindern und alten Leuten
bestand.

Die Sirenen heulten, und bald darauf fielen die ersten Bomben, deren
Einschläge man, auf Grund der Nähe derselben durch leichte
Erschütterungen wahrnehmen konnte – dann war es ruhig.
Wir glaubten, die Attacke sei beendet, verhielten uns aber abwartend,
was immer richtiger war, wie es gerade auch dieser Fall beweist.
 Sie kamen wieder, hatten noch Tod bringende, nicht verschossene
Ladung an Bord, oder es folgte die zweite Welle.
Der Fluglärm schwoll an, und im Abklingen der sich entfernenden
Bomber wurde unser Haus von einem mächtigen Schütteln er-
griffen, das, von einem betäubendem Lärm begleitet war.
Dann trat zunächst vollkommene Ruhe ein.
Alle lauschten und harrten der Dinge, die da kamen oder noch
kommen würden.
Sekunden vergingen, als wären es Stunden. Aber alle lebten – waren
unversehrt.
Es blieb ruhig, und so traute sich, der „Urlaubssoldat" nach oben, um
nachzusehen, was geschehen war.

Im Parterre, in der unsere Wohnung, lag, war nichts zu sehen und
dennoch musste etwas geschehen sein.
Erst als er nach draußen ging, sah er, die dort liegenden, herunter-
gefallenen Ziegel und Balken vom Dach, Mauerreste.
Da aber riefen auch schon die anrückenden Nachbarn nach uns und
kamen, um nachzusehen, ob wir noch lebten.

Erster Umzug

Was war geschehen? eine Bombe, eine verirrte Bombe (?) hatte
unser Haus in der Mitte getroffen, war bis zur ersten Etage

41

durchgefallen, hat dabei einiges an Zerstörung bewirkt, war aber nicht explodiert, sondern, über unserer Wohnung liegen geblieben.

Dennoch waren die Schäden so groß, dass das Haus sofort geräumt werden musste.

Wir wurden in den Kindergarten am Adolf -Hitler-Platz verlegt, also mitten ins Stadt-Zentrum, wo es allerdings keine Industrie gab, die zu bomben es sich lohnte.

Und, wer möchte hier bestreiten: Das Leben wurde mir erneut geschenkt.

Meine Großeltern

Wurden die Eltern meines Vaters in ihrer Wohnung während des Krieges von Bomben und anderen Schäden verschont, obwohl sie an einem großen Güterbahnhof wohnten, ein lohnendes Ziel waren, so traf es das Haus, ein Doppelhaus meiner Großeltern mütterlicherseits, das sie in einer Hälfte bewohnten, erheblich.

Die Bombe die dort einschlug, fiel zwar in die andere Hälfte des Gebäudes, riss bei der Explosion aber nicht nur die Zwischenwand weg, sondern zerstörte dabei auch einen erheblichen Teil des, Mobillars.

Ein Umzug in eine andere Bleibe war unvermeidlich.

Todesbrücke

Obwohl inzwischen einige Jahrzehnte vergangen sind, und dieses eigenartige Bauwerk zwischenzeitlich abgerissen ist, sehe ich es noch vor mir, so, als hätte ich es erst gestern noch gesehen.

Die Verbindungsstraße, an der die Eltern von Vater wohnten, wurde auch von einem vielgleisigen Schienenstrang gekreuzt, an der unmittelbar nach Querung der Straße der Güterbahnhof lag.
Bei geschlossener Schranke, die vor allem wegen der haltenden Züge und die Züge, die hier auch noch rangierten, die Waggons verschoben und zusammen stellten, und zum Teil beim Halten mit einem Teil der Wagons bis weit über die Straße hinaus standen, musste oft über 30 Min. gewartet werden, ehe sie sich wieder öffnete.

Wie damals üblich, verkehrte auf dieser Straße auch eine Straßenbahn.
Dass sich hier trotz dem der damals noch geringe Straßenverkehr staute, ist gut vorstellbar.

Wer die Tatsachen berücksichtigt, dass es sich um einen Güterbahnhof im Ruhrgebiet handelt, kann verstehen, dass hier nach einer Lösung gesuchte, wurde um das Dilemma „geschlossene Schranken" zu beseitigen.

Die Lösung fand man, in dem man eine Brücke über die Schienen baute.
Diese Lösung sah so gebrechlich aus, dass der Volksmund ihr den Spitznamen „Todesbrücke „verpasste, obwohl sie durchgehend aus Beton gegossen war.

Man stelle sich vor; Zug und Straßenbahn, queren auf gleichem Niveau.
Die Straßenbahn fährt niveaugleich bis kurz vor dem Bahnübergang noch zweigleisig, wird dann auf ein Gleis

zusammengezogen, um eine schmalere, eingleisige Überführung zu bekommen, die weniger Platz beansprucht und zudem preiswerter ist. Jetzt, eine äußerst geringe Strecke vor den eigentlichen Eisenbahngleisen muss die Brücke auf einer Höhe von über 4 Metern diese überspannen, um auf der anderen Seite genau so steil wieder herunter zu führen. Dabei musste diese Höhe auf dieser mehrspurigen Trasse beibehalten werden.

Die fertige Konstruktion gab wirklich das Bild einer Brücke wieder, bei der man nicht wusste, wenn man sie überquerte, ob man heil auf der anderen Seite ankam. Eine Todesbrücke also.

Doch von Unfällen ist mir nichts bekannt. Sie stand noch eine geraume Zeit nach Kriegsende, bis sie wegen Verlegung der Strecke außer Betrieb genommen wurde.

Kindergarten

Außer uns waren noch weitere Familien in dem Kindergarten untergebracht, denn er war groß genug und eine Familie störte die andere nicht, wenn man in dieser Zeit von stören überhaupt reden kann, ja darf.

Hier hatten wir die Möglichkeit, bei Alarm in den etwa 100 Meter entfernten Hochbunker zu laufen und Schutz zu suchen. Besseren Schutz?!

Dieser Bunker, ganz aus massivem Beton gegossen, erstreckte sich über mehrere Etagen und gab einigen hundert Menschen das Gefühl von Sicherheit. Sicherheit, die es als Sicherheit in diesem und jeden anderen Krieg nicht gibt.

Der Krieg wird „humaner" – brutaler.

Alarm; und Mutter ging mit mir und meinen beiden Schwestern wie jetzt immer in diesen Bunker.

Man hörte die Flugzeugverbände, wie sie der Stadt näher kamen, hörte, wie sie sich näherten, obwohl sie sonst an uns vorbeiflogen, hörte, wie die am Bunker stationierte Flak zum Schutze desselbe einsetzte zu schießen; doch es half wenig.
Eine Bombe nach der anderen fiel und richtete ihren Schaden um den Bunker herum an.

Eine große Zahl von Häusern stand bereits in Schutt und Flammen und der Luftschutz hatte mit dem Freiräumen der Fluchtwege von und zum Bunker alle Hände voll zu tun.

Welle auf Welle rollte heran und brachte Tot und Verderben, brachte die Antwort, die der Führer wollte? Nein, die Antwort, die kommen musste!

Ein Singen in der Luft ließ alle im Bunker aufhorchen, Einschlag! Der Bunker zitterte, dann Ruhe, dann Schreie: Alles raus, der Bunker ist getroffen!

Von den Ordnungskräften wurden alle „zivilisiert" – soweit möglich
- nach draußen geleitet, auch Mutter mit uns drei Kindern.

Noch vom Bunker überdacht, waren, wohl voraussehend, volle
Wasserbecken vor dem Eingang platziert – die auch bitter notwendig
waren.

Die Hitze der umliegenden Feuer und die Flammen waren
inzwischen unerträglich geworden, um ohne zusätzlichen Schutz,
ohne Schaden das Labyrinth Bunker verlassen zu können.

Der Luftschutz forderte jeden auf, sich mit nassen Kleidungsstücken
zu behängen, den Kopf, die Haare zu schützen, und zu fliehen.

Mutters Kleidung reichte aus für uns drei – für Sie selbst blieb nur
das Naßmachen der Harre selbst. Zusätzlicher Schutz der fehlte ihr
aber.
Sie wagte dennoch den Weg mit uns durchs Feuer, und so kam was
kommen musste, ihr Haar fing Feuer, und nur der uns begleitende
Luftschutzhelfer konnte durch sofortiges Eingreifen, Schlimmeres
verhindern.

Der Bombenhagel ließ nach, und die Verbände zogen ab. Vorläufig,
für immer, oder kamen sie zurück? Eile war angebracht.

Außerhalb des akuten Gefahrenbereichs erfuhren wir, dass der
Bunker an einer Ecke einen Treffer abbekommen hatte, der zwar ein
großes Stück der meterdicken Betonschale herausgesprengt hatte,
aber selbst, keine Menschenleben forderte.

Der Krieg ging weiter.

Wir aber näherten uns unserer Bleibe, dem ehemaligen Kindergarten.

Das Gelände des Kindergartens war trotz der zentralen Lage mitten
in der Stadt relativ groß gehalten. Vor dem Gebäude, seitlich und
dahinter, war reichlich Spielraum für die Kinder die hier einmal
gespielt hatten.
Zunächst sahen wir nichts, alles schien seine alte Ordnung zu haben.
Kein Treffer an diesem Gebäude?

Doch als wir näherkamen, mussten wir einsehen, dass wir einem
Trugschluss unterlagen. Der, dem unseren angrenzende Gebäudeteil
war getroffen worden, und die Bombe hatte ihre Wirkung vollbracht.
Der Schaden an unserer Habe aber war gering.

Zur Tante

Wir zogen ohne unsere Möbel vorübergehend in die Nähe einer
meiner Tanten auf's Land am Rande des Ruhrgebiets, wo sie selbst
seit einiger Zeit in einem Behelfsheim wohnte.

Da diese Behelfsheime gerade für eine kleine Familie den
notwendigsten Raum boten, war ebenso selbstverständlich für uns
vier Zusatzpersonen kein Platz, und wir wurden aufgeteilt, bei zwei
Landwirten im Ort untergebracht.
Wir vier, das waren noch Mutter mit meinen beiden Schwestern.
Vater und mein Bruder kamen wegen des Geschäftes bei seiner
Mutter – meiner Oma – unter.

Wie dort üblich, lagen alle Höfe ein Stück voneinander entfernt, so
dass meine beiden Schwestern nur stundenweise tagsüber uns
besuchen konnten, denn Platz zum Aufhalten gab es weder dort,
noch bei uns, und die Landwirte, bei denen wir waren, duldeten uns
nur, weil sie mussten.
Wir alle drängten auf Zusammenführung, und so zogen wir denn
eines Tages mit Sack und Pack, im Glauben meines Vaters, dass alte
Bekannte weiterhalfen, in Richtung Sauerland, um eine geeignete
Bleibe zu finden.

Neue Bleibe

Dort, wo er hinfuhr, dort wo er glaubte, ausreichend geeignete
Freunde zu haben, die weite helfen würden, dort aber war lange alles
belegt und hoffnungslos überfüllt.

Hier war von der Partei aus, die alles, regulierte, geregelt, also mussten wir weiter, was angesichts des eigenen Autos kaum ein Problem war.

So wie hier war es auch in allen anderen darum herum liegenden Orten, die angefahren wurden. Erst ein gutes Stück davon entfernt, dort wo es keine Beziehungen mehr gab, wo damals noch keiner, Urlaub machen wollte, dort fanden wir eine Bleibe und wurden ausgeladen.
„Ausgeladen", zwar mit allem was wir noch hatten, aber nur in der Besetzung wie zuvor.

Mein viertes Leben, in Schenktal

Wie ich später von meiner Mutter erfuhr, erreichten wir dieses Ziel am 05.12 1944
Mein Zustand war eigentlich keiner mehr, denn mein Puls war zu diesem Zeitpunkt so schwach, dass er nicht mehr wahrnehmbar war. Trotzdem, ich überlebte.

Das Frühjahr kam und diese, bis dahin vom Kriegsgeschehen verschonte Gegend, erlebte einen Fliegerangriff, den ersten und einzigen. Oder genau gesagt, draußen auf dem Felde, weit außerhalb des Dorfes, wurde ein dort pflügender Bauer von einem einzelnen Jagdflugzeug angegriffen, und dabei wurde eines seiner Pferde tödlich getroffen.

Wenig war vom Geschehen draußen an den Fronten und den Bombardierungen in dieser Gegend zu hören, aber man wusste, dass das erhoffte Kriegsende nahte.

Untergebracht waren wir, mit allem was wir mitgebracht hatten, zunächst in einer großen Halle, mit zwei weiteren Flüchtlings-Familien. Wir hatten als einzige zunächst 2 Räume, wovon Mutter dann noch einen an eine weitere Flüchtlingsfamilie abgab.

Diese Räume lagen in einer großen quadratischen Halle, der Schützenhalle des Ortes, in der man an der einen Seite, zum Tal hin, einen ca 4 Meter breiten Streifen abgemauert hatte und diesen

nochmals dreimal unterteilt hatte, so dass für jede Familie ein etwa gleichgroßer Raum vorhanden war.
Eine gemeinsame Wasserstelle war in der Halle angelegt und das erforderliche WC - ein hölzernes Plumpsklo - , denn Wasser gab es da hinten nicht, war auf der anderen Seite des Gebäudes, außen gelegen.

Das Kriegsende naht
Eine ruhige Gegend in jeder Beziehung, dieser Ort und unsere „Wohnung", aber es war eine Bleibe. Bis, ja bis die Erwachsenen eines Nachts von heftigem Klopfen geweckt wurden.

Vor dem Haupttor der Halle standen Soldaten, aber keine Deutschen. Wer dort stand, waren Soldaten die aus Amerika kamen, und jetzt vor unserer Tür standen.
Das Ende des Wahnsinns war nahe, der Krieg konnte nicht mehr lange dauern!

Da alles ruhig bei uns in der Halle war und nichts Kriegerisches herumlag oder stand, fragte einer, in, gebrochenen Deutsch, ob Kinder da seien und ob sie schliefen.
Die Frauen gaben zu verstehen, dass viele Kinder schliefen, und die Soldaten bezogen ganz ruhig den Rest der Halle, nachdem sie sich von der Richtigkeit ihrer Frage überzeugt hatten.

Was in der Nacht geschah, sah ich erst am Morgen beim normalen Aufwachen.

Fortan benutzten wir die Halle und den Platz davor im guten Einvernehmen gemeinsam, bis zu ihrem Weiterzug nach einigen Wochen.

Sie akzeptierten und respektierten jeden der dort lebte. Ihr reichlich vorhandenes Essen jedoch durften sie offiziell nicht mit uns teilen oder etwas davon abgeben.

Als sie abzogen – weiter - gruben sie ein riesiges Loch, in das sie die Reste ihrer reichlichen Verpflegung an Lebensmitteln, wie ganze

Brote, Dosen, 20 l und größer - mit Fleisch, Wurst, Cornedbeef, Schinken, Marmeladen, Butter, Öl und, und, und, vergruben. Tief, abgedeckt und sauber verpackt, so, dass wir es uns herausholen konnten.

Schlimme Zeit

Die Zeit ging weiter aber das Leben schreibt auch manchmal so schlimme Geschichten, die nicht kriegsbedingt sind, obwohl wer will, würde auch hierin den Anfang für diese Tragödie sehen.

Da ich keine Parallele zu diesem Geschehen sehe und kenne, und ich selbst dabei Leidtragender war, werde ich dazu schweigen, denn es würde ein eigenständiges Buch werden!

Wir standen ohne alles da und „schliefen" danach zunächst zu viert auf dem nackten Boden und dann in einem „Bett" quer, und selbst da hörte der Terror noch nicht auf.

Menschen fünfter Klasse?

Unsere drei Hallennachbarn-Familien waren Flüchtlinge, wir aber nur Evakuierte.
Keinem von uns ging es gut, nur, als Evakuierte ging es uns in vielerlei Dingen schlechter.

Die Entschädigungen, die es vom Staat für diese Bevölkerungsschicht gab, verärgerte Jahrzehnte lang den Rest der Bevölkerung, und wir erlebten es hautnah.
Viele von Ihnen erzählten so etwas wie Märchen, hatten in ihrer Heimat alles, in Wirklichkeit oft nichts.
Später, später wurden die zurückgelassenen Flächen, einmal zusammen-gezählt, und siehe da – es war das dreifache, was möglich gewesen wäre.

Oder kennen sie den?
Findet ein Fahrgast in der Straßenbahn einen Schirm, und
ruft fragend in die Bahn, wem er gehört.
Meldet sich eine Dame und sagt: Gäbben sie miar, ich
biien Fliechtling!

Nein, nicht dass ich dieser Schicht,
die ihnen eingeräumten Vorteile nicht gegönnt habe, nur, uns
Evakuierten gab man nichts. Dabei hatten viele von uns, im
Gegensatz uns selbst, auch alles verloren und ein härteres Schicksal
hinter sich als mancher Flüchtling.
Diese Ungerechtigkeit stieß nicht nur mir damals schon bitter auf.

Herrlicher Wald

Um unsere kläglichen Einkünfte zu verbessern, satt zu werden, wann
immer es möglich war, gingen wir in die Wälder und suchten
Bucheckern, die dann zu Öl gepresst wurden, wie es andere auch,
taten.

Es gab Tage, da musste man von einfachen, auf dem Herd gegarten
Mehlfladen satt werden oder besser gesagt seinen Hunger stillen.

Ich selbst war am Anfang noch zu klein um hier Leistung zu bringen,
aber mit ging ich schon und des Öfteren den langen Weg, aus den
Wäldern, ganz alleine zurück, wenn mir zu langweilig wurde.
Eigentlich ging der Wald stellenweise bis an die Häuser unseres
kleinen Ortes. Doch dort wo es Bucheckern gab, wo die hohen
Buchen standen, diese Waldteile waren etliche Kilometer vom Dorf
entfernt.
Ein herrlicher Wald, den ich auch heute noch oft vermisse. In dem,
Wildschweine und alles mögliche Getier zu Hause war, in dem im
Sommer die Sonne ihre Lichtbahnen durch die Gipfel der
Laubbäume auf den meist grünen Teppich des Bodens warf und wo
zu gegebener Zeit man Pilze suchen konnte.

Als ich einige Jahre älter war, aber immer noch ein Kind, ein
Heranwachsender, bekam ich von einem Bekannten einmal ein Paar

Skier geliehen, und diese Art der Fortbewegung gefiel mir ausgezeichnet.

Ein Jahr später, ich denke so mit 11, 12, bekam ich meine eigenen, selbstgefertigten, ersten Skier und war wunschlos glücklich, auch wenn mit einfachen hohen Alltagsschuhen gefahren wurde und die Bindung aus ein paar Haken und Ösen, sowie aus Lederriemen und Kordeln bestand.

Kein vorhandener Hang und kein Absatz im Gelände, war zu steil. Doch am meisten Freude bereiteten mir die einsamen Touren durch den verschneiten Wald. Durch die Wälder bis rauf nach „Achtundachtzig", einem Waldstück, das weit vom Ort entfernt eine Wasserscheide war und ist.

Im frischen Schnee, gesäumt von laublosen Bäumen und Fichten, deren Zweige vom Schnee beladen bis auf die Erde reichten, zog ich genießend meine Spuren, lauschte und spähte nach allen Seiten. In diesem frischen Schnee waren die Spuren von, Hase, Reh, Wildschwein, Hirsch und was es dort alles gab, überdeutlich zu sehen. Man erkannte regelrechte Trampelpfade der Tiere und konnte, je nach Schneefall erkennen, wie lange es her war, als das letzte Tier den Pfad genutzt hatte, und hoffte, dass das oder die Nächsten, kamen.

Und manchmal kreuzten sie unmittelbar vor mir meinen Weg.

Die Winter in Schenktal waren oft noch richtige Winter, ja einmal, kurz nachdem meine ältere Schwester sich auf den Weg zu Schule gemacht hatte, hörten wir Hilferufe von ihr.

Auf dem Weg ins Dorf waren viele Schneewehen und eine, weit über 2 m hohe, hielt der Belastung ihres Körpers nicht stand, sie brach ein und konnte sich selbst nicht mehr daraus befreien.

Christbaum-Klau

Im Winter, ich weiß noch genau, holten wir uns unseren Weihnachtsbaum irgendwo aus einem dieser Wälder, die es rings um Schenktal gab.

52

Meist ging es damals noch durch tiefen Schnee und es war ein Erlebnis, wenn einem die Rehe, Wildschweine oder was sonst fast über die Schuhe liefen.

Natürlich, war ich nur Mitläufer, denn, um einen Weihnachtsbaum, über viele km zu tragen, und gar den Mut, einen solchen, nach meinem Verständnis unerlaubt, zu holen, dafür war ich noch zu klein.   Ich ging also mit einem guten Bekannten, aus dem Ort, mit.

Zu kaufen gab es in den ersten 10 Jahren dort keinen Weihnachtsbaum, das war dort nicht üblich. Weihnachtsbäume, dafür hatte diese, wie auch andere Gemeinden, ein Extra Stück Wald, in dem sich die dortigen landlosen Dorfbewohner ihren Baum holen konnten, sofern der Nachwuchs solcher Bäume gewährleistet war, und hier fehlte er, warum auch immer.

Selbst als ich schon in die Lehre fuhr, brachten wir unseren Weihnachtsbaum, von unterwegs mit.

Wir nahmen an diesen Tagen ein Metallsägeblatt mit, hielten an einer geeignet erscheinenden Stelle an, suchten uns einen schönen Baum aus, den ich dann unterm Arm nahm und hinten auf dem Motorrad als Mitfahrer mit nach Hause brachte.

Erbsen und Kartoffeln

Genau so selbstverständlich war es, dass bei der Ernte von Erbsen, Kartoffel und, ... die damals ja nur per Hand geerntet wurden, gegen eine geringe Entlohnung geholfen wurde, und diese Arbeiten wurden auch dort erbracht, wohin der Weg weit war.

Nicht selten wurden wir von einem Gut im übernächsten Dorf, für solche Arbeiten mit dem Trecker abgeholt, denn der Weg dorthin war mehr als 10 km weit.

Ein besonderes Erlebnis war es, bei einigen Bauern arbeiten zu dürfen. Hier gab es zwar nicht mehr an Verdienst, aber es gab immer ein hervorragendes Essen auf dem Feld, zwischendurch, und wenn man Glück hatte, abends beim Bauern auch noch.

Bei den Fahrten zum Feld, während der Pausen, und zurück, wurde immer viel gescherzt und gelacht, und Mädchen waren auch häufig dabei.

Aber es gibt - wie leider immer - im Leben auch andere Fälle, auch andere Bauern.

Doch eins steht für mich heute fest, dies würde ich mir heute nicht mehr gefallen lassen. Und das ist, wie man sieht, eines der Probleme, die die Mehrheit der hier lebenden, Wohlhabenden, nicht sieht, nicht sehen will, aber es kommt, nein, es ist in den ersten Erscheinungen längst da. Der auflebende Widerstand!

Abgeerntete Felder

Ihre abgeernteten Felder eggten viele Bauern noch nach.
Dadurch wurden, auch die, bis dahin übersehenen Kartoffeln oder die Ähren noch geerntet.
Die dann noch liegengebliebenen Früchte, wurden später untergepflügt.

Einige Flüchtlinge und auch wir, suchten diese Felder dann nochmals ab, um an die immer noch übersehenen Knollen und Ähren zu gelangen. Doch einige Bauern mochten nicht, dass wir ohne Leistung für sie, etwas bekamen, sie jagten uns von ihren Feldern, dies bisschen mühevoll gesuchte Nahrung war uns nicht gegönnt.

Kühe auf Persern

Ich denke zurück an Mutter und an ihre Aussagen über die Zeit, als wir nach Schenktal kamen, nachdem die Soldaten abgezogen waren.

Wir hatten ja vieles von zu Hause mitgebracht, auch Wertvolles – nicht Lebenswichtiges.
Mutter hatte dann alles, was irgendwie ging und nicht lebenswichtig für uns war, zu Essbarem umgetauscht.

Sie sagte, und eine Freundin von ihr bestätigte dieses des Öfteren;
„bei manchen Bauern liegen die Teppiche bis in den Stall.

Ausnahmen gab es wie man sieht und weiß schon immer.

So sind die Menschen nun mal!? Ich meine heute, dass dieses eine
Schutzbehauptung ist.

**Würde man umgekehrt einmal so radikal gegen Ungerechtigkeit in
aller Form, Betrug und all die negativen Eigenschaften vorgehen,
die man Heute unter dem Mantel der Gesetzmäßigkeit tätigt –
man hätte garantiert innerhalb kurzer Zeit den Erfolg, den die
Menschheit eigentlich brauchte.**

Die Schulzeit

So kam ich in die örtliche Schule, die zunächst drei Klassenräume
hatte.
In der ersten Klasse waren die Schüler des ersten, zweiten, dritten
und vierten Jahrgangs, Jungen und Mädchen gemeinsam
untergebracht.
Fünf, sechs, sieben und acht, wurde je eine Klasse von Mädchen und
eine von Jungen belegt.
Die ersten vier Schuljahre verliefen relativ ruhig, was das rein
schulische Leben betraf.
Zwar gab man mir wegen meines besonderen Hausnamens alle nur
abweichend möglichen Spitznamen, doch das störte mich weniger als
die, die sie riefen.
Genau das aber war es, was später zu kleinen Reibereien führte.

In die Tasche

Im Prinzip spielte ich – und sie auch mit mir – mit allen, Kinder des
Ortes.
Es gab ja unendlich viel zu erleben auf so einem Bauernhof, auf den
Wiesen, beim Kühe hüten, im Stall oder Versteckspielen im Heu und
Stroh, und bei den meisten gabs auch mal etwas zu essen.

Beim Wegbringen der Kühe, ich erinnere mich noch sehr gut, ich war noch nicht in der Schule, und auch die kleinen Jungen trugen damals zur Schonung der Kleidung eine dieser Latz-Schürzen, die meist eine grooße Tasche unten aufgenäht hatten, in die alles, mögliche hinein passte.
Genau so eine Schürze trug ich am besagten Tage auch.

Die Kühe vorne weg, auf dem ihnen bekannten Weg, und ich, ja ich hielt mich bei der einen am Schwanz fest, und trabte, mit den, anderen Jungens hinterher, bis es geschah.

Es sagte Pitsch, es sagte Klecks und die Tasche meiner Schürze war randvoll mit - es sah aus wie Spinat, roch aber sehr nach Kuh, und von da an fasste ich keinen Kuhschwanz mehr an.

Kühe wegbringen hieß, sie in irgendeine Weide zum Fressen unterzu-bringen. Aber es gab auch Fälle, wo die Kühe, bei anderen auch die Ziegen oder ..., auf entsprechenden Flächen von einer Person Geweidet, Gehütet werden mussten.

Ausgerüstet mit entsprechender Kleidung und der nötigen Verpflegung, die, wenn ich vom jeweiligen Freund zu Hause mit angemeldet wurde, auch entsprechend berücksichtigt wurde, ging es los.
Essen gab es also mit, und für das Trinken, für das Trinken war oft in der Nähe eine Wasserquelle mit diesem herrlichen Wasser, das man heute nur sehr selten noch findet.
Wo keine Wasserquelle in der Nähe war, oder uns mehr nach anderer Flüssigkeit war, es gab ja noch die weidenden Quellen die Milch mit sich trugen.
Ohne großes Federlesen wurde direkt von der Kuh in den Mund gemolken – soviel wie jeder wollte, nur auffallen durfte es abends nicht. Die Menge, die jeder Kuh entnommen wurde, musste also begrenzt werden.

Mit zunehmendem Alter, fuhr ich mit auf die Felder, zu allen möglichen Arbeiten, zur Weide, um Wasser hinzubringen, zum Pflügen, Eggen, Säen, die Zäune zu reparieren und in die Wälder raus, um Holz zu holen oder das Wild im Winter zu füttern, und half so gut es ging bei der Arbeit mit, die mir Spaß machte.

Schwarzfahrer

Zunächst gab es nur einen Traktor im ganzen Dorf, doch das änderte sich relativ schnell.
Gefahren wurde dieses Gefährt (Trecker) mit Wagen oder was dahinter kam fast immer nur von einer Person. In vielen Fällen wäre eine zweite Person von Nöten gewesen, doch wie fast immer, wer konnte sich das schon leisten, und wo war eine solche Person.
So lernte ich bereits mit gerade 10 Jahren einen Trecker steuern und durfte ihn auch dann fahren, ich war mir dieser Verantwortung stets bewusst.
Heute ist dies eine Selbstverständlichkeit auf einem Hof, doch damals, einem 10 jährigen, eine solche Verantwortung, mit so einem Vermögenswert zu überlassen, eine Seltenheit.

Mit 12, so erinnere ich mich, holte mich einer der kleineren Bauern aus der Schule. Er kam zu meinem Klassenlehrer und klagte ihm, dass er Kartoffeln setzen wolle und der vorgesehene Fahrer erkrankt sei, und ob ich nicht frei haben könne, um den Trecker zu fahren. Natürlich durfte ich, und bekam noch meinen Lohn und Essen dafür.

So gondelte ich in meiner freien Zeit oft durchs Dorf, und war ohne Übertreibung wegen meiner Hilfsbereitschaft und Offenheit bei den meisten Erwachsenen beliebter als alle anderen aus meiner Klasse. Bis auf einige Ausnahmen, traft dies auch auf alle übrigen Jungen zu.

Zoff

Während wir später in ein neues Zweifamilienhaus, das einer Kriegerwitwe aus dem Dorf gehörte, in der oberen Etage, in eine zwei Zimmerwohnung zogen, wohnte Hubert mit seiner Mutter mitten im Dorf in einem älteren Haus in ähnlichen Verhältnissen. Hubert war Flüchtling und ziemlich locker mit seinem Mundwerk.

Wo ich versuchte zu schlichten, goss er lieber Oel ins Feuer und mehr.
Aber gewalttätig oder streitsüchtig war er nicht, man musste ihn nur zu nehmen wissen.

Er Flüchtling, und ich Evakuierter – nicht dasselbe, aber ein ähnliches Los.
Wir beide verstanden uns aber ziemlich gut, waren im selben Schuljahr, gehörten der gleichen Religion an und spielten des Öfteren zusammen.
Alleine traute sich an uns, von den Bauernjungen keiner ran.

In der Winterzeit ging unsere Klasse in der Sportstunde des Öfteren zum Rodeln an den, nahe gelegenen Berghang.
Dort versuchten dann, einige Bauernjungen, gemeinsam, die gegen Hubert gesammelten Aggressionen, abzubauen.
Man schob ihm die Schlitten, während er runterfuhr, vor den seinigen, rempelte ihn an, schubste und trat ihn aus dem Pulk heraus, wenn es keiner sehen konnte, mehr aber da noch nicht. Wie gesagt, man versuchte es.

In der achten Klasse dann war es soweit, dass sie dies auch nach Schulschluss, an der Schule taten. Ich erinnere mich an eine Rempelei genau.

In der letzten Pause kam Hubert zu mir und sagte mal wieder: Die haben mir wieder Schläge angedroht, die ich nach Schluss bekommen soll.

Ich fragte, Was hast du wieder gemacht? Seine Antwort: Eigentlich nichts, - und ich glaubte ihm.
Zumindest wird es keinen Grund gegeben haben, ihn mit Schlägen zu bestrafen, und dazu gleich von dreien.
Für mich hieß das, dass ich ihn zumindest moralisch unterstützen musste.

Die letzte Stunde war zu Ende, und nur wir fünf, und drei mehr Neugierige aus unserer Klasse standen noch an der Schul-Mauer, nachdem uns der Schulleiter vom Schulhof gewiesen hatte.

Eigentlich musste Hubert in die andere Richtung, doch dass zunächst geführte Wortgefecht, führte alle in die Richtung, die ich gehen musste.

Da es fast so aussah, als ginge es dieses Mal friedlich zu Ende, verließ einer der Zuschauer die Arena.

Der Pulk zog in meine Richtung weiter. Und es wäre doch gelacht, würde man nicht doch noch zum gewollten Schlagabtausch kommen.

Einer von den dreien trat Hubert in den Allerwertesten und schon war die erste Stufe der Rauferei da.

Zwei, ja, das konnte Hubert alleine schaffen, und vor den dritten, stellte ich mich schützend.

Aus den vergangen, Raufereien wenig gelernt, wollten sie es aber dieses Mal wissen, also wurde ich mit einbezogen.

Tritte, Schläge, Boxhiebe – jetzt musste ich mich wehren, und ich tat es.

So landeten wir von Hof zu Hof, und durch den Lärm, den wir verursachten, kam auch bei dem einen Hof eine Bäuerin heraus und sagte mit einem Unterton, der mir später, viele Jahre in den Ohren klang - wir sollen aufhören.

Vorübergehend stellten unsere drei Mini-Musketiere ihre Attacken ein.

Als die Dame aber außer Sichtweite war, ging es weiter.

Allerdings nicht mehr lange, dann sah als erster Emil, mit dem ich seit dem wir in der neuen Wohnung wohnten des Öfteren spielte, und der im letzten Hof, auf der rechten Seite am Ortsausgang nach Borstel wohnte, es ein, dass der Kampf sinnlos für sie war.

Also stellten zwangsläufig auch die anderen beiden ihre Angriffe ein, und wie sollte es anders sein, die Streithähne lösten sich auf.

Ich ging alleine, in Richtung nach Hause und die anderen, die diesen Weg auch gehen mussten, folgten mir mit Abstand nach.

Nachdem ich ein Stück des Weges hinter mich gebracht hatte, holte Emil mich ein und fing auch gleich an zu reden.

„Man sind wir mal wieder blöde gewesen", sagte er, „wir haben doch sowieso keine Chance gegen euch beiden".

Damals in der Schulzeit, war ich der zweitgrößte – pardon, längste - in unserer Klasse und gut durchtrainiert.

„Ja, warum habt ihr es dann getan", sagte ich zu ihm.

„Weißt du", war seine Antwort, „der Heinz ist doch mein Vetter und der stänkert doch so gerne und da meinte ich, ich müsste ihm helfen, kommt aber sicher nicht mehr vor, dann soll er es alleine machen".

Von Emils Seite kamen wirklich keine Sticheleien oder dergleichen mehr, er hatte sich seine Meinung gebildet. Für immer?!

Neue Niederlage

Wer es nicht überwinden konnte, war Heinz – eine Niederlage nach der anderen – da musste es doch eine Lösung geben, um mich auch einmal zu packen.

Heinz lief ich, sozusagen, immer vor der Nase her.
Genauer gesagt, am Ende der Straße nach Borstel lag der Hof, wo Emil wohnte.
Etwa 120 m davor, um 40 m nach außen, zum Wald, zum Hang, an dessen Ende das Tal begann, versetzt, an einem neuen Weg, wohnten wir, und weitere 30 m davor, auf der linken Seite, lag der kleine Kotten, wo Heinz wohnte.

Ich konnte also hinsehen, und musste auf dem Weg ins Dorf immer daran vorbei.

Aber ich war auch in vielerlei anderen Dingen ein rotes Tuch für ihn und nicht nur für ihn.

Da ich nun mal aus der Stadt war, wurde dies mit zunehmendem Alter immer mehr sichtbar. Meine Kleidung, die Art wie ich sie trug und wie ich mich gab, war einfach anders als die der Bauernjungen. Sicher hatten daran auch meine beiden Schwestern ihren Anteil, zumindest was die Kleidung betraf.

Ja, und da waren dann noch die Mädchen, von denen mich so viele mochten.

Es war ein so schöner friedlicher Sommertag, und wir spielten zunächst zu zweit draußen am Rande einer Wiese neben unserer Wohnung, nach der Schule.
Zu uns gesellte sich noch Heinz, und dann Josef.
Josef war auch einer der Einheimischen, also ein Bauernsohn.
Ihr Hof stand in der Nähe der Kirche, und wenn man mit ihm alleine war oder spielte, war er durchaus zu genießen, aber, wehe wenn. Und an diesem Tage, war wenn angesagt, nur ich hatte es noch nicht begriffen.

Der dritte im Bunde war Josef oder besser Jupp genannt, aus dem Hause, in dem wir wohnten.
Wir redeten, spielten und zogen in Richtung Wald, der nach 30 m begann, weiter. Nach weiteren 10 m geht dort das Gelände in einen Steilhang über und ist am Ende dieser Wiese unten nur noch durch einen Stacheldraht-Zaun begrenzt. Dann folgt ein Fahrweg, und anschließend geht der Hang dann baumbestanden weiter.

Dies war wohl die Gelegenheit von der Heinz sich Erfolg versprach, um sich endlich mal an mir zu rächen, seine Niederlagen zum Triumph werden zu lassen.

Ich bekam also einen Tritt – von wem auch immer - in den Ar....
Bei mir schrillten die Alarmglocken: Gegen drei, da hatte ich schlechte Karten.
Wir standen an dem Hang mit einer Neigung, auf der man kaum Halt fand.
Jetzt oder nie, oder ich bezog meine erste Tracht Prügel, aber dazu war ich wenig geneigt.
Ich fasste den mir am nächsten Stehenden und schleuderte ihn den steilen Hang hinab, wartete nicht lange und nahm den Nächsten, doch da ergriff mich der dritte der Runde. Auch diesen wurde ich zunächst auf gleiche Weise los.

Weglaufen, nein, das ging nicht und war für die Zukunft auch keine Lösung, das wusste ich schon lange.
Die nächste Welle rollte an.

Allerdings machten sie den Fehler: da nur zwei gleichzeitig zufassen wollten, und so konnte ich beide abwehren ehe der dritte angreifen konnte, und sie sich dann, auch wieder im unteren Teil des Hanges wiederfand.

Dass sie nicht aufhören wollten, wurde mir schnell klar, und so hatte ich, während der Zeit, in der sie sich auf den Weg zu mir herauf auftaten, Zeit, mich umzusehen was geeignet war, meine Situation zu verbessern oder zu meinem Erfolg zu führen.

Was ich sah, war ein Stück Zaunfeld das defekt war. Hiervon ein Stück Latte, und ich kam erst mal weiter.

Die nächste Welle rollte an. Dieses Mal bekam ich einiges mit ab, und in mir stieg die Wut.

Ich schaffte es erneut mich aller drei zu entledigen und sah sie, ein Stück von mir entfernt im unteren Bereich des Hanges wieder.

Jetzt wurde es Zeit an die Latte zu kommen. Ich riss an der gebrochenen Latte, und sie gab nach, gerade zur richtigen Zeit, denn Josef stand schon kurz unter mir.

Ich schwang sie um mich. Nur nicht den Kopf oder sonstige lebenswichtige Teile treffen, dachte ich, das wäre die Sache auch nicht wert, obwohl diese Bande es ja verdient hat.

Sie standen jetzt alle drei in ziemlicher Nähe von mir, aber so fand ich, das war keine gute Ausgangsbasis für mich, so konnte ich zu leicht in Bedrängnis kommen. Ich ging also zum Gegenangriff über. Ohne zuzuschlagen, was ich hätte tun können, schwang ich die Latte, als wolle ich nach deren Köpfen schlagen und trieb sie den Hang hinunter und auseinander.

Da eine weitere Latte nicht zu sehen war, mussten sie ihre Aussichtslosigkeit einsehen und gaben auf.

Ich blieb sicher noch eine Stunde draußen und ruhte mich von diesem Schreck erst mal aus und überlegte:
Warum sind Menschen so?

Zu Hause empfing mich meine Mutter.
Mutter, die immer und mit allen in Ruhe und Frieden leben wollte.

Was also hatte ich getan, was war geschehen?
Jupps Mutter, also unsere Hauswirtin, war bei ihr gewesen und hatte
ihr, ihr Leid über mich geklagt.
Ich sei ein so schrecklicher Junge, und hätte heute Nachmittag, ihren
Jupp verdroschen.
Hätte ich mal – habe ich gedacht – dann hätte es sich wirklich
gelohnt, dabei, sind alle drei, eigentlich viel zu gut dabei
weggekommen.

Flieg, Vogel flieg

Weitere Ereignisse dieser Art gab es keine mehr, aber der Dorn im
Auge von manch einem Jungen blieb ich schon, waren da doch die
Mädchen.

Mädchen aus unserem Dorfe und Mädchen aus den Dörfern rund um.
Aber eigentlich - na ja, wenn ich ehrlich bin, auch mit 14 - wusste
ich schon, dass es kluge, schöne Mädchen gibt, die anders sind als
Jungen.
Eine aber hatte es mir besonders angetan. Nur dieses Kapitel blieb
immer ein Traum, ein trauriger, wohin ich auch ging! Ein Traum? für
immer??

Man merkte den Aufbruch zu neuen Ufern in der Bevölkerung,
verspürte, was in Zukunft auf uns, auf die Menschen zukommen
kann und doch, ich hätte mir ein Leben in dieser Gemeinde,
vielleicht zunächst als Landwirt mit später einer weiteren Tätigkeit,
durchaus vorstellen können.
Da hatte ich so meine Gedanken.

Herberge

Für viele von uns war es schon ein Erlebnis, doch bei manch
einem konnte man doch sehen, wie sehr er/sie von Zuhause
abhängig war, ja sehen, das Er oder Sie noch nie alleine auf sich

selbst gestellt war. Heimweh und Unselbständigkeit nennt man dies, wobei Heimweh ja auch etwas ist, was bei Erwachsenen anfällt.

Wir fuhren vom Konfirmandenunterricht aus nach Stumpfede in ein Schwesternhaus und waren dort eine Woche lang mit einem aktiven Unterrichtsprogramm belegt.
Mit uns fuhr unser Pastor aus Königstal, der in der Kirchengemeinde von Evangelischen, in der wir wohnten, diese leitete und den Unterricht erteilte und uns zur Konfirmation führte.
Wir waren so an die 22 Konfirmanden und K-mandinen, aus eben dieser Kirchengemeinde, die aus mehreren Orten bestand.

Morgens gab es natürlich Frühstück in fröhlicher Runde, und anschließ-end dann, Unterricht bis zum Mittagessen.
Nach dem Mittagessen und einer Stunde Gedankenaustausch, ging es dann zu einer Wanderung, in freier Natur, raus.
Zunächst gingen alle, wie konnte es damals denn anders sein, Jungen und Mädchen schön in Gruppen getrennt, hintereinander her. Eine Gelegenheit gab es aber immer, um sich mit den Mädchen aus den Nachbarorten zu unterhalten, und mir wurde schnell klar, zusammen reden, dagegen hatte Hochwürden nichts.
Spätestens am 4. Tage waren die Gruppen dann vollkommen anders zusammengesetzt und die Entfernungen zwischen diesen waren wesentlich größer.
Unser Häufchen bestand meist aus der blonden, langhaarigen Monika, Liesel, die aschblond war, einen Pferdeschwanz trug, den ich so mochte – ein so liebes, intelligentes, kluges, herzliches Mädchen wie man es sich eigentlich wünschte - und der rothaarigen Erika mit ihren kurzen Haaren und einem Temperament das beeindruckend war, doch Achtung, Erika war nicht so ohne.
Und, damit es nicht so auffiel, war meist noch einer der anderen Jungen dabei.

Ich akzeptierte und tolerierte schon damals jedermann und hörte mir jede Meinung an und glaubte das Maß zu kennen, wo ich Halt machen musste um andere nicht zu verletzen oder Regeln zu brechen.

So verbrachten wir eine schöne Woche in Stumpfede, kehrten heim und wurden kurz darauf konfirmiert.

Danach begann für uns alle der Einstieg ins Berufsleben.
In der ersten Zeit danach haben wir uns, wenn immer es an den Wochenenden möglich war, noch häufig gesehen, doch mit der Zeit wurden diese Treffen immer spärlicher, bis sie endeten.

Erika, die ein Jahr älter war und sowieso schon einer Beschäftigung nachgegangen war, meldete sich im Anfang häufig, doch war sie ein zu großer Feger für mich, und das spürte sie wohl.
Von Monika habe ich noch mal 6 Jahre später gehört – aber, ich zog ja auch weg und kaum einer wusste, wo ich geblieben war.

Wo bist du?

Die dörflichen, jährlichen Feste, waren für mich kein Bestandteil meines Lebens. Ich ging zwar mal hin, doch teilnehmen, im eigentlichen Sinne, tat ich nicht.
Die fast immer in Saufgelage ausartenden Feiern lagen mir nicht, und immer nur oberflächliche Gespräche führen, war nicht mein Fall.

Zu sehen gab es ja immer was und die meisten der „Freunde" waren ja auch dort zu finden.
Freunde? Das, was man so Freunde nennt, aber auch die Mädchen waren dort, die aus unserem Ort und den Nachbar-Dörfern.

Es muss 1956 gewesen sein bei einem Schützenfest: Ich erinnere mich, es war Arnulf, der sich uns häufiger anschloss, weil wir für ihn anscheinend ein wenig offensiver, nicht so zurückhaltend wie er, waren.

Arnulf, kam also zu uns und sagte zu mir: „Weißt du wer da ist? Die Annelie, die ist wegen dir hier".
„Wieso", fragte ich ihn, „wegen mir"?
„Ja, sie hat nach dir gefragt", sagte er, „komm wir gehen hin"!
Annelie war ein wirklich schönes Mädchen aus einem Nachbarort, und es wunderte mich, dass sie den weiten Weg, wegen mir, zu Fuß

hat zurückgelegt und jetzt ohne meine Begleitung zurückgehen musste, musste sie? Andere hätten sich darum geschlagen, sie nach Hause bringen zu dürfen, und ich?
Annelie, eigentlich zu schade um sie stehen zu lassen. Ein Mädchen, wie es im Bilderbuch schöner hätte nicht stehen können, langes hellblondes (damals gabs nur echtes) Haar, gut gewachsen, ja es stimmte eigentlich alles an ihr, und alle drehten sich nach ihr um. Eine Augenweide auch für mich.
Nur teilen wollte ich mit keinem, doch das versprach ihr Verhalten nicht. Also, kein Interesse meinerseits, denn da war ja noch ..., und Gefühle verschwenden, Eifersucht schüren, das musste nicht unbedingt sein, schon gar nicht wenn man weiß, dass es doch nur ein Flirt ist und bleiben muss. Da denken viele sicher anders.

Ich brauchte einen Menschen, der mir, soweit man dies so formulieren kann, mir allein gehörte.
Nein, mir allein gehörte, ist die falsche Formulierung, ein Mensch kann einem nie gehören, nie Eigentum sein.
Dieses Recht nehme ich auch für mich in Anspruch; fair in allen Lagen und Situationen, das wäre schon was.

Keine Herrenjahre

In der Straße, in der wir in Schenktal wohnten, wohnte auch Nikolaus.
Nikolaus war ein Jahr älter und somit auch in einer Klasse über mir, aber- nur bis zum 6. Schuljahr, dann ging er aufs Gymnasium. Er war Flüchtling und hatte die Schule umsonst, im Vergleich zu mir, der Evakuierter war, und diese Schule hätte bezahlen müssen.
Da Mutter Wohlfahrt bekam (heute Sozialhilfe), war für mich der Besuch einer Höherenschule ein Wunsch, der sich nicht erfüllte.
Also nahm ich, vermittelt durch einen Bekannten, eine Lehrstelle in einem handwerklich-technischen Beruf an.
So fuhr ich mit diesem Bekannten montags bei Sonne, Regen, Wind, Schnee und Eis, die etwa 40 KM zu dieser Lehrstelle mit dem Motorrad, ins Sauerland hinein.

Bei schönem Wetter ein Vergnügen, aber im Winter mit dem Motorrad, da gibt es sicher wenige, die solche Touren unternehmen mussten.
Ja, und im Gegensatz zu heute, waren die Winter noch Winter. Straßen, die manchmal verschneit waren, und nicht geräumt wurden, wo, wenn man Glück hatte, eine einzige Autospur einem den Weg aufzeigte, und wenn es dann noch Schneeverwehungen gab, oder an den Bergen die wenigen Autos wegen der Glätte liegen blieben und die Straße versperrten.
Wir aber konnten meistens noch schieben und sei es, dass wir es beide taten.

Die Sommer haben zumindest mich, dann mit all ihren ständig wechselnden Bildern auf den Fahrten, versöhnt.

Das Lagerleben

Als ich die Volksschule verließ, zählte ich zu den Langen und hatte das Gewicht, das ich in etwa auch heute noch habe mit meinen 60 Jahren.
Gewachsen bin ich nicht mehr, dazu war die Arbeit, die ich verrichten musste, einfach zu schwer und die Lebensbedingungen zu hart.
So bin ich immer der Kleine, auch in unserer Familie, geblieben. Es hat mich weniger gestört, doch manchmal konnte man schon feststellen, dass größere - pardon – längere – Menschen bevorzugt werden.

Ein besonderes Kapitel dieser Zeit, ist die Unterbringung beim Lehrmeister.
Ich hatte ja schon einiges mit machen müssen, aber dieses hätte nicht viel schlimmer sein können.
Wenn ich heute überlege: So ähnlich haben wohl die Kriegsgefangenen in Russland gelebt. Nein, ich weiß, ihnen ging es viel, viel schlechter!

Zur Werkstatt, ging es über eine innenliegende Treppe in die erste
Etage und gelangte von dort in den Aufenthaltsraum - ein Raum aus
dunklem Material, meist Holz, der so 3,5 m lang und 2,2 m breit war.
Erholung haben oder entspannen konnte man hier nicht, aber dafür
war auch die Zeit nicht reif, obwohl man sich danach sehnte.
Vor Kopf war ein Fenster und darunter stand ein Gasheizkörper. So
weit so gut.
In der rechten Wand, wenn man reinkam, war zunächst eine Tür die
zu einem Lager führte, dann ein Spind, für 6 Leute, und wieder eine
Tür.
An der linken Seite dem Spind gegenüber stand eine lange Bank mit
einem Tisch und davor noch eine Bank, die man darunter schieben
konnte um besser vorbeigehen zu können, wenn niemand darauf saß.
Das also war mein und das Wohnzimmer meiner beiden Kollegen.
Pardon, sie waren ja Gesellen - und ich nur Stift.

Die hintere Tür, die hinter den Spinden, führte in das Schlafgemach
von uns dreien.
Länge des Raumes ca 4,1 m, Breite etwa 1,25 m.
An Möblierung waren da hinter der Tür ein 2stöckiges Stahlgestell-
Bett in dem ich oben schlafen durfte, und in der Verlängerung, ein
drittes Bett, vom gleichen Typ.
Weiter hatten wir an Komfortausstattung, statt der Holzspinde im
„Wohnzimmer" ein Dreierspind aus Stahl, weil´s kleiner, nicht so
tief war.
Der Raum war so schmal, dass die Türen des Spinds sich nur zu 70
% öffnen ließen und dann ans dritte Bett stießen.
Der Spind stand ganz nach hinten, denn davor, war das Fenster, so da
ich vom Bett aus hinausschauen konnte.

Eine Heizung gab es nicht, dafür war der Platz nicht vorhanden.
Im Winter, wenn es richtig kalt wurde – und es wurde oft sehr kalt–
musste ich mir 5 Decken besorgen, damit ich einigermaßen
unbeschadet, die Nacht verbringen konnte.

Als besondere Ausstattung, sei das Ausgußbecken in der Werkstat
genannt.
Dort hinein wurden schon mal Salzsäure und andere nette
Flüssigkeiten geschüttet.

Und wir hatten auch ein, nein zwei Waschbecken, die in einem Raum unterhalb der Aufgangstreppe zur Werkstatt lagen, einen Spiegel gabs auch, aber für Fliesen und Farbe reichte es nicht.
Dafür gab es aber einen Duschraum. Duschraum, ist zwar ein wenig hoch gegriffen, denn hinter einer Pendel-Halbtür direkt unter der Treppenschräge war ein Ablauf, wo das Wasser, das aus dem Brausekopf unter der Decke rauskam, ablaufen konnte.
Warmes Wasser, nein das gab es nicht und ein Fenster oder irgendeine Lüftung dieser beiden Räume war auch nicht vorhanden.
,

Steinbruch exklusiv

Dafür hatten wir aber eine besondere Aussicht aus „Wohn- und Schlafzimmerfenster".
Der darunter liegende Garten hatte hier noch eine Tiefe von 3 m, und grenzte dann, an den Schienenstrang der Werksbahn, die die Steinbrüche der Gegend ent- und versorgte. Das Gelände, die Trasse, der Eisenbahn, lag aber auf gleicher Höhe wie unsere Räume, also eine Etage über Gartenniveau.
Wenn die Züge vorbeifuhren, konnte man glauben, sie ständen gleich vorm Tisch oder vorm Bett, und der erste Zug kam ziemlich früh am Morgen, noch bevor die Sonne aufging.

Doch die Aussichten in den Steinbruch, wurden durch die steil aufragenden Felswände ringsum– nach 20 bis 550 m - begrenzt.

Montags, bekam ich einen Henkelmann voll Essen mit und Brote, die für diesen Tag ausreichten.
Für den Rest der Woche musste ich mich selbst versorgen. Dazu, bekam ich 8 (acht) DM von meiner Mutter mit.
Eigentlich hätte das für damalige Zeiten gereicht, um einigermaßen über die Woche zu kommen. Rauchen und Trinken war bei mir ja nicht angesagt.
Der Haken, zur Berufsschule musste ich nach Arzhöhe, was Luftlinie vielleicht so 25 km weit weg war, aber auf dem direkten Wege ging das nicht. Berge und Täler schrieben hier eine andere Route zum Erreichen dieses Ortes, der Schule vor.

Morgens kurz vor 6 Uhr fuhr ich mit dem Bus, im großen Bogen, entgegengesetzt, nach Schellendorf, stieg aus, und wartete dort auf den Zug, und fuhr mit diesem nach Arzhöhe.
Zur Berufsschule, waren es dann noch eine gute halbe Stunde Fußweg – natürlich zu Fuß, und nach der Schule zurück.
Nicht, dass ich was gegen die Art der Reise hatte, nur die Kosten für diese Fahrt zur Schule musste ich selbst tragen, genau gesagt diese 2,60 DM gingen von meinen 8,00 DM Kostgeld ab.

Das geht nicht, von 5,40 DM die Woche leben?
Oh doch, viele unter Ihnen, die diese Zeiten noch kennen, wissen dies.

Im Übrigen in den ersten Monaten war der Lohn für die Arbeit in diesem Beruf, in dem ich Stift war, ganze 25,00 DM, dieser wurde dann auf 30,00 DM erhöht.

Die Gourmets

Eigentlich hätte man froh sein können, wenn es `was umsonst, zu essen gab, war ich, waren wir auch – im Prinzip.
Des Öfteren gab es einmal in der Woche einen kostenlosen 5 l Topf mit Erbsen- oder Linsen-Suppe voll. Von der Frau des Meisters, bei dem ich in der Lehre war, zubereitet, kostenlos selbstverständlich.

Willi, ein Hamburger, der dritte von uns Wohnungsgenossen, so 1,86 m groß und schmal wie ein Brett, war immer überglücklich, sich mal wieder satt essen zu können, denn Geld hatte er fast nie, obwohl er keine Familie hatte.

Wenn die ältere Tochter – Cristin - zufällig zu Hause war, und den Eintopf machte, aßen wir drei alle gerne von diesem, und es blieb sicher kein Rest über.
War sie nicht da, was meist der Fall war, sah die Sache schon anders aus.

Zwar sah das Essen gleich aus, doch schmecken?!
Aber, waren wir etwa schon verwöhnt, mein Bekannter, der zweite
im Bunde und ich?
Es ging beim besten Willen nicht runter, es kam einfach hoch, so
ekelig war der Geschmack.
Dann fraß, pardon, Willi den großen Topf alleine
leer.

Der Grund für diesen fürchterlichen Geschmack: Der Speck, der in
den Eintopf der Frau des Meisters kam, in unsere Suppe, war höchst
ranzig.

Feierabend

Wie sollte es anders sein, nach dem eigentlichen Feierabend, nach
Einkauf und einer kleinen Pause, wo etwas gegessen wurde, denn
außer eine Fleischwurst warm zu machen, gab es keinerlei
Möglichkeiten zum Kochen, ging mein Bekannter und
„Zimmergenosse" meist noch zu einem Kunden um irgendeine
kleine Reparatur zu erledigen.
Zu dieser Arbeit nahm er mich fast immer mit, denn in unserem
„Wohnzimmer" war wirklich kein Aushalten, zumindest nicht im
ersten Jahr.

Obwohl ich spätestens nach einem halben Jahr, kleinere, einfachere
Arbeiten selbständig erledigte, also mehr wert war als die 30 Mark,
die ich da im Monat bekam, habe ich nie ein Dankeschön oder auch
nur eine einzige Mark dafür erhalten.
Bekamen die anderen Lehrlinge in dieser Firma, zur jährlichen
Kirmes, alle ein Taschengeld, so ging ich leer aus.
Ich hatte ja das Privileg, beim Meister wohnen zu dürfen.
Eine feine Gesellschaft – eine herzbesitzende Gesellschaft.

Weichholzhausen, der Ort in dem ich lernen durfte, ist ein sehr
schöner Ort. Ein Städtchen zum Wohlfühlen – schon damals.

Der damalige Hauptteil dieses Ortes liegt in einem schmalen Tal, das für dortige Verhältnisse von relativ hohen, zum Teil steilen Bergen mit blanken Felswänden eingeengt wird.

Wenn wir von Zuhause kamen, fuhren wir einen steilen Berg hinab und erreichten dann, auf Tales Sohle den Ort.
Rechts von der Hauptstraße standen Häuser. Die meisten davon Geschäftshäuser, die hinten bis an die Wände der Felsen reichten.
Auf der linken Seite der Straße zwängte sich der etwas größere Bach durch das Städtchen, und daran waren wieder Häuser für unterschiedlichste Funktionen gebaut.
Hinter dem Haus meines Lehrmeisters, und anderen Häusern, war dann der Steinbruch.
Die Felswand auf der rechten, in Flussrichtung links, uns gegenüberliegenden Seite, überragten selbst die vierstöckigen Häuser noch um einiges.
Um von dem unteren Stadtteil in die oberen zu gelangen, konnte man nur in der Stadtmitte oder vor der Stadt nach Norden und Süden hinkommen.
Was noch möglich war, es gab einen schmalen Treppensteg nach oben, der wenige Meter von „uns" weg lag.

Diesen Weg bin ich, in den, darauf, folgenden zwei Jahren, oft gegangen. Vorwiegend herunter und zu später Zeit.

Der Grund war Reena

Unsere ständig wechselnden Arbeiten, Einsatzorte und Stellen brachten uns eines Tages auch in das Geschäft, in dem Reena angefangen war, ihre Lehre zur Verkäuferin zu absolvieren.
Und da stand sie dann beim Weg durch den Laden, den wir auch gehen mussten, plötzlich vor mir.
Klein und zierlich, mit langem, dunkelblondem Haar und einem Lächeln das mich traf und nicht mehr loslassen wollte.
Sekunden nur, dann war ich an ihr vorbei.

Hatte ich mich geirrt, oder war da was? War da dieses Gewisse in ihren Augen, das ich schon woanders her kannte. Ich musste es erfahren.

Ich brannte darauf wieder rauf zu kommen und sie zu sehen.
Kein Problem, wir mussten, wenn`s sein musste, durch alle Räume im Gebäude, und ich musste bestimmt, wenn`s sein musste - also.
Der Laden war voll - schlechte Zeit für mein Vorhaben also.

Doch spürte ich, als ich sie sah, auch sie hatte Interesse. Ich musste sie also kennen lernen.

Beim nächsten Versuch klappte es, sie war allein auf dem Weg den ich nahm.
Ich sah sie an, und sah in ihre Augen, und diese Augen, die mich ansahen und fragten - nach was,- ich selbst wusste es nicht – wo- her auch.

Was ich in diesem Moment nicht wusste, was mir nicht, bewusst, wurde. Wo waren diese fragenden Augen, wo hatte ich diese fragenden Augen schon einmal gesehen, wer hatte sie auch noch? Aber, ich beließ es bei diesem unterschwelligen Gedanken – vielleicht war das mein Schicksal – meine Vorbestimmung.

Das Problem war eigentlich keines.
Gute Sachen, Kleidung zum Ausgehen, wir schrieben das Jahr 1956, gabs ohnehin eigentlich keine, aber zur Berufsschule ging ich ja auch nicht in Lumpen.

Am Nachmittag, wir waren natürlich schon soweit gekommen, vereinbarten wir zum Abend unser erstes Treffen.

Ich hatte ein wenig früher Feierabend, und holte sie nach Geschäfts Schluss dort ab.

So wie es sich damals gehörte, sehr unauffällig, und hätte dies mein Meister gewusst – oh je.
Nicht anders sähe es bei Ihren Eltern aus, wie mir Reena versicherte, und ähnlich war es auch in ihrer Firma.

Das Geschäft in dem sie also lernte, lag mitten in der Stadt am Marktplatz. Von dort aus ging es in alle Richtungen, auch zur Oberstadt, in der Reena wohnte.

Reenas Eltern bewohnten dort ein Haus mit einem kleinen Garten und alles lag nur wenige Meter von der kleinen Kirche entfernt, die fast am Rande, des Gebirgsrücken stand, an dessen Fuß unten, meine Bleibe lag.

Die Kirche lag genau auf der Spitze eines Bergrücken, und die sie umgebende Fläche wurde ganz von einer Mauer eingeschlossen, an der, die sie halb umgebende Straße grenzte, auf die alle anderen Straßen, die zur Kirche gingen, mündeten.
Der Kirchplatz überragte also alles andere Terrain in dieser Gegend.
.
Den seitlichen Eingang, der damals eigentlich der normale Eingang war, schützte vor den Unbilden des Wetters. Ein kleiner, offener Vorbau, in dem jahreszeitlich bedingt eine Bank stand.

Von hier aus konnte man alle Bewegungen, die sich der Kirche auf normalem Wege näherten, rechtzeitig sehen.
Auch konnte der Eingang zu Reenas Haus genau beobachtet werden, ohne dass man selbst sofort entdeckt werden konnte.

Dieser Raum war also unser häufigster Treffpunkt. Wohin sollten, wohin durften wir damals gehen? Reena war im Anfang noch nicht einmal 16 und ich nicht 17 – zu jung für die damalige Zeit, zu jung für eine Liebe?

Wie es um uns beide einmal stehen würde, war mir fast beim Abschied am ersten Tage klar.
Ihre Augen und ihre Hände verrieten mir Unerfahrenem mehr, als ich geglaubt hatte, je wahrnehmen zu können.

Gefühle, die man nicht beschreiben kann, man glaubt zu ertrinken. **Reena** und ich, wenn wir uns küßten und in den Armen lagen, versank die Welt um uns. Schöneres konnte es fast nicht mehr geben, oder doch?

Wenn ich heute zurückschaue, und mir die Jugend so ansehe, werde ich ein wenig traurig. Nein, nicht traurig, weil ich neidisch bin, nein traurig, weil die meisten von ihnen diese reine Liebe kaum noch erleben, zum Teil nicht fähig sind, echte Gefühle zu entwickeln. Die Zeit, die Entwicklung, die von Oben vorgegebene Richtung macht alles kaputt.

Unsere Beziehungen dauerten nun schon eine ganze Zeit lang an und wurden immer enger, doch damit stieg der Widerstand ihrer Eltern, die mich persönlich nicht einmal kannten, ständig.
Es wurde immer schwieriger für Reena, rauszukommen, und so beschränkte sich unser „Sehen" meist nur noch auf die Tatsache, dass ich sie wie beim ersten Mal vor Ihrer Firma abholte, und, allerdings auf Umwegen nach oben jetzt direkt nach Hause bringen durfte, musste.
Doch auch das wurde ihr verboten und sie bat mich, davon abzusehen, was ich such tat, aber aus heutiger Sicht, als Dummheit bezeichnen würde – ich wusste, wie schwer auch ihr dies fiel, aber so etwas hatte ich in wesentlich kleinerem Vorgang schon einmal erlebt.

War alles so vorbestimmt?! War es diese Frage und meine, unsere damalige Erziehung die mich so handeln ließ?

Auch wenn diese erste Verbindung eine reine Schülerbeziehung, nein noch weniger war, mehr nicht.

Meine Erinnerungen verblassen langsam, denn ich bemühe mich seit Jahrzehnten, den Wunsch nach meiner Mitschülerin zu unterdrücken.

Es war nichts, außer dem Blick in ihre Augen und was darin zu lesen war und ihre Hand die die meine hielt, und dennoch ist etwas in mir, das die Sehnsucht nach ihr wach hält.
Ein unerfüllter Traum? Eine unerfüllte Sehnsucht? Eine unerfüllte Liebe?! Oder ist es jetzt Trotz, nein, das will, das kann ich einfach nicht glauben?!

Die nächsten Kapitel sind **nicht korrigiert worden**

Allein

Danach geisterte ich lange noch durch die Stadt, durch die Gegend suchend nach dem Weshalb, Warum, Wieso.
Antworten auf den Sinn des Lebens, zu und über dieses.
Antworten suchte ich nicht erst jetzt, gab es doch in mein bisheriges noch junges Leben genug Anlässe, danach zu fragen.

Doch so war ich nun mal, ständig neue Erfahrungen, Einsichten und Erkenntnisse ließen mich meinen letzten Wissensstand in jeder Beziehung ständig überprüfen.
Ich wußte lange schon, warum sollte ausgerechnet mir diese Antwort gegeben werden. Nein, diese Antwort bekommt kein Mensch, was immer auch geschieh, und wozu der Mensch je fähig sein wird.

Ja, und jetzt denke ich, Phill, sollte es von mir für heute genug sein, und wenn es noch etwas gibt, solltest du weiter reden, eine halbe Stunde haben ich noch Zeit für dich.
Phill, das ist, das war Herr Hochberg, mit dem ich seit Kurzem per Du war.

Herr Hochberg

Bevor ich noch etwas aus meiner Jugend erzähle, sagte er, hier wo wir heute sind, können wir uns, wenn du möchtest, auch das nächste Mal treffen.
Neben Gutem, und du hast Recht, preisgünstigem Essen, sitzt man hier ausgezeichnet und kann sich in Ruhe unterhalten.

Meine Jugend, so fing er an, war ein wenig anders als die deinige.
Geboren bin ich am 21. September 1958 in Kappelekn bei Münster in so eine wohlhabende Familie.

Vater war in der Partei ein hohes Tier, wie man so sagt, und Mutter verbrachte die meiste Zeit meiner Jugend irgendwo in einem unserer Häuser in irgendeinem Land der Erde.
Gesehen habe ich beide sehr selten und aufgezogen hat mich bis zum Ende der Grundschulzeit unsere Hausdame – meine „Omi" – wie ich sie nannte.

Danach kam ich wie so viele in meinen Verhältnissen
Aufwachsende, aufs Internat.
Aber den üblichen Quatsch, den Verschleiß mit den Mädchen und
das sonstige, brauche ich dir eigentlich nicht erzählen.
Etwas ernstes oder gar so tiefsinnige Augen wie bei dir, nein, die
habe ich nie gesehen, die kenne ich nicht. Woher, so sagte er, woher
soll ich Liebe von meiner Mutter kennen? Sex ja, aber Liebe? Aber
das sagte ich schon.

Meine Ferien durfte ich immer bei irgend einer Tante oder einem
Onkel in Deutschland verbringen, zumindest bis ich 10 war.
Danach konnte ich, wenn ich wollte oder mußte, irgendwo in einem
unserer Häuser im Ausland urlauben.
Ab 15 mußte ich ständig im Ausland meine Ferien verbringen,
vorwiegend in Frankreich, um meine Sprachkenntnisse in der
Landessprache zu vertiefen.

Heute, ich bin ja inzwischen auch schon einige Jahre älter, denkt
man schon mal darüber nach, wie das damals mit meinem 16 ten
Geburtstag war.
Ich bekam in unserem Haus in Nizza, wo wir meinen Ehrentag
feierten, von meinem Vater ein Boot geschenkt. Kein großes, aber es
hatte Platz für sechs Personen zum Schlafen. Jeder hatte eine eigene
großzügige Kabine mit einer eigenen Dusche und WC.
Das Besondere an diesem Boot waren die Motoren, es war fast so
schnell wie ein gutes Sportboot, hatte den Vorteil, man konnte
notfalls auf abgeschiedenen Insel ankern und schlafen, oder ...

Nein, ich hör auf davon zu erzählen, die Ereignisse auf dem Boot
sind für unseren Personenkreis gängiger Ablauf, und sie schämen
sich auch nicht dafür, wie alles was sie tun.

Für mich war das alles Neuland im Anfang, und nachher, die ersten
Jahre danach machte es einfach nur Spaß.
Wenn ich denke, wie pervers manche Weiber gewesen sind, nein, da
kann von Liebe keine Spur aufkommen, aber was wußte ich damals
von echter Liebe.

Heute leide ich oft darunter, weiß, daß alles das meine Gefühle kaputt gemacht hat.

Ich war gut siebzehn, als wir von einer nahen Tante Besuch in unserem Haus in Nizza hatten, und Mutter dann zunächst des öfteren außer Haus war.

Meine Tante muss damals so um die achtundvierzig gewesen sein. Beim ersten mal da war sie noch zärtlich und einfühlsam, aber mit jedem mal mehr wurde ihr Verlangen und ihre Forderungen nach Befriedigung immer brutaler.
Ich bin dabei absolut leer ausgegangen und im Glauben, sie würde meine Jugend berücksichtigen und mich auch zu meinem Recht kommen lassen, habe ich weiter mitgespielt.

Später hat mein Vater uns bei einem dieser Spiele überrascht, als er unerwartet zu „Besuch" kam. Leider hat dieser arme Kerl nicht nur Tante und mich im Bett angetroffen, nein, meine Mutter lag ebenfalls mit einem Geliebten bei uns im Bett und spielte mit und, wenn ich ehrlich bin – so habe ich später erfahren - war Mutter die Schlimmste – sie war die Eigentliche, die diese Spiele organisierte.

Vater hat außer mir, die drei erst mal aus dem Hause geworfen und damit war der Fall so gut wie, zu Ende.
Aber, wieso unternahm Vater nichts dagegen – war er doch sonst so prüde und konsequent..

„Das noch schnell zur Abrundung, dann werde ich gehen müssen" – sagte er.

Braune Vergangenheit

Was ich dann heraus bekam, aufgrund meiner Nachforschungen, Vater war im Krieg ein eben so hoher Parteibonze mit den üblichen negativen Eigenschaften dieser Herren und hat sich vor dem Zugriff am Ende ins Ausland verziehen können .
Danach wurde er wie viele andere auch, mit Freuden in diese sich christlich nennende Partei aufgenommen.

Und auch das ist ein Grund für mich, mich mit deiner Gesinnung anzufreunden.

So und hier werden wir uns für heute trennen denn, unser beider Zeit ist um.
Einen Termin kann ich noch nicht nennen, aber ich rufe dich an, sagte er und verschwand.

Wir fuhren in getrennte Richtungen davon, bis zum nächsten mal.

Schenktal

Mit **Nikolaus,** den ich jetzt seit unserer Ankunft **in Schenktal** kannte, der zunächst wie wir in dieser Halle wohnte und jetzt im letzten, eigenen Haus in unserer Straße, mit ihm war ich seit meinem 10tem Lebensjahr, enger befreundet.
Er, der das Gymnasium besuchen durfte, war für mich ein geeigneter Gesprächspartner nicht nur wenn wir zum Spielen keine Lust mehr hatten oder dies nicht wollten, was mit zunehmenden Alter der Fall war.
Wir schlugen alle möglichen Schlachten in Wortgefechten. Traten mal gegen die Bibelforscher und ein andermal gegen sonstige Besserwisser oder andere Experten an.

Ein intensives Gesprächsthema war auch der Ablasskauf und die Ehelosigkeit der katholischen Kirchenvertreter, obwohl ich Evangelisch und Nikolaus Katholisch waren.
Vom Ablasskauf waren wir beide maßlos enttäuscht, enttäuscht von der Verlogenheit der katholischen Kirche, enttäuscht von der Verlogenheit der Welt.

Und die Ehelosigkeit? Waren wir beiden doch noch Jünglinge und hatten von dem Worüber, so viel Wissen, wie „unverheiratete" Pfarrer keine Ahnung hatten, haben konnten, haben durften.
Nur eines war uns klar, diese Schicht der Glaubensbrüder hatte sie nicht.
Nicht das wir glaubten alles besser zu wissen, nein unser Ziel war es, daraus zu lernen – und das taten wir.

Mit der Zeit wurde ein häufiges Thema bei uns die Umwelt und besonders die Atom-Energie.

Die Atom-Energie?!
Nein, mehr die Dinge um das Atom! Den Wahnsinn, den die Menschen trieben und treiben, seit die erste Atom-Bombe fiel.

Uns beiden war klar, dieser Wahnsinn konnte nur von Menschenhand gemacht werden. Wo blieb die Vernunft, wo die Menschlichkeit des Menschen im Umgang mit dieser Materie. Diese Materie, die eine Halbwertzeit von Tausenden von Jahren hat. Tausende, die meisten dieser Spezies kann nicht einmal für ein, geschweige denn 10 oder einhundert Jahre vorausdenken, sich Vorstellungen machen.

Sicher ist auch mir klar, daß dies in Wirklichkeit niemand kann. Aber allein die Tatsache, sollte es in vielleicht 1 000 Jahren noch Menschen geben auf dieser Erde, wohin will man mit all diesem schädlichen Müll den wir selbst produzieren?

Es gab und gibt kein anderes Lebewesen, das schlimmer ist als der Mensch, obwohl er von sich behauptet, er unterscheide sich durch seine Intelligenz von den anderen Lebewesen.

Wo sind die großen Vorbilder, wo die großen Vordenker, wo die großen Staatsmänner? Kaiser? Könige? Von Diktatoren sagt man ohne hin nichts Gutes – aber war, ist das alles so richtig??! Konnte man sich wirklich keine menschlichere Welt, kein menschlicheres Zusammenleben der Völker vorstellen??

Unsere Erkenntnis in dieser Richtung, zum Mensch, war also eine erschreckende für unsere Jugend, denn wir sollten ja eigentlich glauben, wir lebten in einer Welt, wo Menschen für Menschen leben und arbeiten.
Aber diese Welt gab es anscheinend nicht – das wurde uns immer mehr klar.
Das einzige was zählt ist Geld, Macht und Reichtum, dafür gibt diese Spezies alles, tut alles.

Um uns herum aber war die „Welt" noch in Ordnung, war die Natur noch Natur.
Wo man auch war, aus jedem Bach, jeder Quelle konnte man frisches Wasser, in bester Qualität trinken, Pilze und Beeren pflücken und essen, wenn sie reif waren.
Eine schöne Zeit, auch wenn sie nach heutigen Verhältnissen hart war.
Eine schöne Gegend, in der wir damals wohnten und ich denke gerne an diese Zeit zurück. An die Zeit, wo ich an den Wochenenden zu Mutter nach Hause fahren konnte, und mich von ihr verwöhnen lassen konnte, durfte und wurde.

Ich habe dann häufiger an Sommerabenden jenseits des Tales gestanden und „Sie" beim Küheheimholen beobachtet, und daß ich dort oben stand, habe ich ihr durch den Pfiff des Habichts mitgeteilt und gehofft, daß „Sie" dies freudig zur Kenntnis nimmt und mir ein Zeichen gibt daß „Sie" wußte, das ich dort war und sich freute – vergeblich!
Bei einem Gespräch mit ihr, bei einem der wenigen Klassentreffen, die wir hatten, hat sie mir dies bestätigt.

Anders

In das Klischee der Masse paßte ich schon damals nicht. Habe nie die „Tugenden" der Masse mitgemacht und „genossen"

Stammtische und die so viel gepriesenen Saufereien sind mir immer fremd geblieben. Ich freute mich über das erste Blümchen im Frühjahr, roch den Duft der Veilchen, die versteckt waren hinter der Hecke und schlich mich dem Wild an, ohne daß ich bemerkt wurde und wußte immer, die Natur hat eine enorme Kraft und ist was Wunderbares – wie heute auch noch.

Und Mutter Erde:
Lange wird sie die Schäden, die ihr der Mensch zufügt, selbst beheben, so wie sie es bisher immer getan hat, aber was ist mit der jetzt so häufig gehörten starken Zunahme der Bevölkerung?! Wie wird sich das auf das gesamte System auswirken?

Fragen, die die Bevölkerung nicht hören will und die ihr die Geld- und Machthascher auch nicht beantworten wollen.
Lügen und alle damit zusammen hängenden Eigenschaften, das ist ihr Tun, und die Masse merkt`s nicht einmal.

Sicher es gab in den Jahren meiner Jugend noch relativ wenig Informationsmöglichkeiten, aber Zeitungen, Radio und Telefon gab es schon. Nur die Zeit, um sich um überregionale Dinge zu kümmern, diese Zeit war für die meisten nicht angesagt.
Der Masse ging es darum, ein besseres Leben leben zu können ein „menschenwürdigeres" dazu.
Was aber ist ein menschenwürdiges Leben?

Ansätze dazu hätte man in der Vergangenheit der Menschengeschichte legen müssen , aber es gibt ja Personen, die da sagen, es ist nie zu spät.

Mutter

Mutter, dazu gäbe es viel zu schreiben, nein, Mutter ist mein persönliches Geheimnis.

Dennoch, meine Freunde beneideten mich um sie. Sie war eine Mutter, wie man sich eine bessere nicht wünschen kann, so lange sie lebte und sie wurde 89 Jahre alt.

Die schlechte Zeit und die Erlebnisse die wir hinter uns hatten, ließen ihre Spuren auch nicht ohne Narben an ihr vorübergehen.
So wurde sie häufiger krank, und es war manchmal sehr, sehr schlecht um Sie bestellt.

In dieser Zeit, ich war damals so um die 10, 12 Jahre als es ihr gesundheitlich am schlechtesten ging, war es für mich selbstverständlich, daß auch ich für sie tat, was ich konnte.
Das viele Schlechte hatten wir ja fast alles gemeinsam erleben müssen, und ich lernte schnell dazu.

Versorgte sie, kaufte ein, kochte, spülte und putzte, was immer gemacht werden musste - gerne für sie, für uns.

Da ich der Letzte war, der bei ihr war und zumindest nachher noch an jedem Wochenenden bei ihr sein konnte, durfte ich all ihre Leckereien, die sie für mich zubereitete, genießen, und das war eine Menge.

Das Kochen hatte sie von Ihrer Mutter gelernt, die Böhmische-Küche war die Grundlage.

Wer weiß, wovon ich spreche, wird mich verstehen.
Durch sie lernte ich dann um die 10 verschiedene Arten von Klößen kennen:
   Da gab es Klöße von rohen Kartoffeln mit Sauerkraut und einem Krustenbraten vom Schwein.

   Wer diese ißt, ist auch am Abend noch satt.

   Klöße von gekochten Kartoffeln.

   Klöße Halb und Halb – halb rohe, halb gekochte Kartoffeln.

   Hefeklöße, so groß wie ein Kinderkopf mit Rotkohl und Gularsch
      und
   einer Sauce die zum gabeln war.

            oder   Semmeln-Knödeln
            oder   Pflaumen-Klöße: nein; nicht die, die viele
                      kennen! Für diese Klöße wird der
   Hefeteig dünn ausgerollt und in Stücke geschnitten, so groß

   daß darin eine Pflaume, nein, eine original Zwetschge muß

   es sein, eingewickelt werden kann. Wer wie ich

   Feinschmecker ist, wird beim Aufschneiden der Zwetschge,

   beim Nachsehen ob diese fleischfrei ist, den Stein auf

   jeden Fall darin lassen. Dazu gibt es flüssige Butter und je

   nach Geschmack Zimt mit Zucker.

Oder Servietten-Klöße!

Oder Mohn-Klöße

und andere Sorten!

Ich erinnere mich, daß Mutter weit über 100 dieser Pflaumen-Klöße
machte, wenn wir alle zu Hause waren, und für sie selbst reichte es
nur für eine Kostprobe ,so lecker waren sie.

Ihre berühmten Enten und Gänse oder Zickleinfleisch – mmmh
herrlich!

Buchteln, Kollatsche, Apfel-, Mohn- Strudel und, und, wie diese
Köstlichkeiten alle hießen.
Für uns war ihr keine Arbeit zu viel.
Und was tat ich für Sie, gemessen an dem was sie für mich tat?
Aber so ist das wohl für eine Mutter.

Zurück zu alten Ufern

Meine beiden Schwestern, die damals in einer Stadt am Teutoburger
Wald arbeiteten und wohnten, gingen zurück ins Ruhrgebiet.

Für mich war also auch die Zeit gekommen, um an eine Veränderung
zu denken.
Ich hatte meine Lehre beendet und war schon ein weiteres Jahr bei
meinem ehemaligen Lehrherrn, doch der Verdienst war nicht
berauschend. Ganze 1,43 DM verdiente ich damals laut Tarif in der
Stunde, und dabei brachte ich volle Leistung von Anfang an.

Meine Ausbildung war gut, und mein Wunsch schnellst möglich
selbständig zu werden, wurde früh erfüllt.

Das „Glück", mit meinem Meister auf eine Baustelle gehen zu
dürfen, wurde mir erspart.
Wie mir erzählt wurde, hatte sich einmal folgendes zugetragen.
Bei einer Arbeit, wo er wie immer einen Lehrling mit hatte, und
dieser ihm immer das dem Arbeitsablauf nach nächste, passende Teil
zureichen mußte, wurde ihm das falsche Stück gereicht.

Daraufhin nahm er die neben ihm stehende Wasserwaage und schlug
damit den Lehrling.
Dies wiederum sah ein im selben Raum arbeitender Geselle einer
anderen Firma.
Nahm ihm die Wasserwaage aus der Hand und schlug sie dem
Meister überm Hintern mit den Worten: So nicht!
Darauf drehte dieser sich um und verließ diese und alle anderen
Baustellen für immer.
In Zukunft war der Junior dort präsent.

Kleinere Arbeiten, dabei handelte sich um Anlagen im Sanitär-,
Energiebereich, wurden von mir am Ende des zweiten Lehrjahres,
alleine ausgeführt.
Ich bekam einen Kollegen, einen Lehrling aus dem ersten Lehrjahr
mit und erledigte diese Arbeiten zur vollen Zufriedenheit meines
Meisters.

Als ich im dritten Lehrjahr war, bekam ich eine Anlage, die mir eine
Arbeit bescherte, bei der ich eine Fertigkeit erlernte, für die mich
meine Kollegen noch Jahrzehnte später immer wieder um meinen
Einsatz baten.
Ich erinnere mich auch noch, daß mir auf einer Großbaustelle, wo
mir manchmal weit über 15 Kollegen unterstanden, die zum Teil in
einer speziellen Sache Spezialisten waren - sein sollten - ich deren
Arbeit erledigte, weil sie sie verweigerten, oder es nicht konnten.

Also ging auch ich 1959 zurück in unsere alte Heimat und wohnte
zunächst bei einer meiner Schwestern.

Kurz danach holten wir Mutter nach.

Wie schon gesagt, es gab da große Unterschiede, als Flüchtling wäre
es kaum ein Problem gewesen, eine Wohnung zu bekommen in
unserer Stadt aber, als Evakuierter, ja selbst als Einheimischer –
bekamen wir nur eine Wohnung, weil wir mit einer anderen Familie
unsere Wohnung in Schenktal mit einer aus unserer Heimat(?)
tauschten, aber die ganze Tauschaktion mußten wir selbst
durchführen und bezahlen.   Ob das so richtig war?

Ich fand schnell Arbeit, doch das Ganze währte nur kurze Zeit. So etwas war ich nicht gewohnt, und dafür war ich auch nicht der richtige Mann.

Die Baustelle lag mitten in einem Stadtteil (in der City) und wurde von einem Kollegen geleitet, mit dessen Stil ich nicht zurecht kam. Ich war zwar der Jüngste, doch als Laufbursche war ich mir zu schade. War das falsche Rad am Wagen, hatte nach 6 Wochen meine Kündigung und stand zunächst auf der Straße.
Aber nicht ganz zu Hause bei meiner Schwester angekommen, hatte ich eine neue Beschäftigung.

Ein Unternehmen gleicher Kategorie, aber vollkommen anders in der Struktur und in der personellen Besetzung.

Ich bekam meine eigene Arbeit und einen Helfer und erledigte meine Arbeiten bei einem gering höheren Lohn.

Auch hier dauerte das Spiel zunächst an die 10 Wochen, bis mir der zuständige Ingenieur sagte: Der Chef möchte Sie sprechen, kommen Sie bitte heute Abend zu ihm rein.

Meine Gedanken gingen überall hin, machten sich fast jede Vorstellung nur nicht die, die kam.

Er lobte mich und war mit meiner Arbeit sehr zufrieden.
Erleichterung bei mir auf allen Ebenen!
So konnte ich auf seine Frage, die er an mich stellte, vor Überraschung keine Antwort geben, nämlich: Was meinen Sie, müßten Sie mehr verdienen?
Eine Frage, die mir so in meinem Leben nur noch einmal wieder gestellt wurde.
Ich wußte keine Antwort.
Er aber gab sie mir.
Sind Sie damit einverstanden, sagte er, wenn sie ab nächsten Monat ein Drittel mehr bekommen?

Und ich war, legte bei der Arbeit noch eins dazu.

Wo es ging, wurde ich aber auch von seiner Seite aus gefördert.

86

Ich wurde zu weiteren Spezialausbildungen geschickt und leitete mit gerade 20 Jahren den An- und Umbau eines großen Krankenhauses, in dem wir häufig mit einem guten Dutzend Beschäftigten unsere Arbeit verrichteten.

Bei der Ausbildung von Lehrlingen geschah es häufiger, daß es vorkam, daß andere Gesellen solche mitbekamen und sich nach einiger Zeit weigerten, dies weiterhin zu tun, oder der jeweilige Lehrling lehnte diesen Gesellen ab, sie kamen mit ihnen" nicht mehr klar", wie man so schön sagt.
Diese Lehrlinge, meist etwas ältere und oft Abbrecher aus anderen Schulen, hatten andere Lebenseinstellungen und auch schon einen anderen Wissens-Stand/Durst als die „normalen" Berufseinsteiger.

Diese jungen Herren landeten dann immer bei mir! Ich ließ sie fragen und beantwortete ihre Fragen alle. Ich ließ sie zeigen, was sie konnten und wenn sie meinten, sie konnten es besser als ich, und es klappte dennoch nicht, lachte ich sie nicht aus, zeigte ihnen wie es richtiger ging.

Selbstverständlich hatte ich schon ein Firmenfahrzeug, zur privaten Benutzung.
Hier wurde ich gefördert, hatte viele Vorteile, und hier konnte ich vieles machen, was woanders nicht möglich gewesen wäre, und doch, als ich nach wenigen Jahren merkte, ich konnte kurzfristig nichts mehr dazu lernen, ging ich.

<u>Ende, ohne Korek.</u>

Die Zeit beim Bund

Meine Musterung, zur Bundeswehr, hatte ich natürlich zur vorgesehenen Zeit hinter mich gebracht und war für tauglich befunden worden.
Die Einberufung aber ließ auf sich warten, fast war die Frist zur Einberufung verstrichen, da kam doch noch der Bescheid.
Ich ging somit am 01.04.64 zu einer Panzer-Pionier-Einheit in die Grundausbildung.

Unsere Kompanie bestand zu 60 % aus alten Knaben, wie unser Ober-Feld immer sagte.

Alte Knaben: Wir waren im Vergleich zu den frühest möglichen Wehrpflichtigen, die mit 18 Jahren beginnen durften, mit unseren 24 Jahren die ältesten Wehrpflichtigen, denn mit 25 war Schluss. Dieses brachte uns manchmal Vorteile, aber in anderen Sachen auch Nachteile – für einige Vorgänge schienen wir wirklich schon ziemlich alt zu sein.

Gerne ging ich nicht, aber ich sah es als meine selbstverständliche Pflicht an, als Bürger dieses Landes diese Leistung zu erbringen. Für einen anhaltenden Frieden, nicht für einen eventuellen Krieg.

Mein Auto wurde fahrbereit zu Hause eingemottet, und per Zug, in reservierten Sonderabteilen ging es mit einigen Hundert anderen Leidensgenossen Richtung Standort.

Nach einer etwas längeren Fahrt landeten wir auf dem Bahnhof in Felixdorf und durften aussteigen.

Kompaniemäßig mussten wir uns sammeln.
Es wurde durchgezählt, die Namen verglichen und alles stimmte.
Dann durften wir unsere persönlichen Sachen schon einmal auf einen Militär-Laster verfrachten, denn das Ziel, unsere Kaserne lag außerhalb des Ortes und netterweise wollte man uns ja erst einmal „gut" behandeln.

Dann wurde erneut abgezählt und in Gruppen aufgeteilt.
Und siehe da, der Meyers aus unserem Verein fehlte.
Einfach nicht mehr aufzufinden, aber seine Sachen waren auf dem entsprechenden Laster.
Es wurde gesucht und beratschlagt, und dann ging es ohne ihn ab in Richtung Kaserne.

Auf der Hälfte des Weges zur Kaserne näherten sich von hinten die LKWs mit unseren Sachen, und wer machte sich lauthals von diesen bemerkbar, Rekrut Meyers.

Nicht gewollt aber akzeptiert, verbrachte auch ich die ersten und alle anderen Wochen zwangsläufig bei diesem Verein und war bestrebt, möglichst nach keiner Seite hin, aufzufallen.
Dass, gar meine Kollegen durch mich Nachteile gehabt hätten, so etwas gab`s für mich nicht.

So aber war es wohl nicht in jeder Gruppe.
Hin und wieder hörte man schon mal in der Kantine, dass dieses und jenes sich ereignet hätte, Vorgänge durch die die ganze Gruppe leiden musste, und der Name Meyers war des Öfteren darunter.

Dann, es ging dem Ende des Grundwehrdienstes entgegen, geschah es:
Am Morgen wurden wir wie immer geweckt, machten uns fürs Frühstücken fertig und gingen gemeinsam dort hin.
Nach dem Frühstück, kam der übliche Appell und die kurze, andeutungsweise Beschreibung des Vorgangs von der vergangenen Nacht.
Geschehen war: Der Kamerad Meyers, der seine Kameraden in seiner Gruppe wohl des Öfteren für seine „Launen" hat mit büßen lassen, hatte in der Nacht den „Heiligen Geist" bezogen.
Dass dieses streng verboten war und ist, wussten wir alle.

Man hatte ihn im wahrsten Sinne des Wortes „krankenhausreif" geschlagen, so dass er danach ins Krankenhaus eingeliefert wurde.

Erneuter Appell an uns, entsprechende Belehrungen und was da alles erfolgen muss und natürlich auch Untersuchungen, um die Täter ihrer „gerechten" Strafe zuzuführen.
Aber die schwiegen eisern.

Zurück zur Kompanie aber kam Meyers nicht mehr.

Der Grundwehrdienst war zu Ende, und ich kam zu einem ABC-Abwehr Zug, wurde dorthin verlegt.

Ich zog das große Los, innerhalb eines Tages zur Ausbildung, zur Erreichung der nötigen Militärführerscheine, weiterreisen zu dürfen, mit nur zwei weiteren Kameraden.

Dort wurden wir mit Kameraden aus anderen Kasernen in zwei Gruppen aufgeteilt. Während die eine theoretischen Unterricht hatte, wurde die andere an Fahrzeugen und mit dem Fahren ausgebildet.

Von dieser zweiten Gruppe heiratete ein in der Nähe wohnender Kamerad und lud zu seinem Polterabend die ganze Gruppe ein.
Ich erinnere mich daran so genau, weil es nach Rückkehr dieser Gruppe zu einem Vorfall kam, für den sich der Betroffene im Nachhinein sehr schämte, brauchte er aber nicht.
Meier, wie dieses Opfer hieß, war eigentlich ein sehr sympathischer und tadelloser, solider Kamerad und schlief neben 4 weiteren mit mir, auf die selbe, Stube.
Er schlief im unteren Bett, wenn man die Tür öffnete gleich links, während ich hinter der Tür oben rechts im Bett untergebracht war.

Sie kamen spät oder wenn man will, früh von dieser Feier zurück.
Meier musste, nachdem er sich hingelegt hatte, aber wieder zur Toilette.

Halbschlafend, (fast) volltrunken, wie wir am Tag danach erfuhren, musste er das fürchterliche Gemisch in sich loswerden. Das Gemisch, dass wie wir hörten, aus vielerlei Schnaps, Bier und Bienenstich bestand – Bienenstich!
Bienenstich – typisch bei solchen Feiern hier in dieser Gegend, wie wir uns sagen ließen.
Bis zur Tür schaffte er es relativ problemlos, erreichte die Türklinke, drückte sie runter und wollte die „Kneipe" verlassen und drückte und drückte gegen die Tür, doch sie öffnete sich nicht, denn diese Tür ging nach innen auf.
Wir riefen ihm zu, doch er reagierte nicht auf unsere Rufe, bis er selbst seinen Irrtum bemerkte, doch es war zu spät.
Die gesamte Ladung, ergoss sich vor und über die Tür hin.
Dem nicht genug, entleerte er noch seine Blase, um das Gemisch noch flüssiger zu machen.
Und er setzte noch einen drauf – nein, er selbst krönte die Lache mit seinem ganzen Körper. Seine Knie verweigerten ihren Dienst, und er sackte wie ein nasser Sack zusammen.
Wir waren raus aus den Betten, schnappten ihn uns, raus und runter unter die Dusche, zunächst mit dann ohne Klamotten und zurück in sein wohl verdientes Bett.

Armer Meier, aber um eine Erfahrung reicher.

Die Wochen der Ausbildung vergingen.
Die Führerscheine in der Tasche, erreichten wir an einem Vormittag wieder unsere Stammeinheit.

Und das Spiel ging weiter.

Der Goggo

Zur Verstärkung einer anderen Kompanie, die an einer größeren Übung teilnahm, wurden von unserer Einheit einige Soldaten dorthin abkommandiert.

Gleich nach der Mittagspause am selben Tage wurden gut ein Dutzend Soldaten ausgewählt, von denen ich wiederum einer war. Diesem Dutzend wurden für den Transport zu der Einheit zwei Unimogs zugeordnet.

Eine Stunde später hatte ich ein Fahrzeug, einen Unimog mit Sitzbänken und allen möglichen Sachen für deren Übung, und noch am Abend reisten wir zur Verstärkung wieder ab.

Auf dem Weg dorthin ereignete sich ein Unfall, der glimpflich verlief, aber schlimm hätte ausgehen können.

Neben mir auf dem Beifahrersitz der gruppenleitende Feldwebel und hinten drauf 4 weitere Soldaten mit allem möglichen Gepäck und Teilen für die andere Einheit.

Wir als führendes Fahrzeug voran.
Die Straßen waren ohnehin damals noch ziemlich leer, in dieser Gegend aber besonders.

Wir hatten eine langgezogene Rechtskurve vor uns, und ich sah aus der Gegenrichtung einen dieser kleinen Goggos kommen. Nicht schnell – etwa so wie wir – aber beide Geschwindigkeiten zusammen, reichten für einen ordentlichen Crash aus.

91

Was mich bewog – ich weiß es nicht – jedenfalls nahm ich den Fuß
vom Gaspedal und setzte ihn aufs Bremspedal um.

Die Fahrzeuge waren nur noch bis auf wenige Meter von, einander
entfernt und dann geschah es. Der Goggo fing an zu schleudern und
landete, auf Grund meines bremsbereiten Fußes, unmittelbar vor
unserem Unimog.
Wir scharten uns alle um das Geschehene und mussten schnell den
Grund für diesen Vorfall erkennen, nein, wir konnten ihn riechen.

Nach dem Eintreffen der Polizei, kurzer Erklärung und Abgabe
unserer Personalien, fuhren wir dann unserem Ziel entgegen.

Die Frage die wir uns stellten, die vor allem ich mir stellte: Was wäre
geschehen, wäre dieses Fahrzeug, pardon diese Ölsardinendose unter
mein Fahrzeug gekommen, das ziemlich beladen sicher über 5 t an
Gewicht hatte und dank seiner Konstruktion den Goggo unter sich
begraben hätte zur zerquetschten Ölsardinendose.

Der Rest dieser Übung verlief für mich sehr angenehm, ich durfte
mich, mit einem Begleiter, abkommandiert für eine Spezial-
Aufgabe, am Rande in Bereitschaft aufhalten.
Wir machten von der bundeswehreigenen Aussage: Tarnen,
Täuschen und Verpissen Gebrauch, wobei das Verpissen auch da
nicht meine Art war, sein brauchte.

Angefordert wurden wir nur ein einziges Mal bei dieser Übung.

In der Stammeinheit zurück, tat ich Dienst auf der Schirmmeisterei
unter dem Kommando eines Oberfelds.

Carl

Mit mir in derselben Schreibstube, auch für die Schirmmeisterei
tätig, war ein Kamerad, der wie ich gleichzeitig eingezogen war.
Wir beiden waren so unterschiedlich, wie es nicht größer hätte sein
können.

Carl so hieß er, konnte reden und fast jeden belabern, wie er wollte. Wollte ich nicht, hatte ich nicht nötig, war nicht mein Stil.

So geschah es dann einmal:
Kurz nach 3 Uhr, und es tönte der Ruf: **Alarm!** über unsere Flure. Drei Uhr, die Zeit wo auch die Z, die Zeit-Soldaten, auf ihren Zimmern sein mussten.

Wir zogen der Kleiderordnung entsprechend den Trainingsanzug über und traten schnellstens raus und an.

Es wurden die entsprechenden Übungs-Befehle erteilt, und für den angesetzten Fußmarsch **drei** Gruppenführer mit je einem Geländewagen plus Fahrer zur Überwachung eingeteilt.

Ich hatte mich nicht danach gedrängt, dennoch wurde ich dazu eingeteilt. Carl nicht.

Es hieß „wegtreten" und für den Marsch befehlsmäßig fertig machen und wieder anzutreten.

Nach wenigen Minuten traten wir wieder raus, alle.
Doch statt der drei Fahrer, waren es jetzt vier. Dies kam dem jungen Leutnant, der Dienst hatte, dem "Neckermann", doch nicht ganz geheuer vor. Eigentlich glaubte er, noch oder schon, bis drei zählen zu, können.

„Ich meine", sagte er, „ich habe nur drei Leute zum Fahren eingeteilt, einer ist doch zu viel". Keiner meldete sich, es ging hin und her, bis er beim Vierten, bei Carl, der sich einfach dazu gesellt hatte, hängen blieb.

Das Wortgefecht zwischen beiden schien zu Gunsten von Carl auszugehen, soweit hatte er den Leutnant schon eingeseift, und wäre nicht ein anderer der Führer hinzugekommen und hätte ihm wohl die entscheidende Antwort mitgeteilt, Carl hätte gewonnen.
So aber musste er zurück, sich umziehen und durfte mitmarschieren.

Wie so häufig blieb mein Fahrzeug als letztes von dreien fahrtüchtig übrig.
Sicher einer der Gründe, weshalb ich die meisten Fahrten in der Kompanie bekam, wenn es darauf ankam, und das waren doch etliche in meiner kurzen, langen BW-Zeit.

Und der Grund mit dafür, ich fuhr zwar nicht einen Geländewagen der Marke DKW, aber mein Privatwagen hatte einen Motor vom gleichen Typ, und immerhin war es nicht der erste bei mir. Eben- so meine ich, um das Optimale einer Maschine abverlangen zu können, sollte man schon ein wenig von und über die Abläufe und die Reaktionen selbiger wissen, zumindest damals.

Ein andermal wollte Carl mich in Mitleidenschaft ziehen, nur ich wollte da nicht mitspielen.

Unsere Schreibtische standen nebeneinander, und so musste zwangsläufig der eine mithören, was der andere sagte, auch am Telefon.
Dinge, die einen nicht interessierten, konnte man ja überhören, aber aus den Aussagen des Sprechenden konnte man ohne Probleme den gesamten Inhalt eines Gespräches entnehmen, ja zumindest Schlüsse daraus ziehen.

An einem Morgen am Anfang einer Woche, rief Carl im Sann Bereich an und wollte einen seiner Vergnügungskumpanen in der Freizeit, Teho, dazu überreden, dass er am Wochenende mit ihm zu einer Fete auf ein Schiff ging, wo genug zu trinken. und die Soundso und Soundso auch seien.

Verheiratet waren beide, aber das steht und stand ja schon immer auf einem anderen Blatt, - war ihre Sache.

Aus dem Geplänkel ließ sich entnehmen, das Teho dies ablehnte, da es aus dienstlichen Gründen ja nicht ginge. Auch bei Carl ging es normalerweise nicht.

Unsere Kompanie hatte, seit es ein größeres Naturereignis vor 2 Jahren gegeben hatte, an jedem Wochenende eine Bereitschaft zu stellen und dazu war die Kompanie in 2 Gruppen aufgeteilt.

Der einen Gruppe war ich von der Schirmmeisterei zugeteilt, und der anderen Gruppe gehörte Carl an. Und diese Gruppe hatte am kommenden Wochenende Bereitschaft mit oder ohne Carl. Der Ersatz für ihn wäre also ich gewesen.

Im Gegensatz zu vielen anderen, gehörte ich zu der Gruppe, deren Wohnort „etwas" weiter weg lag.
Ich fuhr mit dem eigenen Auto nach Hause und hatte fast immer jeden Platz darin mit Kameraden aus der ganzen Kaserne belegt.
Besser und preisgünstiger gab es kein Nachhausekommen für sie, und ich hatte meine Unkosten für die Nachhausefahrt heraus.

So kam der besagte Freitag, und am Mittag, als eigentlich Schluss war für die Woche, hieß es wie üblich, Bereitschaft stehen bleiben, und die anderen konnten wegtreten.
Doch zuvor kam noch Besonderes an die Reihe, und Carl meldete sich.
Er müsse unbedingt nach Hause, seine Oma sei - wieder mal - gestorben.
Natürlich sagte er es nicht so, aber beim Nachfragen des UVDs kam das dabei heraus.
Da er viele „Freunde" in der Kompanie hatte - die Menschen sind dort ja nicht anders als im „normalen Leben" - hieß es dann von Befehlsseite, ich solle dableiben, wogegen ich jetzt lauthals protestierte.
Ich musste zum Kompaniechef, und trug mein Wissen vor, ich war nicht der Meinung ich haute jemanden in die Pfanne.

Das Ergebnis war eigentlich null. Dem widersprach ich erneut.

Dann wurde auf Grund meiner Hartnäckigkeit mein nächster Vorgesetzter in der Schirmmeisterei, der Oberfeld hinzugezogen.
Ihm erzählte ich die Story mit Carl noch einmal, und er entschied ganz klar: „Ihnen glaube ich, Carl bleibt hier".
Ich konnte gehen, und draußen warteten schon meine Mitfahrer Richtung Heimat.

Menschlich, werden sie sagen – wirklich? Ist es menschlich, andere schamlos für seine miesen Zwecke zu gebrauchen? Wie- viel Verachtung verträgt der andere, bis er reagiert? Oder ist es richtig, die "Dummheiten" der anderen ohne Konsequenzen auszunutzen zu dürfen?

Carl wäre sicher nicht erwähnenswert gewesen, wäre da nicht noch die andere Sache gewesen.

Ersatzteile und große Reparaturen an unseren Fahrzeugen und viele andere Dinge wurden in einer Kaserne erledigt die so 30 KM von uns entfernt war.
Dazu war für jede Fahrt ein Fahrbefehl erforderlich und ab dem Unimog ein Beifahrer.

Um diese Fahrten bemühte sich Carl immer besonders und bekam sie auch, zumal ich mich nicht darum riss.

Für mich nicht, aber viele fragten sich, warum er immer wieder eine Panne hatte auf einer solchen Fahrt, wenn es mal wieder eine Alarmübung gab, und er mitgemusst hätte.

Auch das wäre noch human gewesen. Aber nach einer dieser Pannen wurde er von dort abgeholt und musste mitlaufen, nur sein Fahrzeug stand längst ohne Schaden an seinem angestammten Platz in der Kaserne.

Sein fast ständiger Begleiter auf diesen Fahrten war Rudi. Rudi fuhr aber auch des Öfteren mit mir nach Hause. Immer dann, wenn er wieder Geld hatte, aber eigentlich hatte er immer Geld – und nie Geld. Woher bloß, warum?

Er war schon ein komischer Kautz dieser Rudi, musste häufig von irgendwo durch die Kompanie, dort wo die Feldjäger ihn aufgegriffen hatten, abgeholt werden. Machte Dinge, die viele Fragen aufwarfen und ließen. Er fuhr also mit Carl mit auf diesen Fahrten.

Eines Tages, wir beide waren allein bei den Fahrzeugen auf dem Abstellplatz, konnte ich ihn dazu bringen, mir zu erzählen, wie diese Fahrten verliefen.

Etwa auf halbem Wege zur Instandsetzungskompanie, zu der unsere Fahrzeuge kamen, wenn an ihnen Arbeiten größeren Umfangs waren, gab es direkt an der Straße einen kleinen Mischwaren-Laden, dessen Besitzer ein alter Herr mit seiner alten Frau war.

Diesen Laden fuhren sie fast regelmäßig an.

Der Redner Carl verwickelte die alten Leute in ein Gespräch und kaufte eine Kleinigkeit, und Rudi räumte während dessen ab.
Sie verstehen „abräumen" nicht? Er klaute was immer interessant, gefragt und möglich war.

Ich war von dem was er mir schilderte, erschüttert und fragte ihn noch, wessen Idee es war und sei.
Er beteuerte mir, er hätte dieses einmal getan und es dann nicht wieder tun wollen aber Carl hätte ihn praktisch damit erpresst.
          Dieses wäre nicht sein Stil: „Auch wenn ich sonst jeden Mist mache", sagte er mir, „aber so etwas nicht".

Ich nahm ihn ins Gebet und er versprach mir, so etwas nicht mehr zu tun.

Die Sache mit Carl aber lag mir auf dem Magen. Was aber sollte ich machen? Meine Zeit beim Bund ging zu Ende, und ich hielt es für richtiger, von einer Anzeige abzusehen.
Hier war sein Spiel auch bald zu Ende und draußen, da machte er doch was er wollte.

Rudi, dem Beifahrer, verhalf ich dazu, nicht mehr mitfahren zu müssen, denn ich hatte meistens indirekt und oft auch direkt die Möglichkeit, an der Zuteilung der Fahrerlaubnis und der Einteilung von Fahrer und Beifahrer mitzuwirken.
Rudi war froh, dieses Problem hinter sich zu haben, und Carl ließ sein Nachfragen bei mir nach einer Erklärung, warum er nicht mehr (soviel) fahren durfte und Rudi nicht mitdurfte, bald sein.

Was aber war das für eine Welt, was ist das für eine Menschheit?
Vorwiegend: **Nur Lug und Trug.**
Und die wenigen Guten?!

Wie im Zusammenspiel der Technik, wo es bei jeder Anlage
auf die Ausgewogenheit der einzelnen
Komponenten ankommt, und diese mitbestimmen über die
Qualität des Produktes, so musste doch
auch das menschliche Zusammenleben möglich sein.
Aber hier, so werden jetzt viele schreien, ziehe ich Schlüsse, die auf keine Kuhhaut passen.

Ich meine nein. Ist es doch der Mensch, der die Technik, die technischen Anlagen baut, und hier
„forscht" er ständig, um sein Tun zu verbessern.

Nur was unternimmt er in Sachen Zusammenleben??!

In den 60 ziger Jahren konnte man Otto-Normalverbraucher mit so schwerwiegenden Problemen gar nicht kommen. Erst in den 70 zigern, als es die Erste „sogenannte" Oelkrise gab, und man anfing sich um die Umwelt zu kümmern, erst da durfte man bei dem einen oder anderen, gelegentlich ein solches Thema ansprechen.
Sicher trugen auch die Medien zu dieser neuen Einstellung bei.
Warum dies so war und ist, darüber gibt es viel zu spekulieren, denn die Antworten sind sehr mannigfaltig und tolerant sollten so bleiben.
Toleranz, ja, das wäre auch so ein Thema.

Dazu sind einige Vorgänge und Welt-Abläufe etwas näher zu betrachten, doch möchte ich anmerken, dass ich keine Studie oder wissenschaftlichen Bericht hier abgeben will.
Mein Buch beinhaltet die Gedanken und Erlebnisse eines „einfachen" Menschen wie Du und fast jeder andere es sein könnte.

Glauben Sie an Größen? Sicher sind die Menschen sehr unterschiedlich, so werden sie eigentlich auch gebraucht.
Nur alle gemeinsam können wir Großes leisten, wären wir stark, unschlagbar. Das aber ist ein Traum, der sich nie erfüllt.

Vergangenheit

Ein Leben, eine Zukunft ohne Vergangenheit wird und kann es nicht geben.
Und doch, es gibt auch unter den sogenannten klugen Personen, denen, die sich zu der Führungsschicht unserer Gesellschaft zählen, Leute, die verlangen, nicht in die Vergangenheit zu sehen, sondern den Blick für die Zukunft frei zu halten.

Richtig.
Doch wie sollte die Zukunft aussehen, gäbe es nicht eine Vergangenheit.
Zukunft ohne Gegenwart, ohne Vergangenheit gibt es nicht. Das sind nur Hirngespinste dummer, törichter Menschen, die damit ein bestimmtes Ziel verfolgen, und dieses Ziel kann nichts Gutes für die Allgemeinheit verheißen!

Zukunft heißt: Aus der Vergangenheit Gelerntes in Besseres umzusetzen.

„Besseres", das heißt für den einen, Gutes noch zu verbessern, das heißt für den anderen, sein Schlechtes weiter zu perfektionieren und so ist die Entwicklung, die diese und alle anderen „Demokratien" zurzeit durchlaufen.
Zukunft ohne Vergangenheit:
Dieses muss, kann man leider jedem absprechen, jedem.

Sehen wir uns unser Leben an.
Sehen wir uns die Wissenschaften an, die Technik und Techniken.

Wo wären wir, gäbe es nicht die Vergangenheit und die Lehren aus dieser.
Nur müssen auch hier wir wieder fragen: Was hat der Mensch aus diesen Erfahrungen gelernt, welche Schlüsse gezogen?

Was gut ist, so sollte man meinen, nutzt er für sich.
Für SICH ja, aber mit sich meint er ausschließlich sich selbst, dabei würde die Welt, das menschliche Miteinander ein menschenwürdigeres sein, hätte er sich frühzeitig die Erfahrungen aus der Vergangenheit zu Nutze gemacht.

Dass was wir heute für Morgen und Übermorgen beschließen und tun, wird Überübermorgen schon Vergangenheit sein.

Die Erde ist so klein geworden, und die Menge Menschen wird immer mehr, bedrohlich mehr.
Eine Reduzierung durch die Natur oder den Menschen selbst wird kommen, direkt oder indirekt.

Das was wir erkennen, was gut und richtig wäre, es aber versäumten in der Zukunft weiterzuführen, zu perfektionieren, was Unwiederbringlich ist, wird sich eines Tages rächen für die Menschheit, nicht für die Natur - die Erde.
Sie wird ihre Wege gehen und hat es bisher immer geschafft, sich irgendwie selbst zu regenerieren, auch wenn dabei etwas ganz anderes herausgekommen ist und kommen kann.

Die Vergangenheit die hinter mir liegt, zeigt einige erschreckende Fehler auf. Fehler???, die sich nie wieder oder besser gesagt, durch die Menschen nicht mehr beseitigen lassen.
Dazu gehört zunächst einmal die Atomenergie, die Atomwaffen.

Umwelt / um Welt.

Atom-,Energie, Biologie–Waffen, Chemie-Waffen, Wasser- verseuchung, Luft, Ozon – Schmelzendes Eis, Ver/brennendes Leben – Feuerland, Australien, Neuseeland, Versteppung/-Verwüstung, Sterbende Wälder, Verseuchte Böden, Wasserknapp-heit/ Mangel und, und, und.
Alles Erscheinungen oder Folge-Erscheinungen der bis heute, falschen Politik und politischen Strömungen.

Fehler??! Nein, was in die kommende Zeit überhaupt nicht mehr hineinpasst, ja mit der Zeit in wenigen Jahren das menschliche Dasein auslöschen wird, ja muss, ist der Glaube, selbst in dieser "Demokratie" noch *die riesigen Unterschiede in Einkommen und Besitz zuzulassen , ja sogar noch zu fördern!*
Man nennt tausende von Gründen für diese schlechter werdenden Lebensverhältnisse in dieser und anderen "Demokratien", aber in Wirklichkeit beruhen sie alle und alles nur auf einem Einigen –

der nicht, strickten, Einhaltung der Artikel des Grundgesetzes!!!
Statt diese den Erkenntnissen der Zeit anzupassen, höhlt man sie
durch neue Gesetze, die diese weiter unterwandern und
durchlöchern, noch aus!

Da stellt sich für einige die Frage nach der Zukunftsgestaltung nicht
nur in Sachen Energie und Verkehrsfluss so wie Lenkung desselben
und vieles mehr. Genau so wie die seit vielen, vielen Jahren
ungelöste Renten-Zukunft.
Luschen, alles Luschen da oben, mit denen Sie und ich leben
müssen!

Täglich wird (uns) überdeutlich dieser Mangel und Missstand
aufgezeigt, doch wir reagieren nicht. Warum sollen sie – die da oben
- dann nicht weitermachen wie bisher?
Wir bezahlen sie also für eine Leistung, die in
Wirklichkeit keine ist,
bestenfalls die eines Hilfsarbeiters.

Es wird Zeit, dass der Umweltschutz ins Grundgesetz kommt, nur
was bringt das schon?
Schließlich stehen andere Artikel des Grundrechts ja auch
festgeschrieben, und **keiner** kümmert sich um deren Einhaltung.

Stimmt es also: *Demokratie, der Letzte Versuch!?*
        oder auf die Umwelt bezogen:
        Einhundert Jahre oder MORGEN!?
Es scheint also etwas Wahres dran zu sein, wenn einige sagen: *Alle*
über 10.00,00DM p. Mon – ungesehen, ab in den Knast.

Ich höre Ihren Aufschrei, Ihren Protest. Richtig Sie sind ja einer der
für seine ehrliche Leistung, im Vergleich zu vielen anderen Faulen
und Dummen dann wirklich zu wenig verdient.
Sie sehen, bei einem gerechteren System würde das Verhältnis der
Vergütungen auch bei Ihnen anders aussehen.
Und Sie müssen doch einsehen - dass es so ist, wie es ist - es wurde
von Menschen gemacht, die von der Qualität her auch nur Menschen
sind.
Vielleicht hatten sie mehr Glück, waren raffinierter als Sie oder?!

Den verschärften Blick hierfür bekam ich während meiner Militärzeit in den 60iger Jahren. Nicht in irgendeine Kompanie kam ich, nein, das Los brachte es, dass ich zur A B C musste.

Einsichten

Außer dieser Übung bleiben mir für meinen Blick in die Zukunft, auch noch die Ereignisse einiger anderen Übung in Erinnerung.

Wir fuhren, im Zuge einer sehr großen Übung in einem Verband, aber in einer kleinen Gruppe auf ein großes Übungsgelände und sollten dort in einem Wäldchen einen Lagerplatz beziehen.

Die Fahrt ging vorbei an vielen kleinen Fähnchen die in der losen Erde dieses Gebietes steckten.
In den verschiedensten Farben und Kombinationen, die mir damals nichts sagten, bis zu unserem Lagerplatz-Wäldchen.

Hatte hier einer eine besondere Rallyestrecke abgesteckt?
Hatte man nicht!

Wir bekamen jeder unseren Platz zugewiesen und fingen an unsere Fahrzeuge und Rastplatz zu tarnen, bis schon kurz danach der Ruf kam: Kompanie antreten!

„Du, warum sollen wir unterbrechen"? fragte ich, meinen Kameraden und Beifahrer der kurz bei unseren Kameraden nebenan gewesen war und gerade zurückkam.
Er wusste nichts, und ich nahm an, es komme irgendeiner dieser üblichen Befehle, die zu solch einer Übung gehört.

Was kam, hörte sich zunächst nicht so schlimm an, doch mit den Jahren hat mich das Warum, Weshalb, Wieso usw. immer wieder auf meinem Lebensweg und meinen Gedankengängen begleitet.

Ich höre noch die Worte unseres Kompaniechefs im Ohr: „Wir müssen das soeben bezogene Gebiet schnellstens wieder verlassen",

Atempause. „Es ist chemisch verseucht", und der Nachsatz von ihm, „auch noch vom Ersten Weltkrieg".

Das waren die Hinweise der kleinen Fähnchen. Jedes stand für eine entsprechend, dort noch lagernde Chemikalie aus dem Ersten oder Zweiten Weltkrieg. Hier in Deutschland!!!

Worte; ja dieses Ereignis, diese Tatsache, die viel zu meiner heutigen Gesinnung dazugetan hat und immer mehr zum Voraussehen des zukünftigen Ablaufs auf der Erde beiträgt und beigetragen hat.

Selbstmörder

Sieht man im Jahr 1980 sich den Chemikalienhaushalt einer normalen Familie an oder erst Recht den in den Jahren danach, so trifft doch ohne jeden Zweifel die Aussage zu: In jedem Ort, in jeder Stadt bei uns lagert so viel Chemischer Müll", dass sich die Menschen die dort leben, alle selbst umbringen könnten.

Wie gesagt, ich diente bei einer A B C Abwehr-Kompanie.

Und die Tatsache der zigfachen Atomwaffen-Vernichtung der Menschheit?

Genügte nicht der einfache Tod aller Menschen durch diese Waffen??
Fragen Sie wirklich?
Was will man mit den dann noch vielfach vorhandenen todbringenden anderen Materialien?
Ich dachte, dass tot, tot ist, toter geht's doch nicht?!

Zweifelt da wirklich noch einer an dem Schwachsinn, an den Wahnsinn derer, die diese Waffensysteme haben, entwickeln und bauen lassen und die, die sie gar einsetzen - wollen.

Nein, kein vernünftiger Mensch kann dies richtig heißen.
Was aber heißt vernünftig? Wer von den Machthabern, den Reichen ist dann vernünftig?

103

Die Frage die Sie stellen wollen – ob es dann überhaupt Vernünftige gibt, ist mehr als berechtigt.

Ja Sie haben Recht, diese Erde wird von Schwachsinnigen regiert und wenn Sie es nicht ganz so krass ausdrücken wollen, von Menschen die um diese Gefahren wissen und dennoch nichts dagegen tun.

Selbstmörder also, die Sie und mich mit in ihren Tod nehmen wollen.

Ist heute die Gefahr des Danebenschießens nicht viel gefährlicher als die des Treffens? Steht oder lagert nicht zufällig irgendeine große Menge dieser tödlichen Materie dort wohin sich der Schuss verirrt?

Wie viel Glück hatte die Menschheit bis heute wirklich, an wie vielen Katastrophen ist sie unwissentlich vorbeigeschrammt?

Was wird alles geschehen in den nächsten „Jahrzehnten", dass der Menschheit Tod und Verderben bringt, beschleunigt und/oder erzeugt durch ihr, eigenes, Handel und Tun.

Chemische-, Biologische- Waffen vom Ersten und Zweiten Weltkrieg, in der Nord- und Ostsee und wer weiß wo sonst noch überall.

Und in Lybien, dem Irak, Rußland, Amerika und, und.

Und der Atomschrott, der Rußen und …, und was bei uns so im Geheimen läuft?!

Alles aufs oder ins Meer! Wie lange macht Mutter Erde dieses noch mit? Wollen wir, nein will, richtiger, soll die Menschheit denn keine Zukunft mehr haben?!

Es scheint so, als sei es den Machthabern gleich, und dazu zählen auch alle die dazu, die Verantwortung für diese Menschen haben, was aus denen wird, die nach uns (denen) kommen.

Wo sind die, die nach „Vorne" schreien???

Und sind Sie auch so stolz auf unsere Führungs-Elite die die uns allen dies beschert? In den 7oziger Jahren, als diese Diskussionen begannen, habe ich schon immer gesagt, die Gefahr, die größte Gefahr kommt von den „kleinen grünen Männchen".

Ich meine damit, bei der Biologie/Chemie/Gentechnologie wird eines Tages eines der „kleinen grünen Männchen", wie immer es aussehen wird oder es sein kann, unkontrolliert entweichen oder sich vermehren und die Katastrophe auslösen, die, die wir kennen und die die wir uns nie gewünscht haben, mit der „wir" aber immer spielen, weil der Wissende um deren Gefahren weiß. Dazu sollten eigentlich die Regierenden aller Staaten gehören.

Und außer den „grünen Männchen" gibt es eine große Anzahl von Möglichkeiten, die, die wir kennen und die uns noch unbekannt sind, die uns bedrohen und vernichten können. Nur die Masse will es nicht sehen und hören. Hofft also im, Unterbewusstsein, dass sie vorher gestorben ist, dabei wollen heute doch alle mehr als 100 Jahre werden.   Feine Gesellschaft, große Elite.

Nach vorne heißt, auch im Ablauf der
Menschheitsgeschichte,
dem Ende der Spezies Mensch entgegen steuern.

So wie die Entwicklung von Technik und die
Erforschung des Wissens
rasend schnell sich weiterentwickelt, so rasend
schnell scheint das Ende des "intelligentesten"?
Lebewesens der Erde sich jetzt zu nähern.

(RS)

Überdeutlich zeigen sich bereits in diesen Jahren die Folgeerscheinungen durch unmäßige Verschwendungen an Natur und natürlichen Stoffen und allem was damit zusammenhängt, entstanden durch den übertriebenen Konsum der Reichen, und andererseits zunehmender Armut.

Stellt sich die Frage warum.

Könnte die Menschheit, auch die, die Hunger leidet, nicht in einer einigermaßen heilen Welt leben?
Ich sage ja, tausendmal ja.

Das was wir an Politikern – und - haben, ist in der Mehrzahl drittklassig - bestenfalls.
Alles und alle, mit der bekannten Einschränkung - die Ausnahme.
Nur in diesem Fall gibt es keine Ausnahme – keiner der für ein anderes System, Politik wirbt – oder vielleicht doch?
Was ist mit der P D S? Die an dem alten Sozialismus anlehnt?

Die Idee ist sicher richtig und könnte unter Herrn Gysi vielleicht was werden, aber – was machen die vielen anderen daraus?
Wir haben es im Laufe der Menschheitsgeschichte ja ausreichend erleben und miterleben dürfen!

Oder ist ihnen bekannt, dass vor ix vielen Jahren einer als Adeliger oder Graf geboren wurde?
Oder, ist ihnen bekannt, dass es jemanden gibt, der mit vielleicht nur 1.654 Hektar gutem Ackerland aus seiner Mutter Leib geboren wurde?
Nein, alles auf dieser Erde gehört allen. Nur einige wollen glauben, ihnen alleine gehört alles allein.

Und statt das wir langsam zu einer Politik kommen, die diese Tatsachen anerkennt und berücksichtigt und zur Grundlage ihres Handeln macht, ist genau das Gegenteil der Fall.
Unter Missachtung vom bestehenden Grundrecht dieser Demokratie werden immer neue Gesetze erdacht, die das Grundrecht unterlaufen und es ausheben.

Wir leben, – ich nicht und viele andere auch nicht – in der Weltbevölkerungsschicht, die von sich behauptet, in einer Wohlstandsgesellschaft zu leben.
Wenn Sie und ich nicht dazu zählen, dann sind wir sicher die Trottel oder Sklaven, die sich diesen Zustand gefallen lassen – noch?!

Doch hierzu an anderer Stelle.

Diese Gesellschaft erzeugt eine kleine Menge Gutes für eine noch
viel kleinere Schicht Menschen die derzeit in ihr, im Überfluss hoch
x, davon leben.
Allein das was für diese kleine Schicht an Unmenschlichkeiten
produziert wird, geht auf keine Kuhhaut.
Allein was für diese kleine Schicht an Ressourcen verschwendet und
an Umweltbelastung anfällt mit allen weiteren Erscheinungen und
Nebenwirkungen, steht auch im krassen Gegensatz zu den G.
Gesetzen jeder Demokratie.
Ihnen ist es im Grunde scheißegal, was aus den anderen und denen -
den späteren Generationen - wird.
Wir leben in Gesellschaften, die den möglichen, Nachkommen nichts
gönnt, auch wenn sie angeblich, für diese alles tut.

Geld und Sklaven

Der eine hat`s, der andere bräuchte es, der dritte bekommt es nie.

Eines aber ist sicher, jeder bräuchte mehr davon – meint man – nach
unserer allgemeinen Weltanschauung.

Wenige haben es im Überfluss, doch die meisten haben Mangel.
Dazwischen gibt es eine Schicht, die man bei Laune hält damit sie
denen da oben wohlgesonnen ist.

Sehen wir uns die Vergangenheit an.
Viele Jahrhunderte, Jahrtausende, lebten die Menschen ob Familien,
Clans, Völker oder wer auch immer auf der Basis von Tausch
zusammen.

Ich gebe zu, eine einfachere Lösung war dann das Bezahlen, die
Vergütung einer Leistung durch Geld.
Es ist für mich unumstritten die richtigere Lösung.
Waren es im Anfang nur Waren die man tauschte, ja selbst herstellte,
vielleicht jagte, so nahmen die Dienstleistungen ständig zu und auch
die mussten ja vergütet werden.

Doch Geld verdirbt den Charakter.

Das ist nicht nur ein Sprichwort, das ist auch so.
Von den rühmlichen Ausnahmen abgesehen, die es ja immer und überall in jeder Beziehung gibt, wird es auch so bleiben bis zum „bitteren Ende".
Ausnahmen bestimmen die Regel.

Wenn dem so ist, müssten dann nicht viel mehr Reiche in den Knast? Es ist wie beim Ablass, man kann sich ja freikaufen.

Nicht, dass grundsätzlich alle Menschen gleich sind, das wäre fürchterlich, sie sind auch alle in ihren Ansprüchen unterschiedlich, Leistungen usw. anders. Das ist gut und richtig so, lässt sich zumindest noch nicht ändern.

Armut und Reichtum hat es immer gegeben. Betrug, Diebstahl, Mord und Totschlag und Kriege standen schon immer an und werden nie enden.
Das ist doch menschlich, hört man viele sagen, aber ist das wirklich menschlich?
Der Grund dafür liegt auch im Geld, im Haben.
Neben Hassa, Liebe, Eifersucht und was es noch an „edlen" streitsüchtigen Motiven gibt, dürfte Geld den größten Anteil an den Problemen haben die nicht mehr zu beseitigen sind.
Ja, der Mensch hat es sich zu Nutze gemacht, ja er wirbt sogar für diese kriminellen Handlungen, beschäftigt ganze Bevölkerungsschichten damit, die auf Grund dieser Tatsache, im Wohlstand leben und es zu Ruhm und Ehre bringen.
Ruhm und Ehre??

Wäre es vielleicht nicht vorteilhafter, besser, mehr in die Vorbeugung zu investieren? In eine menschlichere Welt?

Keine Macht der Erde hat es bisher versucht, ob weltlich oder kirchlich, diesen Wahn zu stoppen – jetzt ist es zu spät. Wobei ich meine, hier hätte das Ende des Zweiten Weltkrieges eigentlich die Wende bringen können, bringen müssen, man wählte ja die Demokratie!

War ein schlimmes Kapitel die Sklaverei im Mittelalter. So ist es heute, so sind die meisten von uns doch auch heute mehr oder weniger Sklaven.
Wer von uns glaubt schon, ein freier Mensch sein zu können?

Demokratie: Da sollten alle gleich sein, da müsste sich jeder ein- und unterordnen (können) – in diese
Demokratie, wenn es denn eine wäre.
So aber machen viele, dass was sie wollen.

Gut, es gibt eine nicht kleine Anzahl unter uns, die dies strikt ablehnt. Sie, so behaupten sie, seien frei.
Doch was ist Freiheit?

Unterliegen wir nicht alle irgendwelchen Zwängen, die uns an allen Ecken irgendwie einschränken oder ausnutzen? selbst in jeder sogenannten Demokratie?
Werden die Gesetze, die das Zusammenleben in dieser Demokratie, regeln sollen, nicht schamlos von einer viel zu großen Schicht für sich ausgenutzt?
Hier sind Vereine, Verbände, Vereinigungen, Parteien, auch die, die sich christlich nennen, wieder zu finden.
Es ist längst guter Brauch, "ein wenig" kriminell zu sein.
Und wer das "pardon" größte Schwein ist, wer über die Leiche seiner Mutter geht, der ist der Größte und findet in der Masse unserer Bevölkerung Anerkennung.

Und die, die in diesem Staat – und vielen anderen Staaten auch – für Ordnung und Recht sorgen sollen/ten (nicht die Polizei) wie sieht es bei denen aus, wie verhalten die sich?

Blicken Sie hinter die Kulissen, machen Augen und Ohren auf, das Spiegelbild ist nicht viel anders als, das einer großen Menge.
Aber denken Sie daran, Ausnahmen gibt es überall, gibt es zum Glück auch hier, wo wären wir sonst.

Ich kenne viele die im Wohlstand leben.
Aber:

Ich kenne keinen der in Reichtum lebt und sich diesen Reichtum
ALLEINE, und ehrlich erarbeitet hat.
Allein mit ehrlicher Arbeit! Was aber ist ehrliche Arbeit?

Das war so, ist so und bleibt so – bis zum bitteren Ende.
Aber vielleicht irre ich ja, und das menschliche Dasein auf diesem
Globus endet süß, süß im Geschmack oder süß im Duft des Todes,
wer weiß es schon.

Die Dummheit einer Masse, dieser Masse ist so groß, dass sie den
Wenigen da oben jeden Unsinn glaubt und sich jeden Mist verkaufen
lässt, den man ihnen verkaufen will.
Man folgt den Worten, dieser Rattenfänger und glaubt ihnen zum
Teil blindlings, denn das eigene Denken hat man ihnen längst als
überflüssig, verkauft.

Gespräche

Unsere Gesprächsrunden hatten wir lange zu einer „Hütte" von
Hochbergs verlegt. Hier konnten wir drinnen und draußen solange
reden wie wir wollten und konnten.
Konnten es uns am Ufer des Sees, mit dem Boot auf dem Wasser
treiben lassen, auf der Terrasse oder am Kamin gemütlich machen.
Gekühlte Getränke waren stets und reichlich vorhanden und eine
komplette Küche gab es auch.
Doch meist, wenn wir länger blieben, bestellten wir uns etwas aus,
dem nicht weit weg liegendem Restaurant, das sie uns brachten.

Rückblick

Zum Zeitpunkt dieses Rückblicks hat das Jahr 1990 schon begonnen,
und es liegt sicher weit mehr als die Hälfte meines Lebens hinter mir.

Ich kann auf ein bewegtes Leben zurücksehen, mit vielen Tiefen und Höhen, in bitterer Armut und mit Einkommen die für mich einen kleinen Wohlstand bedeutet hätten, wäre da nicht ...

Ein wenig habe ich von dieser schönen Erde sehen dürfen – war immer der Masse voraus - und konnte aus vielem, was ich gesehen und erlebt hatte, meine Schlüsse und Schlußfolgerungen ziehen.
Konnte aber nie verstehen, dass man nicht früher einen anderen Weg für diese Menschheit eingeschlagen hat.
Dass Leistung, Wissen, Können, Fleiß, Einsatz und ... nicht unmittelbar mit Einkommen und Besitz zu tun haben, ist mir schon seit Jahrzehnten klar, auch wenn mir mein Einkommen reichte.

Schreibt doch die Geschichte von so vielen großen Persönlichkeiten – sie meint nicht die Langen mit groß. Doch was haben sie für die Menschheit schon getan, wirklich getan?
Die meisten von ihnen waren höchstens Mittelmaß, selbst wenn man einen Durchschnittsmenschen als normal betrachtet.
Ich muss immer wieder einhaken: Ich verstehe nicht, dass man bei den anderen Dingen des Lebens versucht, sie ständig zu verbessern, bei der Menschlichkeit aber alles unterlässt.
So wie es läuft, läuft es doch auf die Vernichtung der menschlichen Existenz hinaus.
Haben wir denn da oben wirklich nur Scharlatane und Gehirnunaktive sitzen???

Etwa 1987 haben wir, in einer kleinen Gruppe unter Freunden, mal wieder ein Gespräch über die Wiedervereinigung gehabt. Alle waren spontan der Meinung, nie.

Wie immer, sah ich im Vergleich zu den vergangenen Jahren, die Möglichkeiten für eine Vereinigung inzwischen für wesentlich größer an. Doch keiner stimmte mir zu, auch nicht annähernd.

Ich hab`s gewusst

Die Erkenntnisse kamen mir bei diesem Besuch.

Im Jahr 1975 besuchte ich mit meiner Mutter ihre Schwester und meine Cousins und Cousinen die in der Tschechoslowakei lebten, mit dem Auto.

Die Fahrt dorthin, mit dem nagelneuen Auto, war schön, wenn auch ein wenig schwierig, ein Erlebnis.

Ein Erlebnis schon die Grenzkontrolle der Einreise.
Sie nahmen mein Auto fast auseinander, und Mutter hatte fürchterliche Angst.

Im Vergleich zu uns war hier vieles anders, rückständiger, unterentwickelter, schlechter.

Wir kamen vorbei an dem riesigen Kohle-Tage-Bergbau und mussten überall den Mangel erleben.

Die Orte, in denen meine Verwandten wohnten, waren eigentlich hübsch, wären sie wie bei uns gepflegt gewesen. Aber, gepflegt waren sie ja, nur so sahen sie ein wenig verfallen, alt aus, was sie auch waren.
Sachen, Materialien zur Sanierung gab es so gut wie keine und wenn von sehr schlechter Qualität, das erfuhr ich in Gesprächen dort.

Meine Cousins

Warum bist Du schon hier, fragte ich Erwin, der an einem normalen Arbeitstag zum Mittagessen zu seiner Mutter, meiner Tante, kam und das schon vor 11 Uhr.
„Du", sagte er zu mir, was ich mir übersetzen lassen musste, da ich nicht tschechisch und er nicht deutsch konnte, „hier arbeitet man auf dem Bau – und wo immer man kann – bis etwa 10 Uhr, dann verzieht sich alles in die Kneipen für den Rest der Schicht".
„Warum", so erklärte er, „sollen wir mehr arbeiten, wo wir unser Geld bekommen, wenn wir viel, wenig, oder gar nicht arbeiten. Und im Übrigen, was sollen wir denn verarbeiten? Es gibt doch kein Material".

Zunächst sträubte sich etwas in mir gegen diese Ansicht, aber später musste ich es einsehen, hier stimmte am System was nicht.

Rudi, ein Bruder von ihm, hatte sogar ein eigenes Häuschen bauen dürfen, was für dortige Verhältnisse schon etwas war.

Die Ausstattung war für unsere Verhältnisse so primitiv, dass mach sich fast schämte. Auch das Einfachste gab es nicht, ja viele Dinge waren nicht einmal bekannt. Das die Technik oder Entwicklung einzelner Teile oder Dinge soweit rückständig war, hätte ich nicht vermutet.

Exklusiv Speisen.

Ich wollte natürlich auch die Gastronomie dort kennen lernen und lud meine Tante und selbstverständlich Mutter in das beste Hotel der Stadt zum Mittagessen an einem Sonntag, Ostersonntag, ein.
Meine Tante sträubte sich mit Händen und Füßen gegen diesen Besuch, stimmte aber mir zu Liebe dann zu.
Äußerlich war dieser einstige Prachtbau inzwischen ein wenig herunter-gekommen und innen sauber, aber noch desolater. Na ja, blieb noch das Essen selbst.

Wie üblich wollte ich, dass wir verschiedene Gerichte wählten, um unterschiedliche Köstlichkeiten probieren zu können. Eine Karte? - das was uns mündlich angeboten wurde - gab nicht viel her.

„Siehst Du", sagte meine Tante beim nach Hause gehen, „diese Erfahrung wollte ich dir eigentlich ersparen, aber du wolltest es ja unbedingt so. Wären wir zu Hause geblieben, ich hätte uns ein leckeres Essen gemacht".
Und sie konnte kochen, hier gab es alles was zur guten Böhmischen Küche gehörte, wenn man Beziehungen hatte und/oder organisieren konnte. Und meine Tante konnte beides.

Hungern musste dort keiner, und wer organisieren konnte, bekam einiges, was es eigentlich nicht gab.

Zumindest musste keiner, Hunger leiden, wie es in der DDR ja so zu sein schien.

Damals musste man sich auf der zuständigen Behörde an- und abmelden, damit ja keiner der im Lande einreiste, verloren ging.

Satte Sklaven rebellieren nicht

Mit meiner Tante oder einem der Cousins unternahmen wir noch einige Fahrten, so dass ich auch Prag und andere Städte und Landesteile gesehen habe.

Aus den Schlüssen, die ich aus diesem Besuch aus den dort gesammelten Eindrücken und Gesprächen zog, wurde mir einiges klar.

In der Tschechoslowakei war es jahrelang ruhig und diese Ruhe stammte von der Sattheit der Menschen, im Gegensatz zu denen in der DDR. Ein Volk das „genug" zum Essen hat, geht nicht unbedingt auf die Straße.
Sklaven, die satt sind, revoltieren nicht. Sklaven?!

Eine total heruntergekommene Wirtschaft in der Tschechoslowakei und in der DDR? Da konnte es doch nicht anders, besser sein.
Wusste der Kohl-Kopf nicht von diesen Tatsachen?!
Kamen doch immer noch einige hier herüber die erzählten.

Hatte man doch sicher seine Spione drüben, die berichten konnten.

Fuhren doch auch einige der „hohen „Herren", zu Besuchen rüber, die Augen hatten.

War nicht auch Genosse Honecker mal hier und hat man ihm nicht sogar die Hände geschüttelt?

Nichts gesehen, nichts gehört, nichts gewusst.
Die "Dä(h)mlichkeit" mancher Politiker scheint grenzenlos zu sein, auch wenn es sich um Herren handelt.

Hat nicht Uwe Barschel von der gleichen Partei einmal behauptet:
„Ich schwöre, Ihnen allen die Wahrheit zu sagen", hat er nicht.

Doch, die Wahrheit: Mit jedem Tausender, den einer mehr verdient,
wird das Verhältnis zum Geld, zur Wahrheit, zum Recht, zur Realität
eine andere, und es ist niemand da, der dieser Tatsache einen Riegel,
vorschiebt.
„Jeder, so bitter diese Wahrheit auch ist, **auch in unserer
Demokratie – für fast jeden zählt nur, das eigene Geld".**

> „Vor dem Gesetz sind alle gleich"; das ist eine der
> größten Lügen überhaupt –
> und sie steht im Deutschen Grundrecht – dies müsste
> mehr als nur Hohn für jeden Rechtgelehrten sein!

Man lasse sich diese Worte einmal langsam durchs Gehirn laufen,
sieht sich die Wirklichkeit näher an – erschreckend, die Wahrheit
darüber.

Alles Schnee von gestern, Herr K. und Konsorten wussten alles
besser – nein richtiger - oder haben sie nur die Masse belogen –
pardon die Unwahrheit, ihre Art von Wahrheit, gesagt – das klingt
sauberer.

Trinker / Säufer

Sicher, wer dem Spruch frönt, es ist besser ein Säufer als ein Trinker
zu sein, hat Recht.
Trinker-Heilanstalten gibt es, solche für Säufer nicht – sind nicht
nötig?

Kohl, das scheint so ein Kapitel für sich zu sein, zu werden.

Ich kenne bisher keinen, der einen solchen Führungsstil vorgelegt
hat, der eigentlich in einer Demokratie nichts zu suchen hat, hätte,
nicht passt, sie zerstört.

Was wird am Ende dabei herauskommen?
Hat der - wie manch anderer nicht auch, typische Züge, wie es die braune Zeit hatte?

Was sagen Sie, Christliche Partei!
Meinen Sie, die vielen Braunen, die nichts von allem gewusst haben wollen, die, die sich nach dem zweiten Weltkrieg in die Ämter gemogelt und die Farbe gewechselt haben.
Wie gut, dass die Masse vergesslich ist?
Wie schade, dass sie so schnell vergisst!

Hat sie deshalb keine anderen, besseren Führer, Größen verdient?

Pflückt man solche Geschehen auseinander, bekommt man ein erschreckendes Bild von unserer, von der Obrigkeit dieser Menschen - und von den Menschen selbst?!

Möglich? nein, sicher: Es gibt eine Menge an Persönlichkeiten die nicht so sind, nicht in diesen Spiegel passen. Aber das Bild in der Öffentlichkeit ist das beschriebene!

Geschichte

Und jetzt, die Wiedervereinigung ist Geschichte geworden, und mit ihr haben sich viele gesundgestoßen. Gesund gestoßen auf Kosten der ärmeren, der steuerzahlenden Bevölkerungsschichten. Und sie sehen ruhig zu, lassen sich gefallen, dass sie wie dumme Jungen behandelt werden und alles unter dem Namen Demokratie.
Klar, wer schon kann von der zahlenden Minderheit etwas bewirken, verändern wenn es die dafür nach Gesetz zuständigen Stellen nicht tun?
Oh ja, man könnte!

Nicht nur, dass vieles zu weit überhöhten Preisen verkauft wurde, nein, man hat oft belogen und betrogen, wo immer es ging, hat sich an der dummen Masse, die ehrlich ihre Steuern zahlt bereichert.

Pflücken Sie mal den tieferen Wert meines Buches auseinander und gelangen dann an den Grund aller Übel, Sie werden erstaunliche Feststellungen machen müssen.
Aber so tief werden sie nur vordringen, wenn Sie wollen, und die meisten von Ihnen werden davor zurückschrecken, weil sie Angst haben, sich selbst darin wieder zu finden.
Eines kann ich ihnen versprechen; es sind nur wenige die unten hängen bleiben.

Auch das hätte man wissen müssen, aber anscheinend kann man wohl nicht anders, Handeln wenn man selbst so ist, selbst im Boot sitzt.
Und wer von diesen Herren muss sich um sein tägliches Brot schon Gedanken machen.
Die Masse ist es die das Moos gibt, wie und wann und woher, ist denen vollkommen gleich.

Nicht das es so ist, dass diejenigen, die von der Masse ihr Vermögen bekommen oder haben, auch ihren gerechten (ungerechten) Anteil an Steuern zahlen müssen, nein die Regierungen, gleich welcher Farbe, sehen immer zu, das Geld zu Geld kommt und die Reichen immer reicher werden – müssen.

Wer es differenziert betrachtet, wird schnell erkennen, dass die Masse **besser gehaltene Sklaven sind,** der Zeit entsprechend, modern.

Ich gebe zu, dass es nicht einfach ist zuzugeben, **Sklave dieser Reichen** zu sein.
Aber, die Einsicht, dass es so ist, ist für viele schmerzlich und unter den kuriosesten Ausreden weist man dies strickt von sich. Von einer Gleichheit will man dann nichts mehr wissen, auch wenn es das Grundgesetz garantiert.

Waren früher Sklaven die Ärmsten der Armen, so hat die sich als Oberschicht bezeichnende Bevölkerung längst erkannt, dass es besser und einfacher ist, diese Sklaven sich so zu halten, dass sie ruhig sind. Dazu gehört heute einfach, dass man ihnen einen „kleinen, Wohlstand„ bewilligt. Mehr aber nicht!

Zu dumm zum Geld verdienen

In herausfordernden, provozierenden Gesprächen stelle ich oft die Frage: „Meinst du, mit deinem popeligen Einkommen von 12.000,00 DM im Monat du wärst schon wer?
Für das Wenige, was du verdienst, musst du doch eine Niete sein, faul dazu und dämlich vor allen Dingen. Und selbst 20 tausend, was ist das schon?"

Dabei weiß ich, dass einige von Ihnen sicherlich auch Posten bestreiten könnten, die ihrem jetzigen gehobenen Stand noch weit übertreffen könnten, nein zum Teil bis an die Spitze reichen würden. Aber es gibt auch solche, die es eigentlich nicht verdienen, weit überbezahlt werden, wobei das „Verdienen" sehr differenziert zu betrachten ist.

„Wer im Vergleich zu denen, die im Jahr, über, eine, halbe Millionen verdienen, so wenig hat wie du oder ich, muss doch ein dummer, fauler Hund sein und hat seine Möglichkeiten, die das Glück ihm bietet, nicht ausgeschöpft.
Denn wie heißt es doch:
                    Jeder hat die gleichen Chancen.

Komisch, dass nur einer, Bundespräsident werden kann. Oder?? Sind die anderen alles Nieten?!"

Die Gesichter der so Angesprochenen werden meist sehr lang und an Worten mangelt es ihnen ganz.

Dem Abgrund entgegen

Was aus unserer Gesellschaft noch einmal wird, ist mehr als erschreckend.

Galt früher der Satz: Man nimmt ja doch nichts mit, so gilt seit etlichen Jahren, mit zunehmender Tendenz die Meinung: Solange man lebt - mitnehmen was immer sich bietet.

Und, sind wir ehrlich, der größte Gauner bekommt noch die meiste Anerkennung.

Stellt sich die Frage, hat hier nicht die Masse Schuld. Trägt nicht die Masse die Verantwortung für das, was wenige da oben tun?! Sie trägt.
Sieht man sich die Medien an – richtig, man kann ja ausschalten oder nicht zuhören oder nicht lesen – die, die die Meinungslenkung vornehmen, die Richtung geht immer mehr zur Volksverdummung hin.

Es war schon immer leichter, ein dummes Volk zu steuern, und sind wir wieder ehrlich, mit Zunahme der Computer-Technik – und alles was darum dazu gehört – was will die Menschheit dann noch mit denkenden, selbständigen Menschen?
Einige, die das große Geld verdienen ja, aber alle nein. Das geht schlecht oder genauer gesagt nicht.

Dabei sind wir mit dieser Technik erst noch am Anfang: Was mag da noch alles kommen, was die Erde, die Welt verändern, unser tägliches Leben auf den Kopf stellen, wenn es gehen würde, aber es geht nicht alles.
Die Masse wird arm bleiben, aber die Masse wird es sich auf die Dauer nicht alles bieten lassen, bieten lassen können: Jeder hängt an dem bisschen Leben, das er hat.
Wer weiß schon um die Gefahren, die auch diese Technik der Menschheit bringen wird, welche Überraschungen, wird es hierbei noch geben? Fragen über Fragen. Antworten und nötigste Reformen bleiben bei diesen leeren, geldgierigen Köpfen aus.

Eines aber ist für einen „kleinen" Kreis von uns sicher, ein Zurücksteuern in so gemäßigte Bahnen, wie es sein müsste, um noch lange auf diesem Globus sein zu dürfen, ein solch großes Zurück gibt es nicht, ist nicht mehr möglich.
Das, was seit Kurzem abläuft, ist der vergebliche Versuch einiger, ein Umsteuern einzuleiten.

Die Kriminalität durch die Gier nach dem Mammon wird aber, genau wie „früher", einen Erfolg verhindern.

Weisheit kommt nicht automatisch mit den Jahren.

Für mich bleibt vielleicht noch die Zeit dieses Buch zu Ende zu schreiben, mehr möchte ich als Großes in meinem Leben nicht mehr erreichen, will nicht mehr die Zukunft der Menschheit voraussehen, die nur schlimm sein kann, schlimm sein wird!

Die Brutalität

n jede kriminelle Richtung nimmt zu, muss zunehmen.
Schuld daran ist das „WIE", wie die Menschen miteinander umgehen, sich behandeln.

Für manches hat man wenig Geld, für anderes wird massenweise Geld ausgegeben, ja verschwendet und verschleudert und für das Menschliche?
Keine Angst, es kommt keiner auf die Idee, nach einem **menschlicheren** Zusammenleben zu forschen.

Wer Geld hat, hat auch Macht, kann mitbestimmen, was gemacht wird, da ist Demokratie nur eine Farc, ein Deckmäntelchen?!

Aber es gab auch Aufstände dagegen.
Denken wir an die **Sklaven**-Kriege in Amerika, denken wir an die Revolution in Frankreich.
Wegen ungleicher sozialer Verhältnisse gab es schon immer Kriege. Aber müssen Kriege sein. Heute noch? Eindeutig nein, aber es wird sie weitergeben!

Sicher spekuliert manch Mächtiger mit einigen Millionen Toten, die dann nicht mehr den Globus belasten. Sein Problem ist nur, dass es ihn dabei nicht selbst trifft, er selbst unter den Toten ist.

Man liest es im vorausgegangenen Satz, Freiheitskriege sind auch Sozialkriege, beides liegt dicht beieinander, geht ineinander auf.

Und die Religions-Kriege? Einen größeren Schwachsinn gibt es nicht, gleich welchem Glauben man angehört, und doch, gerade hier findet man die größten Fanatiker.
Keine Macht der Erde bremst sie - wer sollte und wollte es auch tun - hält sie von ihrem Wahnsinn ab. Was sind das für Menschen? Was sind wir für Menschen?

> *Der Mensch ist frei geboren,*
> *und doch ist er überall in Ketten.*
>
> (Jean Jacques Rousseau)

Und wo wird das eines Tages enden?

Du kannst doch sowieso nichts ändern. Natürlich weiß ich, dass ich nicht kann, aber muss diese Eskalation so weiter gehen: Reden nicht viele von Demokratie, will man uns nicht Glauben machen sie täten alles für diese Demokratie, für Gerechtigkeit und Menschenwürde?
Sind es nicht oft die, die hier große Worte schwingen, aber von der Wahrheit weit entfernt sind.
Sind nicht diese Herren an der Misere mit schuld oder schuldig?!
Nein, die Masse jubelt sie ja noch in den Himmel.
Himmel? Richtig, da will doch eigentlich keiner hin, da ist man ja alleine.
In den Himmel? Sicher ist sicher: Dahin geht man besser schon hier auf Erden.

Was sicher ist, an einer dieser nichtseinmüssenden Taten oder Ereignisse wird die Menschheit eines Tages zu Grunde gehen.
Wer ein wenig Phantasie hat, kann sich vielleicht einige dieser Möglichkeiten ausmalen.
Was aber Menschen, die sich in die Enge getrieben fühlen, fähig sind zu vollbringen, wollen sich die meisten von uns nicht vorstellen - können. Mit vollem Bauch geht das auch schlecht!
Und wozu sind Menschen bereit, denen man ohnehin keinen Ausweg mehr gibt, die wissen, dass auch Demokratische Staaten nichts für eine gerechtere Welt – für sie ss unternehmen.

Wie viel „Nettigkeiten" haben diese in Terrororganisationen zusammmen gefassten Menschen noch parat.

Horror-Filme zeigen uns gelegentlich eine kleine Auswahl.

Arbeit fehlt und Brot

Der Blick zurück zeigt eigentlich das, was kommen wird, kommen muss.

War zu Beginn des 20ten Jahrhunderts die Bevölkerungszahl noch bei 2 Milliarden Menschen, so waren es am Ende des 2ten Jahrtausends bereits über 6 Milliarden mit enormer Steigerungsrate. Im Jahre 2050 soll die 10.000.000.000 (zehn Milliarden) Marke weit überschritten sein.
Zehn Milliarden: Und alle wollen dem Beispiel der wenigen Reichen und noch wenigeren Super-Reichen folgen, und wie sie oder ähnlich gut leben.
Keine Angst, es wird niiiiiie so kommen!
Wer dann wollte die Arbeit für diese Schicht erledigen? Nein der „Mensch" braucht seine Sklaven.

Der erste Weltkrieg, schlimm und danach? Arbeit und Brot für wen? Arbeit und Brot ja, aber Luxus, von dem viele sich das Wohl des Lebens erträumen, nur für wenige.
Übertriebener Luxus, der die Menschheit schneller an ihr Ende auf diesem Planeten bringt.

Und wie vor vielen Jahrhunderten, auf seiner eigenen Scholle Leben und sein täglich, Brot, erwirtschaften?
Lange vorbei und kommt nicht wieder.

Und was hat man daraus gelernt?
Bei allen anderen Vorgängen wie Technik, Gesundheitswesen usw., hat der Mensch Großes geleistet und leistet es noch. Nur was hat er daraus gelernt? Nichts, gar nichts!

Dabei würde durch ein gerechteres Zusammenleben vieles, was heute ein Problem ist und zu weiteren Problemen führt, für den Menschen, für die Menschheit unbekannt sein.

Arbeit fehlte also, und so konnte der Braune Führer, ohne Probleme und menschlichen Qualitäten(?) an die Macht kommen.
Ihm jubelte die Masse zu.
Hinter ihm standen viele Gesinnungsgenossen.

Wie Heute auch!

Sehen wir mal in der Geschichte nach: Es hat meines Wissens nach noch nie einen Führer gegeben, der menschliche Eigenschaften als sein Ziel nannte, ja gar hatte.

Hätte er nicht diesen scheußlichen Krieg verloren, hätte es nicht diese scheußlichen Vernichtungen gegeben, was wäre dann aus uns geworden, was und wie sähe die Erde, die Menschheit dann heute aus?
Er wäre doch nicht vorm Kaukasus stehen geblieben, hätte doch nicht in England oder Spanien halt gemacht. Wäre sicher längst bei den Oelfeldern der Scheichs - und der kleine Rest der Erde???
Wohin wollte er wirklich, wie hätte, wie würde die Menschheit heute nach seinem Stil leben??
Wer kann sich dieses vorstellen? Ich weiß, wie jeder Blick in die Zukunft eine Utopie ist und nur manches davon Wirklichkeit wird – oder nicht.
Ist es nicht so, dass **Politik** nur **ein reiner Reparaturbetrieb** ist, Fehler der Vergangenheit als Zukunftsprojekte ausweist, um zu reparieren, was falsch gewesen ist, um es noch schlechter zu machen – für sich selbst besser auszunutzen?

Schweine-Trog

Verlorener 2. Weltkrieg, und viele alte Köpfe waren noch da. Wie sollte da, ein neuer Anfang zustande kommen.
Waren noch da?
Diese Frage dürfte mehr als berechtigt sein. Sind doch zu viele Anzeichen dafür vorhanden, dass sich die Gesinnung der Braunen weiter in den Köpfen, mindestens einiger unserer Politiker wiederfinden lassen, auch wenn sie stark modifiziert ist, und keiner dies offen zu gibt.

Auch und mit einer Demokratie ist das zu machen – wir sehen es ja. Und der Kommunismus, werden Sie sagen, nein der auch nicht. Der auch nicht, denn auch dort haben genauso korrupte Menschen wie in jedem anderen Regierungs- oder Machtsystem das Sagen.

In der Demokratie meinen sie, geben sie vor, sie täten dies nach Gesetz, und die Gesetze machen sie, wie es demokratisch ist, sich selbst, aber nicht nur das, die dann erforderliche Auslegung dieser Gesetze, nehmen sie ebenfalls selbst vor.

Also, ein reiner Selbstbedienungsladen, nicht nur was das Geld betrifft.

Volksvertreter, nein Volksvertreter sind diese nicht oder vielleicht doch? Vielleicht fühlt sich der eine oder andere von ihnen als ein solcher. Fühlen, ja aber Gefühle täuschen oft.

So wurde aus etlichen Braunen Schwarze die das Sagen hatten - und der Klüngel ging und geht weiter.

„Der Trog bleibt der gleiche, nur die Schweine wechseln"
sagt ein Sprichwort

und meint damit, gleich welche Partei am Ruder ist, ein Selbstbedienungsladen wird auch jede Demokratie bleiben, wenn sich die Menschen, die in ihr leben, nicht ändern.

Zunächst frisst man sich selbst satt, und dann kommen die anderen, die Sklaven, damit sie nicht rebellieren.
Sklaven, ja die muss man bei Laune halten damit sie einem gute Dienste leisten, und schließlich sollen sie auch nicht wie der Hund leben, sieht doch besser aus unter uns Promis und man will auch ein „reines" Gewissen sich vorgaukeln können, wie edelmütig man doch ist.

Hunde: Im Vergleich zu Millionen Menschen die täglich hungern und verhungern, haben viele Hunde heute ein Leben das dem eines Götzen gleicht und mehr. Doch diese Hundehalter-Menschen schämen sich dieser Tatsache nicht, anscheinend fehlt ihnen ein gesunder Menschen- und Hundeverstand. Da stellt sich so mancher die Frage zu Recht; Gehirnwäsche oder ab in die ewigen Jagdgründe.

Aber die Leine nur so lockerlassen, dass keiner dieser Sklaven übermütig wird und einem den Rang streitig macht, denn selbst ist man ja auch nur ein Mensch, eine Niete vielleicht?

Mond-Zukunft Ade

Die Schere zwischen reich und arm läuft beängstigend auseinander. Was alles wird daraus entstehen, entstehen können, entstehen müssen, denkt denn (fast) keiner darüber nach, muss es wirklich erst so schlimm kommen, wie es kommen wird.

Werden wir alle gleichzeitig untergehen – wohl kaum.
Die Arche Noah aber wird es nicht wieder, geben.

Sie denken an ein Überleben auf dem Mond.
Was, Ihr Konto weist nur die lächerliche Summe in unterer neunstelliger Höhe aus.
Nein, dann sind Sie für eine Umsiedlung dorthin wirklich zu arm.
Obwohl, sehen wir es von der anderen Seite, Ihre Gene sind ja auch nicht die geeignetsten, das müssen Sie doch einfach einsehen und ihre Veranlagung in einem Team zu arbeiten, als irgend ein Glied der Kette, diese Veranlagung fehlt Ihnen leider auch.
Mondtauglich – nein, das sind Sie nicht!

Die Weichen für ein menschlicheres Zusammenleben mit echter Chance für eine Zukunft, diese Möglichkeit hätte nach Ansicht auch einiger meiner Freunde noch nach dem 2. Weltkrieg bestanden.
Zu diesem Zeitpunkt lag so manches, was davor im Verborgenen schlummerte, offen und erkennbar da.
Die Masse der Menschheit, nicht nur der Deutschen, war offen für eine neue, andere Welt.

Klar, mit den Köpfen von damals, die sicher auch damals zur schlimmsten Zeit selbst keinen Hunger hatten, solche Köpfe werden nicht daran denken, ein gerechteres Zusammenleben der Menschen zu schaffen.
Satte Bäuche, daraus kommt selten ein guter, edler Gedanke.

Doch sieht man sich das Grundgesetz der Bundesrepublik Deutschland an, kann man genug Ansätze für edle Motive entdecken. Gesetze, die in Richtung Demokratie führen sollten!

Nur, inzwischen ist daraus etwas anderes entstanden. Jeder der kann, biegt sich die Gesetze in die Richtung wie sie für seine Zwecke geeignet sind, und da auch dort Menschen wie du und ich (bitte nicht) tätig sind, kommt Entsprechendes dabei heraus. Und der Klüngel wird schlimmer, zunehmend schlimmer.

Grundgesetz *Artikel 14*
(1) Das Eigentum und das Erbrecht werden gewährleistet Inhalt und Schranken werden durch das Gesetz bestimmt.

(2) Eigentum verpflichtet. Sein Gebrauch soll zugleich dem Wohl der Allgemeinheit dienen.

(3) Eine Enteignung ist nur zum Wohle der Allgemeinheit zulässig. Sie darf nur durch Gesetz oder auf Grund eines Gesetzes erfolgen, das Art und das Ausmaß der Ent- schädigung regelt. usw.

Kaum einer, der an der Gesetzgebung und Einhaltung dieser tätig ist, tut etwas dafür, da man diese Einhält! Kann man da oben nicht lesen, oder will man den Inhalt nicht verstehen. Liegt doch die Vermutung mehr als nahe, dass man Mit/Täter ist oder gar selbst Schmarotzer dieses vom Grundrecht her nicht gewollten Systems!

Da stellt sich schnell die Frage, steht Absatz 1 nicht im krassen Widerspruch zu Absatz 2? Ich denke nicht. Hier haben die Beschließenden an wesentlich mehr Menschlichkeit, Gerechtigkeit geglaubt (gedacht), als die nachfolgenden „Generationen" dies bereit sind zu leben. Nur wer „hat", kann etwas geben!

Steht doch heute eigentlich für jeden klardenkenden Menschen fest, dass es so eigentlich nicht weitergehen wird, weitergehen kann.

Dazu braucht man kein Gelehrter sein.

Medien, gleich welcher Art, bringen einem solche Ansichten und Erkenntnisse fast täglich auf den Tisch.

Aber richtig, „wir" wissen ja doch alles besser. Wir, was sind wir eigentlich für eine Spezies?

Kurz gesagt: Jeder ist der Schönste und Größte. Jeder weiß immer alles besser, richtiger, ist der Klügste, der Schnellste, der Fleißigste – und was es da sonst noch für nennenswerte Eigenschaften gibt – einfach der Großartigste, auch wenn bei ihm einfach alles nur negativ ist. Nur die Eigenschaft der Menschlichkeit die fehlt, zumindest ist sie unterentwickelt bei den meisten, und das soziale Gewissen fehlt ganz.
Es gibt, und das ist unzweifelhaft, doch einige rühmliche Ausnahmen, die menschliches Verhalten zeigen, soweit man es zulässt.
Was wäre, was würde aus dem Menschen werden, würde man diese Fähigkeiten zu Besserem, die ja wohl (auch) in jedem von uns stecken, fördern und entwickeln.

Der eine bringt es mit seinem Geist zu etwas, beim anderen hilft kriminelles Handeln oder Brutalität weiter, nur Menschlichkeit die führt wohl nicht zu Reichtum.

Menschlichkeit entwickeln

Ja, man stelle sich vor, Menschlichkeit hätte man über Jahrhunderte, Jahrtausende gefördert – gar nicht auszudenken – das Paradies auf Erden für alle die sie bewohnenden Menschen.
Umwelt-Belastung, Ressourcen-Schonung und, und, das alles wären keine Fremdwörter, sondern Selbstverständlichkeit. Und Kriege und - wären unbekannt. Und alle könnten satt werden und wären wohlversorgt.
Es gäbe „Wohlstand" und Unterschiede in jeder Person, nur die Spanne wäre eine andere, eine „etwas" gerechtere.

Ich weiß, Sie, ja Sie haben nicht soviel Phantasie, sich eine solche Menschheit vorzustellen. Schade, ich weiß, Sie sind nicht so erzogen worden.

Ich habe genug Lebenserfahrung und weiß, um Anerkennung zu bekommen, um sich selbst zu beweisen, zu bestätigen, bringen viele Menschen Leistungen die sie nicht bezahlt, ja nicht einmal anerkannt bekommen. Also, ein Beweis, dass es anders durchaus möglich wäre.

Warum also wurde diese Richtung der Entwicklung des Menschen nie verfolgt?
Tatsache ist, der Schwache und der Starke, beide Schicksale hängen vom Glück ab.
Dazu steht einiges im Buche meines Lebens geschrieben.

Worin ich mich von der Masse unterscheide, ist das Denken, denken im globalen, menschlichen Rahmen in sehr sensibler Form, nicht in rein wirtschaftlicher.

Aus dieser Sicht sieht vieles anders aus.
So wehren sich die andern gegen meine Ansichten und wollen mir erst gar nicht zuhören, wenn ich tiefer in die Materie gehe.
„Warum soll ich mir darüber Gedanken machen? Oder: Das ist doch nicht meine Aufgabe", und, und – solche Antworten, die den Horizont des Sagenden verraten, bekomme ich dann zu hören.
Ich gebe zu, es ist manchmal leichter und oft einfacher, bequemer, ein Leben ohne viel Denken zu leben, zu führen.
Sich sogar Gedanken zu machen, über das Wie, Warum, Wieso, nein, das geht den meisten zu weit, „und sich gar um Dinge der anderen zu kümmern. Sind doch deren Sorgen, Ängste, Nöte und ...“!

Aber der Trend, die Zunahme derer die sich Gedanken darüber machen, nimmt zu.
Zu vieles, was ans Tageslicht kommt, widerspricht der Menschlichkeit, dazu muss man nicht global denken können, müssen. „Was heute dir passiert, kann morgen mich treffen oder einen meiner Lieben". Wer nicht ganz blind ist, sieht es.

Eine Erkenntnis, die mir immer wieder auffällt:
Man lehnt vehement meine Äußerung zu einer Sache, meine
Meinung ab, und sagt selbst im übernächsten Satz das gleiche –
anders verpackt. Merkt nicht einmal, dass man sich selbst
widerspricht.
Tatsache ist für mich, dass das eingeschränkte Denken derer – jede
im eingeschränkten Rahmen betrachtete Antwort - dann sogar
weitest gehend richtig ist.

Animale

Nur global gesehen bleibt alles auf der Stecke – und die Welt, die
Erde ist doch eine Einheit.
Sie zu betrachten, kann nur global erfolgen, und eine Lösung fürs
Überleben hätte es nur auf globaler Ebene gegeben.
Schwarz, rot, gelb, alles nur Farben, alles nur **Menschen so
unterschiedlich wie du** und ich.
Aber der Mensch muss vorne anstehen und nur der Mensch, nicht
wie bisher das Geld.

Ist der Mensch vielleicht doch kein Mensch?
In seinem Handeln und Tun bestehen da echte Zweifel, was die
Herkunft und Zukunft an geht.
**Ich kenne kein Tier, kein Lebewesen, das so sehr an seiner
eigenen Vernichtung arbeitet wie die Kreatur Mensch!**

Sie lehnen diese Worte natürlich rigoros ab, gehören also auch zu der
Masse die nicht denken will, denken kann oder zu denen, die sich
reich nennen.
Richtig, tot ist tot, ob arm oder reich, wo ist da der Unterschied?
Doch auch da gibt es ihn.
Aber sprach da nicht jemand davon „der Mensch unterscheide sich
vor allem durch sein Denken und Handeln von den anderen
Lebewesen"?
„Alles was zurzeit abläuft, beschleunigt die Vernichtung der Rasse
Mensch, da nutzt es auch wenig, wenn man ihn demnächst klonen
kann".

Das Einzige, wodurch der Mensch sich vom Tier
unterscheiden könnte, wenn er wolle, wäre die Vernunft.
(K. Hiller)

Das Ziel, eines Tages eine Maschine, einen Computer zu entwickeln, der menschliche Qualitäten hat, mag vielleicht Wirklichkeit werden. Nur, **sind diese Menschen wirklich so blöde – pardon – und glauben, diese Maschine würde neben sich die Niete Mensch weiterhin dulden –** wohl kaum? **Doch so blöd sind sie!**

Auch eine Erfahrung

Anfang der siebziger Jahre ging ich auf Grund einer Umschulungsmaßnahme nochmals zur „Schule", wie man so schön sagt, kam endlich zu einer „besseren" Schulausbildung.

Kurze Zeit vor dem Abschuss der staatlichen Prüfung wurden wir und eine parallellaufende Klasse eines anderen Berufszweiges zu einem Beratungsgespräch des dortigen Arbeitsamtes eingeladen.

Im Gegensatz zu unserer Klasse (Semester) sagte man diesen, es waren alles nur Herren: Es besteht leider für keinen von Ihnen die Aussicht, mit seinem „neuen Ausbildungstitel" einen Job zu finden. Die Enttäuschung der Kollegen war nicht nur groß.

Da fragte man sich nicht nur - und drei weitere Semester standen schon wieder hinter diesen: Was ist das für eine Gesellschaft, für ein Staat? Bildet Leute aus, die nicht gebraucht werden!
Verpulvert Geld ohne Grenzen, Geld, das diese Herren sich ja nicht vom Mund absparen müssen, was die dumme Masse ihnen bringt – nein, von denen sie es nehmen.

Nein, das Problem liegt doch viel tiefer.
Zeigte es vielen von uns doch klar, wessen Geistes Kinder wir als unsere Eliten bezeichnen.
„Eliten" in der Politik und „Eliten" in der Wirtschaft, für solche Nullen geben wir unser Geld aus.

Die meisten von uns wollen doch arbeiten, wollen nicht Geld geschenkt-bekommen, sondern eine Leistung dafür erbringen, eine Leistung die einen einigermaßen befriedigt.
Geld geschenkt bekommen oder zu unrecht erhalten, das wollen (vorwiegend) die Reichen und einige, viele, die an den Reichen sehen, dass sie Reichtum nicht durch harte Arbeit, Fleiß und Ehrlichkeit erreichen können. Reichtum den sie offensichtlich durch viele, viele unmenschliche Gegebenheiten und Gesetze erlangen können.

Doch dafür standen die Zeichen der Zeit falsch.

Klar angesagt, war die Masse der Arbeitskräfte der vergangenen Jahre, diese Masse wird in Zukunft nicht mehr benötigt.
Die rapide Zunahme der Automatisierung zeigte es doch klar.

N-Stadt machts möglich

Wir gingen beim Einkaufen durch N-stadt.
Wir, das war ein Kollege den ich in meine kleine Wohnung während unseres Studiums aufnahm, auch um Kosten zu sparen.
Nach Ende der Vorlesungsstunden gingen wir gelegentlich durch die Stadt ein wenig bummeln, um uns abzulenken, und so kamen wir auch häufiger nach N-Stadt.

In einer Vitrine war eine dieser neuen Rechenmaschinen ausgestellt, die man jetzt kaufen konnte, aber für mich viel zu teuer. Fast 600,00 DM! Nein, das ging nicht.
Drei Monate später war der Preis um über einhundert Mark gefallen, aber immer noch viel zu hoch.
Die Reduzierung ging weiter. Mit zunehmender Zeitverkürzung dauerte es nicht einmal ein Jahr, dass der Preis um über die Hälfte gefallen war.

Warum war das so?
Es kamen viele neue Modelle auf den Markt, kleiner, leistungsfähiger und preiswerter im Vergleich, und was ganz wichtig war: die Nachfrage, der Absatz.

Konnte doch ein so kleines Ding einem und erst recht einem, der schwach im Rechnen war, erhebliche Arbeit abnehmen.

Dazu fiel mir die Tatsache mit den Wasserwerken ein, die wir umgestellt hatten, modernisieren um Geld zu sparen. Sie wurden modernisiert, wie man heute sagt.
Richtig, man gibt etwas Geld aus und bekommt mehr dafür zurück – mit der Zeit.
Toll, - eine Maschine zum reichwerden.
Nur was passiert mit denen für die keine Arbeit mehr vorhanden ist?
Sollen sie verhungern, will man sie der Euthanasie zuführen?

Die Antworten im Kollegenkreis fielen vielseitig aus: Hängen blieben die meisten bei der Meinung einer Maschinensteuer oder so ähnlich, und die Reichen müssten Federn lassen, nur so, anders ginge es nicht mehr.
Und wie sieht es heute aus, wie und was hat die Politik bisher getan?

Eines aber war jedem klar, wenn es so weiter ginge wie in den letzten Jahren – und es wird so weiter gehen – müsste der Rest der Deutschen, der Rest der Bevölkerung auf die Straße gehen und sich ihren Teil holen.
Ich finde zu Recht, „ihren Teil holen", denn auf Fleiß und Können ist ein solch großer Unterschied an Besitz, an Reichtum nicht zurück-zuführen. Nie zurückzuführen gewesen. Dieser Reichtum, der eines jeden Einzelnen, trägt ohne jeden Zweifel zur immer schneller werdenden Zerstörung und Vernichtung des Lebensraumes der Menschheit bei.

Wie sagt ein Sprichwort. *„ Wer nicht hören will, muss fühlen".* Aber, fühlen müssen nur, die Armen!

Unterschiede / Glück

Sicher, Unterschiede muss es geben aber sooo große?? - Wo bleibt die Gerechtigkeit.

Wo bleibt: *Vor dem Gesetz sind alle gleich?*

Will man uns mit diesem Gesetz, heute etwa vera....en oder beruhigen?

Wer will objektiv gesehen diese gravierenden Unterschiede rechtfertigen?
Gebraucht wird auf dieser - nein in Wirklichkeit gibt es schon lange zuviel Menschen auf der Erde - also, benötigt wird für jede Arbeit die verrichtet werden muss, eine Arbeitskraft oder in Zukunft einen, Automat, der viele Personen ersetzt?
Aber wer will die vorhandenen Menschen ...? Nein es muss doch eine Lösung geben, die alle befriedigen kann.
Gäbe es auch, wenn man wollte, oder jemand kommt der den Mut hat zu kämpfen für mehr Gerechtigkeit.
Gerechtigkeit, die mit einer Annäherung der Einkommen anfangen muss.
Nur so wäre es möglich – gewesen - alles in geordnetere Bahnen zu lenken.

Ihnen fehlt die Vorstellungskraft dazu, schade!
Schade: aber glauben Sie, Sie sind vielleicht nur zu bequem sich eine bessere Welt vorzustellen, haben Angst, „Ihnen" könnte etwas vom Butterbrot genommen werden. Aber diese Angst kann ich Ihnen nehmen, es kommt weder das eine noch das andere, und schlechter ginge es Ihnen auch dann nicht, wenn es anders würde.

Wer von diesen Herren glaubt wirklich, dass er das Hundertfache, das Tausendfache mehr wert ist als sein Nachbar. Da nutzt auch die andere Automarke nichts, die er fährt.
Keiner, denn niemand kann seine Herkunft, seine Eltern, seine Gene selbst bestimmen. Jeder bekommt bei seiner Geburt mit, was die Natur ihm gibt, wenigstens bisher.
Einzig und allein entscheidend ist das Glück.

Da gibt es kein Hin und kein Her, das ist millionenfach bewiesen.
Ich will nicht die anderen edlen Tugenden und Eigenschaften bei Seite stellen, nein die sind auf jeden Fall wichtig und richtig.
Nur wenn man kein Glück hat, nützen auch die besten Tugenden, die besten Eigenschaften und Voraussetzungen nichts.

133

Wenn dem so ist, wäre es dann nicht längst an der Zeit gewesen, umzudenken, Reformen vorzunehmen?

Nackt wird jeder geboren und mitnehmen, realistisch gesehen, tut auch niemand etwas.
Wie wäre es dann nicht wichtig, einmal ernsthaft darüber nachzudenken, dass das während eines Lebens Erworbene hierzulassen, der Allgemeinheit, von der man es erworben oder genommen hat, wieder zurückzugeben?
Wenn schon nicht ganz, dann zumindest zum Teil.
Wer, von den unendlich, Reichen kann schon mit seiner Habe wirklich etwas Sinnvolles anfangen?
Wer kann auf 100 Stühlen oder Sesseln gleichzeitig sitzen?
Wer in 8 Booten gleichzeitig fahren?
Wer mit 34 Autos gleichzeitig kutschieren? Und die Flugzeuge und Häuser, die sie zur angeblichen Eigennutzung haben!

Wie menschenverachtend müssen erst die Menschen sein, die es zulassen, die Gesetze dafür beschließen und die Richter, die dagegen nicht Einspruch einlegen!
Nein, Achtung vor diesen Menschen, wer kann sie schon haben?
Und trotzdem – sie werden zum Teil noch vergöttert von Menschen, die anscheinend etwas von ihrem Wesen haben müssen, haben möchten!

Aber vergessen Sie nicht die „Reichen" am Rande unserer Gesellschaft, die, die so tun, als gehören sie nicht zu den Reichen, die eigentlich Vorbild sein müssten. Sie wissen nicht, wen ich damit meine? Welche Institutionen dafür da anstehen?

Schwarz, ich sehe schwarz

Auch hier habe ich im Buch meines Lebens eigene Erfahrungen stehen.

Schwarze Zunft - es gibt mehrere Schwarze Zünfte

Die drei größten,
    Kirche,
    CDU,
    Schornsteinfeger.

,
Die Reihenfolge wollen sie bitte selbst wählen.

Schwarz; da sagt schon die Farbe einiges zu.

Vor Gott sind alle gleich.
(Schade, wenn nur vor ihm)

Aber: Artikel 3 der Grundrechte der Bundesrepublik Deutschland
legt im Satz 1 noch eins drauf, denn dasteht:
Alle Menschen sind vor dem Gesetz gleich.

Da sollte man eigentlich von einer gerecht/er/en Gesellschaft
ausgehen dürfen – von einem Leben in einem „Paradies" – nicht nur
für einige.
Und bei der „vielen" und hoch entwickelten Intelligenz eigentlich
doch kein Problem?!

Da steht bei mir im Tagebuch, Anfang der 1960ziger Jahre, wiederholte Male geschrieben: Neubau für rk. (röm.-katholische) Kirche.

Worum es sich bei diesen Häusern handelte, die im gehobenen
Einfamilienhausstil errichtet wurden und so geräumig waren, dass
gut und gerne zwei Familien hätten darin wohnen können.
Diese Wohnungen, Verzeihung Häuser, Paläste sollten von gerade
einem Pfarrer - einer Person - bewohnt werden.
Eines dieser Häuser entsprach dem Stil nach einer Villa, die wir in
meiner Lehrzeit als Hochzeitsgeschenk für einen dieser Reichen, für
seine Tochter erstellten.

Natürlich müssen und sollen auch diese Herren ordentlich und
menschenwürdig untergebracht werden, aber ....
Und das Eigentliche an dieser Geschichte: Diese Häuser, so wurde
mir glaubhaft versichert, werden für bestimmte Pfarrer gebaut.

135

Genau gesagt, einer war von der Familie X, die ein großes Kaufhaus, eine sogenannte Kette, hatten, und beim nächsten, war es die Familie des Unternehmen Y und so weiter.
Und die vielen kleinen Pfarrer die aus einfachen Familien kamen, wer finanzierte denen ihre Bleibe? Wer sorgte für deren Wohlstand und Glück? Gehörten sie nicht diesem christlichen Verein an, den man Kirche nennt, oder ist unter christlich etwas anderes zu verstehen als unter Kirche?
Ist christlich und reich, etwas anderes als christlich und arm??
Und was ist kirchen-christlich???
Katholisch, evangelisch, und, und, und.
Leider ist es so!

Mit dem einen habe ich einige Male Gespräche über seinen (kath.) Glauben geführt: Überzeugen konnte er mich aber nicht, wie wollte er dies auch bei meiner Einstellung zur Menschheit, zur Kirche, zum Zölibat, zum Ablass und, und, und.

Der nächste schwarze Verein:

Schornsteinfeger

Ein Verein unter staatlicher Aufsicht!

Nicht besser und vielleicht auch nicht schlechter als andere Vereine. Wie sollte er auch.

Als Zeitzeuge könnte ich hier eine etwas längere Geschichte über Amtsanmaßung, Betrug und Missbrauch erzählen, die sich dank meiner Initiative dann zu einem Teil löste, und für die Betroffenen, in meinem Verantwortungsbereich, zum guten Ende führte, nach dem ich deswegen bei einem „Ausnahme"-Minister intervenierte, und dieser die ganze Meute zurückrief.
Bezahlt hat er darauf mit der Stellung in seinem Amt. Demokratisch und gesetzesgemäß. Wie sonst!

Und es gäbe Weiteres in dieser Richtung von diesem „Verein" zu berichten, wobei Richter und Rechtsanwälte das Spiegelbild dieser

Gesellschaft mit ihrer Denkweise und Gedankenrichtung, sehr eindeutig wiedergeben.
Von demokratischem Denken und Handeln ist da kaum die Rede – und so schüren sie die Verdrossenheit gegen diesen Staat, gegen diese Demokratie/n von Tag zu Tag mehr, und sie sind nicht im Stande oder zu bequem, sich vorzustellen, was alles daraus entstehen kann und wird.

C D U

War dieses Kürzel von den Urvätern einmal ernst gemeint (?!) so ist doch das „C " in den Jahren nach 65 immer weiter verk– pardon, heruntergekommen und heute nicht mehr wert als – bestenfalls - die Bezeichnung für einen mittelmäßigen Gegenstand oder sonst etwas.

Christlich, da bin ich mir sicher, damit wissen die meisten dieser Partei so recht nichts mehr anzufangen oder haben ein gespaltenes Verhältnis dazu, wie bei den anderen, den Braunen, pardon, Schwarzen, Roten, Gelben oder auch.

Das Wort "christlich" ist leider für viele nur eine Alibifunktion, ein Lockmittel, ein reiner Werbeslogan, mehr nicht und nicht weniger. Aber er zieht!
Nicht so viel wert wie das Papier auf dem es steht.
So stellt sich diese Partei für viele in den letzten Jahrzehnten des zu Ende gehenden 2 ten Jahrtausends da.

Ich möchte ihre Gefühle nicht verletzen, aber stellen Sie sich bitte einmal vor, die K`s hätten zu Adolfs-Zeiten gelebt, wirken können und dürfen.
Jetzt handeln sie ja im Namen der "Demokratie",
die Ergebnisse aber ähneln sich sehr – wenn man sehen
und erkennen will.
Sie sind dem demokratischen Weg, den man versucht
hat einzuschlagen, nicht gefolgt!
(R.S.)

Und stellen Sie sich bitte vor, Sie und Sie, gehörten nicht zu den Gewinnern in unserer ..., nein sie gehörten zur damaligen, unteren Gesellschaftsschicht?

Es war ein Leichtes, damals jede Schweinerei zu begehen, wenn man oben saß und wollte oder angesehener Mitläufer war, und heute?! Heute sollen wir glauben, dass solche Dinge wie sie die K's uns gebracht haben, nicht mehr möglich sind.
Geglaubt, aber mehr nicht, und glauben heißt nicht wissen.
Die Verantwortung trägt doch wohl zweifelsohne die Politik, die ausführenden Stellen, Behörden, Institutionen, die dafür zuständig ist, sind, wären, nur kennen sie anscheinend das Recht nach dem sie handeln und urteilen sollen, sehr schlecht oder legen es sich bedarfsgerecht zurecht.

Auch schwarz

Bei der Farbe schwarz fällt mir noch ein, dass eine Anzahl Autos in schwarz gekauft werden.
Eigentlich nichts Ungewöhnliches, aber schauen wir mal genauer hin.
Schwarze Autos gibt es vorwiegend mit dem Stern, den viertel Kreis/en aus Bayern, und den Ringen.
Eigenartig, vorwiegen alles teure Autos.
Alle gekauft von ein und der fast selben Schicht, den Nachmachern? Der gleichen Gesinnung?
Alles Geld, das z. T. oder alles einem die Sklaven verdient haben.
Und weil es heute IN ist, auf Kosten anderer zu leben, und andere für sich arbeiten lässt, weil man sonst nicht zur gehobenen Schicht sich gezählt sieht. Aus diesem Grunde werden auch popelige Kleinwagen, die die Masse sich leisten kann, in der Farbe schwarz ver- und gekauft. Werbung ist schließlich alles!

Protestieren Sie ruhig, fragen Sie sich mal ehrlich, ob und wie- viel „Sie", ja „Sie" wirklich wert sind.
Klar, wenn Sie sich mit denen vergleichen, denen man alles und mehr hinten hineinschiebt, oder sie sich auf gesetzlicher oder ungesetzlicher Basis ergaunern - verdienen Sie erbärmlich wenig.

Selbst als absolute Niete – pardon, für mich gibt es keine Nieten, für mich sind alles Menschen, die ihre Fähigkeiten doch wohl zum größten Teil geerbt haben – zumindest die Veranlagungen dazu haben – oder nicht.

Vergleichen Sie sich bitte nicht mit einem Boss von diesem Stern oder einem GOLDENEN Kalb, wie sie sich unsere Gesellschaft heute zu Hauf leistet.
Ehrlich, Sie wären einer der wirklich Großen, würde ihre Eigenbewertung entsprechend fair ausfallen.

Vergleichen Sie sich dann mit dem, was heute einer der 11 % Deutschen hat, die man zu den Armen zählt. Und ich kenne sehr fähige Leute darunter, vor allem solche die Menschen sind.
Wo stehen Sie da? Wo wäre Ihre ehrliche Stelle?

Reicht Ihnen auch dieses nicht, schlage ich Ihnen vor, sich mit den Armen der Dritten-Welt zu vergleichen, zu messen. Oder wollen Sie etwa – Sie sind doch nicht gar auch einer der Fremde hasst? Der sich Sklaven hält?
„Wo stehen Sie dann auf der unendlich langen Werteskala"??
Werteskala, ich meine natürlich Einkommens- oder Besitz-Skala.
Kommen Sie bitte nicht mit dem Argument – und Sie (ich)?

Keine Angst, so wenig ich Ihnen und mir ein solches Leben wünsche, so wenig bin ich in meinem Herzen gewillt dieses schreckliche Los anderen zu gönnen.

Dass ich wenig (nichts) ändern kann, weiß ich, das Buch soll auch nur ein Aufschrei meines Gewissens sein und derjenigen, die wie ich fühlen und denken, die nicht die Kraft und den Mut haben, unserer Gesellschaft ihre Gedanken mitzuteilen.

Aber machen Sie ruhig weiter, es ändert sich doch nichts, aber die Erkenntnis wird Ihr Leben vielleicht ein wenig beeinflussen. Sie bekommen eine andere Einstellung zu dieser, unserer, Ihrer Gesellschaft.
Vielleicht sehen auch Sie ein, dass die jetzige Politik, die sich "Demokratie" nennt, ins Aus führt – „in,
Hundert Jahre oder Morgen „!

Menschenwürdiges Leben, UN0 / UNESCO

Um es klar zu sagen, ich verdiente zu dieser Zeit außergewöhnlich gut, bekam Leistungsprämien und alles Mgliche für harten Einsatz und herausragende Leistungen, Erfolge.
War mit meinem Leben durchaus zufrieden, oder?
Hatte alles erreicht was ich mir wünschte!?
Reich aber war ich im Sinne von Geld nicht. Aber es reichte mir für ein sorgenfreies Leben, durchaus aus - wenn alles nach Plan weiterlief!

So oder ähnlich, dass müsste - und wäre - doch für jeden Menschen ein lebenswertes Leben sein!
Jung, gesund und ein wenig Wohlstand – was will, was braucht man mehr!

(R.S.)

Aber wie erging es den vielen anderen, die, mit denen ihr Schicksal anderes vorhatte, die nicht „soviel" Glück in ihrem Leben hatten. Haben die nicht wenigsten ein Anrecht auf ein menschenwürdiges Leben?

Menschenwürdig, wie es ihnen die meisten Demokratien versprechen?!

Sie hatten anscheinend niemanden der für sie sprach, das was die Öffentlichkeit tat und tut, tut sie, um sich größeren Ärger und Unbequemlichkeiten vom Halse zu schaffen, und leider steht ja auch noch etwas in den Paragraphen, die man nicht ganz übergehen kann. Besser wäre es natürlich, man könnte sich dieses Packs entledigen – oberflächlich gesehen.

Doch halt, wer würde die Drecksarbeiten machen, wer für den Konsum sorgen, den man für den Absatz seiner Produkte benötigt, um seinen Wohlstand zu sichern?
Wer den Mist konsumieren, den eigentlich keiner richtig benötigt und der nur den Geist weiter verblöden lässt, der animieren soll zum Kaufen, was man eigentlich nicht benötigt.

140

Wie wir uns auch drehen und wenden, das Ergebnis ist immer das gleiche oder läuft aufs selbe hinaus.

Dass man sich zusammenschließen muss, hat eigentlich eine Anzahl der sogenannten Großen der Erde begriffen – wenn auch aus anderen Gründen, mit anderem Zielen.
Wie sonst wären die UNO und die anderen Welt-Organisationen entstanden.
Hätte man sie nicht gegründet, wer weiß?

Auch keiner der Reichen und kleinen "Großen-Tiere" kann vor Kriegen und Seuchen, wenn es denn sein soll, muss, weglaufen.

Will man einigermaßen seinen Reichtum genießen, braucht man zumindest "Frieden", zumindest dort, wo man lebt - und Reiche leben heute auf allen Kontinenten - und ein ebenso einigermaßen geordnetes Gesundheitssystem.

Denen, die es aus Überzeugung oder anderen menschlichen Motiven wirklich tun, denen sei wirklich meine Achtung ausgesprochen und keiner, der sich hier nicht erwähnt sieht, sollte sich vergessen fühlen.

Und der Klüngel geht auch hier weiter, auch diese Organisationen wirtschaften und handeln z.T. so weiter wie üblich. Im Sinne der Menschheit? - Unmenschlich!
.
Nein, der Mensch taugt wenig, zumindest nicht die Masse, auch wenn hiervon die Masse nur Mitläufer sind. - Wie im dritten Reich!
Ihr sei vorgeworfen das Nichtstun. Sie kennt ihre Schwächen und wird jede einmal erreichte Position oder Vorteil mit jedem Mittel verteidigen. Andere machen´s ihr ja vor.
Warum dann sollte ausgerechnet sie anfangen, die Welt, die Menschen zu ändern.
Eine Frage, die mehr als berechtigt ist, auch wenn sie nicht sein dürfte.
Die Änderung hätte durch die Politik kommen müssen, die Rechtsprechung, durch die Wirtschaft – nicht die freie Marktwirtschaft – oder auch?

Wer von uns erinnert sich nicht an die vielen leeren Versprechen der Politiker in den Wahlkämpfen - an der Ruhr.
Einer meiner Bekannten im Ruhrgebiet hat schon in den 60ziger, 70ziger Jahren immer gesagt; den Kumpeln – und die meisten von ihnen waren solche und wählten wirklich „rot"- kannst du (hier SPD) versprechen was du willst, kannst ihn schlagen oder in den Arsch treten, er wählt nächstes Mal doch wieder „rot".
So ist es bei allen anderen Parteien auch!
Das nutzt jede Partei schamlos aus – alle – und nicht nur Parteien!

Privatsphäre

Unser nächstes Treffen stand unter dem Zeichen „in Zukunft nach Möglichkeit privates, soweit möglich, nicht mehr anzusprechen". Aber jeder von uns musste zugeben, einfach würde dies nicht und oft wäre es sogar unmöglich.

Wir beschränkten an diesem Tag unser Tun auf eine Tour über den See, bestellten aber aus dem nahen Restaurant ein gemeinsames leichtes Mahl für den Abend.

In der verbleibenden Zeit von ca 1. Stunde, bis unser Essen geliefert wurde, genossen wir den See und alles drum herum in vollen Zügen. Auch hier konnte ich die persönlichen Unterschiede, die uns alle betrafen, feststellen.
Vieles was einem, geschulten, nein, einem Auge, das es sehen wollte, sah, sahen die anderen nicht – wie immer im Leben. Man musste es ihnen zeigen.

Und auch hier muss ich einwenden, sehen tun wir mit den Augen was vor uns ist, rein sichtbar. Aber in etwas hineinsehen, aus dem Unsichtbaren hindurchsehen, dazu gehört ein entwickelter Sinn, der mehr sieht, als die Optik uns zeigt.

Natur, das ist für mich nicht nur so irgendwas. Natur, das ist für mich das Größte auf der Welt. Was schon ist dagegen der Mensch, und wie armselig ist das, was er schaffen kann.

Ich gebe zu, die meisten von uns meinen und sehen es anders, aber sie sehen dies doch ein wenig aus der ihnen eigenen Sicht, von der zu einfachen Seite aus.

Vorbild für alles ist und bleibt die Natur! Doch wer hat die Stärke und gibt dies auch noch zu in einer Gesellschaft von Übermenschen? Und was ist mit den Menschen, die vor vielen Jahren lebten. Die zu Beginn unserer Zeitrechnung und die davor. Was ist mit deren Leistungen?

Sehen wir uns Pyramiden, Höhlenmalereien und, und, und an. Vor manchem muss man mehr als den Hut ziehen. Dinge, die wir heute kaum noch begreifen können und erst gar nicht nachbauen könnten – mit deren Hilfsmitteln.

Die Masse der Menschen – vielleicht auch alle – braucht einen festen Halt. Etwas, an das sie sich klammern können, ohne selbst Beispiel sein zu müssen.

Aus diesem Grunde laufen sie dem nach, und glauben sie an das, was Politiker oder andere Scharlatane ihnen sagen.

Die Moral auf dieser Welt geht immer mehr zu Grunde, und das Ende dieser Geschichte?

Beängstigend, was hier die letzten 30 Jahre meines Lebens schon ans Tageslicht gefördert haben, was ich voraus gedacht, gesehen habe – und viel schlimmer und schrecklicher das, was auf uns, die Menschheit zu kommt…

> *Der Mensch ist,*
> *ich gesteh` es euch,*
> *ein böses Lebewesen.*
> (Molièr, Tartiffe)

Amerikanische Verkaufsmethoden

Zu einer Spezial-Schulung war ich als damals Selbständiger bei einem Seminar, das in der Schweiz von einer dieser Spezialunternehmen abgehalten wurde, eingeladen.

Ein herrlicher Schulungsort in einem eben so herrlichen Hotel-Gebäude über dem Züricher See gelegen.

143

Alles was ich von dort in Erinnerung habe, außer dem guten Essen, ist die Tatsache, dass man schon damals dort versuchte, die Schulung auf der Dummheit der Masse aufzubauen.
Ich widersprach und musste darunter leiden, doch daran war ich lange gewohnt.
Heute, nein besser und genauer gesagt, es gibt in steigender Anzahl eine Reihe von Zeitgenossen, die dieses Unwissen und die Leichtgläubigkeit vieler immer mehr schamlos ausnutzen und zum Ziel haben.
Die, die sich groß nennen, deren Größe beruht z. T. auf der Dummheit und Leichtgläubigkeit vieler Kleiner. Und:
Auf der Unwissenheit, Bequemlichkeit, Faulheit, Feigheit, Hoffnungslosigkeit und, und, und.
Und was tut der Staat dagegen?! Nichts, dort sitzen Menschen, leider oder Gott sei Dank, mit eben solchen Erbanlagen wie bei allen von uns.
Nur leider handeln sie nicht immer nach den Gesetzen (auch dem Grundgesetz) geben zwar vor, dies zu tun, und schützen sich hinter dem Schild, das da heißt Gerechtigkeit, die es nicht gibt. Dafür nutzen sie das ganze Spektrum der Macht, die sie glauben zu haben, für sich aus.

Haben Sie sich einmal gefragt, wofür Werbung gut ist, welchen Zwecken sie dient?
Haben Sie sich mal gefragt wie viel Sie jährlich für Werbung ausgeben? Oder glauben Sie vielleicht, die Werbekosten zahle das Unternehmen selbst, Sie sind doch nicht etwa so naiv?
Die Systeme, in denen wir lebten und leben, haben dadurch auch nicht einen Arbeitsplatz mehr geschaffen (als möglich), auch nicht, wenn es für Sie so aussieht. Alles Schwindel von und für die Wohlhabenden zu Lasten unserer Erde.
Werbung in der jetzigen Form wäre in einer menschlichen Welt ein vollkommen überflüssiger Zweig der Wirtschaft. So versaut bräuchte die Masse eigentlich nicht zu sein, wie sie durch die Werbung als Mitverursacher wird und ist.

Ob UNO, UNESCO oder welche erdumspannende Organisation es auch immer ist, die edlen Motive sind alle nur Vorwand um den Reichen ihren Wohlstand zu sichern. Und es sind auch arme Irre, die diese „Vereine" für wenig Entlohnung leiten und da glauben damit etwas für die Menschheit zu tun.

Der Gedanke, der vorrangig sein sollte, für die Masse aller Menschen dazusein und zu wirken, ist reine Heuchelei und mag nur bei einigen wenigen vorhanden sein!
Alles was von Regierungen, Religionen, Vereinen, Firmen und ... getan wird, wird nur für das eigene Wohl getan, ja häufig sogar gegen den Rest und zum Schaden – bis hin zum Tod - der Bevölkerung.

Und auch Sie kennen mit Sicherheit Fälle, bei denen Ihnen solche Handlungen bekannt geworden sind.
Aber kennen Sie - Hand aufs Herz - wirklich einen „Verein", der nicht irgendwo jemanden hat, der diesen Verein für seine Zwecke ausnutzt?

Und Sie heißen es richtig? Warum? Sind Sie zu feige, fehlt Ihnen der Mut für mehr Menschlichkeit zu kämpfen? Oder meinen Sie, Sie allein erreichen doch nichts?
Oder gehören Sie etwa dieser feinen Gesellschaft selbst an?
Fein? Mit soviel Dreck am Stecken kann keiner mehr fein sein.

Haben Sie sich mal den Luxus erlaubt und vielleicht über einen „edlen Sponsor" nachgedacht, der sich mal wieder einen großen Namen gemacht hat? Nein?
Der Betrag, die Summe, die er spendet, kommt ganz allein von anderen.
Vielleicht haben sogar Sie persönlich daran mitgearbeitet, ihren Schweiß, Ihre Knochen, Ihre Kraft, ihr … geopfert.
Vielleicht aber ist es auch nur Schwarzgeld, das er am Fiskus vorbei geschleust hat, also den Staat und Sie, uns, betrogen hat.
Eines aber ist bestimmt sicher, dieses Geld ist nicht auf seinem eigenen Mist gewachsen, irgend jemand hat irgendwann dafür zahlen müssen, oder wenn es ihnen besser gefällt, mitgezahlt.
Mitgezahlt mit jedem Stück, jeder Leistung, die dieses Unternehmen anderen gegenüber, berechnete, zu überhöhten Preisen.
Nehmen wir zum Beispiel eine Bank, eine Kasse oder jedes X beliebige Unternehmen:

Es wird so viel Geld eingenommen, dass man sich vielleicht doch ein wenig schämt, alles unter sich selbst zu verteilen.

Da man Sie als für dieses Unternehmen Arbeitenden, als Sklaven und als solchen behalten will, löst man den Fall anders.

Um sein Gewissen zu erleichtern, spendet man für irgend welche Zwecke ein wenig davon für eine Sache, von der man hofft, sie bringe einem weiteren Zuwachs durch Bindung an dieses Unternehmen.

Oder man sponsert, irgendeinen Verein, aber alles mit dem Hintergrundgedanken diesen Betrag um ein Vielfaches wieder zurückzubekommen.

Alles nur für den eigenen Nutzen, nicht um ihnen irgendetwas zu ersparen.

Nein, Sie als „Kleiner" zahlen die Zeche für die Großen, und man hält Sie für so dumm, dass Sie es nicht bemerken!

Und sehen wir zur anderen Seite, zur Politik: Da gehen Gelder in die Entwicklungshilfe ..., und das Ergebnis?!

Was fehlt, ist eben der große Führer, der, der weiß, was Gerechtigkeit global gesehen ist und sie ausübt.

Nur diesen großen Führer wird es nicht geben – ein Balanceakt, der kaum zu schaffen war und ist.

Jetzt schon gar nicht mehr!

Die Großen leben von den Kleinen aber
Die Kleinen leben für die Großen.
Ohne die Kleinen gäbe es keine Großen.
Der Kleine schämt sich anscheinend, dass es so ist!
Der Große will es nicht wahrhaben, dass er
Ausbeuter ist!
Keiner aber begreift, dass er so an der Zerstörung
Der Demokratie und der Vernichtung der
Menschheit beiträgt.

(R.S.)

Die größte Rolle – Glück

Jeder und jede von uns kommt auf die Welt wie die Natur es zulässt
– bisher auf jeden Fall noch.
Jede/r möchte schön sein, jeder klug und mit allen Vorzügen
ausgestattet sein, die man benötigt, um an die Spitze zu kommen
oder sich ein Leben leisten zu können, wie viele meinen, das man es
sich wünschen müsste.

So beginnt bereits bei der Geburt, wenn die Uhr des Lebens anfängt
abzulaufen, bei der Tatsache, in welche Familie man hineingeboren
wird, das Glück.
Arm oder Reich entscheidet über mehr als viel.
Was dann der Eine oder die Andere aus diesen Startbedingungen
macht, hängt wiederum vom Glück ab.

Das Glück spielt die größte Rolle im Leben - auch beim Schmieren,
Bestechen und allen Schweinereien die das menschliche Hirn sich
ausdenkt, und es kann einiges.

Warum, so frage ich mich, hat nie jemand in den letzten Jahrzehnten
und zuvor - eine andere Lebensform versucht als die Demokratie?
Mag dahinter die Tatsache stecken, dass fast jeder seine Schwächen
und Schwachpunkte hat und diese mit vermeintlicher Größe
überspielt?

Ansatz für eine Lösung - die Demokratie, als letztes Modell?!

Sie sagen: Diktatur? Kommunismus? Kaiserreiche oder
Königreiche?
Klappt nicht, da wo nur ein Einziger das Sagen hat, geht´s daneben!
Stimmt leider – nicht – nur?

Also startete man die Demokratie. Und war voller Hoffnung und
guten Glaubens, aber!

Wie alle Zusammen/Lebensformen hat auch diese, gute und schlechte Seiten.
Und wie bei allen anderen Formen verschlechtert sich diese Art von Jahr zu Jahr, weil der Mensch, der von und in ihr lebt, seine Gedanken/Weisen und Gut nicht ändert, sondern auch aus der Demokratie einen Wohlgefälligkeitshaufen, einen Selbstbedienungsladen für mächtige Interessengruppen macht, mit Duldung aller der Demokratie dienenden und verpflichteten Personen.

Ist es nicht so, die meisten Positionen werden von und sind mit Personen besetzt, die fehl am Platze sind, vorsichtig gesagt, sie sind „wirtschaftlich" gesehen nicht für diesen Posten geeignet. Dass sich eine solche Person „krampfhaft an diesem Stuhl klammert, ist nur mit der miserablen Einstellung und Verteilung in unserer Gesellschaft zu verstehen. Dabei sind es Menschen wie jeder andere auch. Nicht unbedingt schlechter, aber auch eben nicht besser und nicht gut genug für eben „diesen" Job, das gilt leider bis ganz oben hin, sonst gäbe es diesen Schlamassel nicht.
Und ihr Verdienst?
Alle (fast) sehen nach oben hin. Sehen, wie leicht und ohne große Arbeit – dazu noch ohne das nötige Wissen, den Verstand – man reich werden kann, und die zunehmende Mehrheit versucht, auf der, ihr möglichen Art, ihren Anteil vom Kuchen zu erhaschen. Ob rechtens oder nicht!

> Das Ende vom Lied wird eines Tages in einer Fast/Zerfleischung
> unter- und miteinander ausarten, das ist ziemlich sicher.
> Das ist zu mindest eine Lösungsmöglichkeit –von vielen - des Endes.
> (R.S.)

Wer also heute noch sagt und meint, die Demokratie sei die Lösung, das Modell des Zusammenlebens der Menschheit, der irrt nicht nur, dem fehlen fundierte Kenntnisse über die Menschen oder .... er ist einer der von und durch „diese" Demokratie seinen Nutzen zieht und hat!
Eine andere Gruppe gibt es nicht!!!

Mit Demokratie, wie sie gemeint war, hat das aber ebenso wenig zu tun wie der gelebte Kommunismus oder andere Formen.
War da nicht so etwas wie Kommunismus und Jesus, oder Jesus und Kommunismus oder so? Nur der, der meinte den reinen Kommunismus, die reine Form, nicht so wie sie die Menschen leben und lebten.

Man zeigt sich so sehr modern, aufgeschlossen und zukunfts-orientiert, nur die Wirklichkeit sieht anders aus, sehr anders.
Die Demokratie – so wie sie gelebt wird - ist an allen Übeln die es gibt, Schuld oder zumindest der Verursacher für diese Übel.
Stellen sie sich einmal vor, es gäbe einen „hohen" Richter, der nach Grundrecht und Ordnung urteilen würde? Nicht auszudenken.

> Unsere „Eliten" sind die Nieten, der wuchernde Krebs der Demokratie.
> Obwohl sie wissen, führen sie die Menschen der Demokratie bewusst dem Abgrund zu.
> (R.S.)

Was anzustreben von Nöten wäre, man legt die Gesetze entsprechend von Menschen gemacht fest; denn bis hierhin zeigt er noch edle Motive.
Danach werden diese in einem Rechner verwaltet.
Bei Entscheidungen haben der Rechner und der Mensch mit je 49 % Anteilen das Patt in der Hand.
Wer den entscheidenden Rest von 2 % ausmacht, dazu fehlt mir bis heute die Antwort.
Ich will hier auch nicht spekulieren, ich als kleines Würstchen soll ausgerechnet unseren „Eliten" (Nieten) aufzeigen, wies gemacht werden könnte. Wer aber schützt mich dann vor der Masse der „Eliten", die dieses nicht wollen.
Aber ohne Mehrheit – im Extremfall - keine Lösung, deshalb dürfte über die verbleibenden 2 % nur jemand entscheiden, der rein zukunftsorientiert handelt, und dabei meine ich die Zukunft der gesamten Menschheit und nicht den Wohlstand der Reichen.

Von einem, der es besonders gut mit mir meinte, habe ich mal einen Zettel auf dem Schreibtisch gehabt, darauf stand,

„Es ist eher möglich, einen neuen Menschen zu
Schaffen, als den vorhandenen zu ändern".

Ich bin schon gespannt, welche Sorte „Mäuse"
man mal genetisch züchten wird.

(R: S.)

Eine Lebenserfahrung, die stimmt, so zumindest war es bisher so und
wird es bleiben.
Statt bergauf wählte man bergab, und darin ist man gut. Bringt
ständig neue Leistungen auf Grund seiner begrenzten Phantasie
hervor. Und anders herum hätte es nicht gehen sollen? Ich finde, es
klingt nicht nur wie ein schlechter Scherz!

Sie wissen nicht, was damit gemeint ist?? Ich meine einzig und allein
eine andere Lebensform für das Zusammenleben der gesamten Rasse
Mensch auf diesem Globus!!!
Eine menschliche und menschenwürdige Form mit gleichem Recht
für alle.
Aber das steht schon irgendwo!

Dass dies so ist, ist mir schon immer klar, ich meine dennoch ....!
Wenn man wollte, es zuließe, es ginge auch anders, davon bin ich
überzeugt.
Die Demokratie wäre dafür genau die richtige Voraussetzung
gewesen, aber ...!

Wer dieses schaffte, eine Gruppe „radikal-humaner", sich den
Gesetzen voll unterwerfender Führer mit der Einsicht, dass nur eine
gerechtere, global gesehene Menschheit eine größere, längere
Überlebenschance mit besseren Lebensbedingungen für alle, hätte.
Heute, so scheint es, ist es für vieles zu spät. Vieles lässt sich nicht
mehr umkehren.

Berufe: Prostitution, Politiker, BRAUNE-Zeiten

Obwohl die Prostitution eines oder das älteste Gewerbe der Welt ist,
ist sie bis heute in Deutschland nicht als Beruf anerkannt. Oder

besser gesagt, man zahlt hier Steuern, Sozialversicherung usw. nicht, ist also nicht eine offizielle, anerkannte Tätigkeit.
Doch auf diese Damen verzichten, nein. Und auf die Abgaben, die in dritter Reihe doch anstehen - von Staatsseite – schon gar nicht.
Wieviel Geld ging hier wohl dem Staat verloren? Wieviel Spaß ginge der Schicht, auch da oben, wohl verloren?

> Grob gesehen kann man Prostituierte doch
> einordnen, sie bedienen alle gleich.
> Bei ihnen sind vor dem .... alle gleich.

Anders bei den Politikern, theoretisch und praktisch könnte man auf diese Herrschaften leicht verzichten. Sie nehmen sich viel zu wichtig. Sind die meisten doch nur drittklassig und unter hundert wenige, die sich vielleicht bei Klasse 2, einreihen dürfen.
Politiker sind Menschen wie du und ich, mehr nicht.
Ich kenne keinen Politiker der für eine „Zukunft" der Bevölkerung, der Menschheit etwas tut, wirklich etwas tut.
Je nach Lage ordnen sie sich da ein, wo es jeweils am vorteilhaftesten für sie ist.
Ihre Sklaven, Verzeihung. Ihre, ihnen unterstellten Bediensteten, erledigen die Dreckarbeiten für sie, und kommt etwas Positives dabei heraus, lassen sie es sich persönlich gutschreiben.

Scheint es doch Neid zu sein, den die meisten haben, wenn jemand besser ist als sie, wenn er mehr hat, mehr bekommt, mehr verdient ob gerecht oder ungerecht – das sei dahingestellt.

Das Einzige was fehlt, ist die Haftung dieser Herren und Damen für das, was sie tun.
Für das, was sie tun, mit allem was sie besitzen – damit diese Schweinereien aufhören, damit sie vielleicht doch irgendwo den Sinn für Verantwortung, für die Welt und uns bekommen, sie ihren demokratischen Verpflichtungen nachkommen.

Wer dieses, Politik als Beruf ausübt, muss über den Dingen stehen. Muss eine superreine Weste haben an allen Seiten. Wenn nicht, es soll auch Menschen geben die bei reiner Weste den gleichen Job ausüben, mit gleicher Leistung und Ergebnissen. Vielleicht sogar besseren.

Sehen wir uns einmal die Affäre des CDU, Herrn (vor Jahren) aus Schleswig-Holstein an, der vor laufenden Kameras das (dämliche) Deutsche Volk beschwören wollte
„ER", so sagte er, „sage die Wahrheit. Ich schwöre Ihnen".
Ich habe es zu keinem Zeitpunkt geglaubt – und andere auch nicht.
Aber, es scheint eine Spezialität dieser Partei zu sein, solche Aussagen zu tätigen, und die Wählermassen schweigen.
(Sein Nachfolger von der anderen Partei war nicht viel besser)
Schweigen wie zu Adolfs Zeiten, und keiner will`s gewesen sein.

Deutschland, Deutschland über alles ....

So heißt es in der ersten Strophe des Deutschlandliedes.

Was mag daran wohl richtig sein?

Ich verstehe das Ausland in dieser Beziehung seit Jahrzehnten. Das kann doch nicht sein, dass keiner etwas gewusst haben soll.

Doch nach Meinung vieler Deutscher ist das so, keiner von dieser Sorte war es, will es gewesen sein, und darum wird so weiter gemacht, hin zu neuen braunen Zeiten oder ähnlicher Farbe – die Geschichte wird es uns noch zeigen!

Wie verlogen stellt sich diese Partei da, wenn sie gegen die P D S wettert: Vergessen diese Mitglieder und Anhänger, das in dieser Partei nach dem zweiten Weltkrieg viele „Braune" eine neue Heimat fanden?
Vergisst diese Klientel, dass unter ihrer Regierung die meisten Missachtungen der Demokratie vollzogen wurden im Namen der Demokratie, im Deutschland über alles!?
Vergisst diese Partei, welche Folgen, Spätfolgen, ihre Entscheidungen, für und in der Zukunft hat und daraus entstehen?

Seien Sie gewiss, sie wollen es nicht wissen, und soweit können? - wollen sie nicht denken, reicht ihr Verantwortungsgefühl nicht.

Ich habe die Redensart „der Deutschen" durch die

Änderung „vieler Deutscher" ersetzt.

Ich selbst gehöre nicht zu „den Deutschen". Ich habe

meine eigene Meinung, wie andere auch noch.

Und ich kenne eine Menge anderer Deutscher, die wie

Ich denke.

Wie wär´s mal mit s......z. Ist doch auch ne Farbe.

Dabei, ich gebe zu, schwarz symbolisiert Schmutz. Und Schmutz
wiederum ordnet man bei Schei...... ein.
Ja zu Scheiße passte besser braun. Verzeihung, ich meine natürlich,
Kot.

Hier muss man zugeben, auf ein delikates, primitiv klingendes
Thema gestoßen zu sein.
Aber bleiben wir bei den Worten Schmutz und Sc....e.

Schmutz =„Dreck am Stecken haben."
Wer Dreck am Stecken hat, hat eine (oder
mehrere) unsaubere Handlungen begangen.
So sagt ein Lexikon.

Zur Sche..e, da enthalten sich viele Lexika. Dieses Wort ist doch zu
hart. Dabei liegt Schmutz / Dreck und Sche..e mehr als dicht
beieinander.
Ja und zu beidem gibt es dann die Steigerung zu „Scheißdreck Das
ist dann wiederum der Gipfel des Mistes.
Doch sicher wie das Amen in der Kirche ist, dass Dreck und Sch... so
dicht beieinander liegen, dass kaum jemand weiß, was das eine und
das andere ist.

So ähnlich sind auch Aussagen von Politikern und Wirtschaftsbossen
zu verstehen, sie sagen alles und meinen nichts.

Ich überlege: Soll ich den Satz über den Kot lieber streichen?
Nein, in einigen Jahren – wenn es noch möglich ist - wird man den
Inhalt dieses Satzes verstehen. Nein, ich erweitere diesen Satz auf

alle die für das nahende Chaos der Menschheit Verantwortung tragen.

Wer Korruption und Betrug, zudem am eigenen Volke (wobei ich solches, an anderen, für genau so kriminell halte) für ein Kavaliersdelikt hält, darf auf diese Menschheit nicht losgelassen werden. Muss jedes Amtes enthoben werden und die ihm zustehenden Menschenrechte – der Schwere nach – eingeschränkt oder abgesprochen werden.

Aber auch hier hat der Gesetzgeber, die Demokratie, ja den richtigen Einordnungs-, Stellenwert gefunden, Also suche man sich vor Begehen der Straf/Tat aus, unter welchem Gesichtspunkt man bestraft werden will (kann), nicht welches Verbrechen man begeht - dabei herauskommt.
Dies trifft natürlich auch für Politiker zu, allerdings nur in den für sie geltenden, sehr begrenzten Möglichkeiten.

Wir fordern: Auch Politiker haften für ihre Arbeit! - Voll und ganz! Wie will man sonst Glauben machen, dass man ehrliche Arbeit leistet. Wie?

Und noch etwas bleibt für Viele, selbst Wähler der Schwarzen, offen. Nämlich die Frage; Wo bleiben die Rechtsorgane, die Justiz in den Angelegenheiten der Fälle „K"?

Die Justiz? Richtig: da war doch im Fernsehen neulich eine Sendung, da redete ein ehemaliger hoher Staatsanwalt über einen Fall den er bearbeitete und nach geltendem Recht aburteilte.
Nach Abschluss desselben, bekam er von Oben, aus der Politik, die Anweisung, dass es einen solchen Fall nicht mehr geben werde.
Die Sache handelte noch aus der braunen Zeit, obwohl geschehen 199. zig.
Der Herr wurde inzwischen außer Dienst gestellt.

Und heute??
Es dürfte davon auszugehen sein, dass nicht nur Schwarz Dreck am Stecken hat.
Wenn es diesen Herren, heute nicht passt, dass etwas ans Tageslicht kommt, und sie es verhindern können, tun sie es. Das ist so sicher

wie das Amen in der Kirche. Sie sind ja keine Menschen, sie sind immun. Dürfen also im Namen des Gesetzes jeden, pardon, fast jeden Mist verzapfen den sie möchten – und haften für absolut nichts.
So dumm ist ein ganzes Volk – nein so dumm sind ganze Völker – lassen sich nach Gesetz ausnehmen wie `ne Weihnachtsgans.

Wenn sie schon nicht haftbar sind,
dann sollten sie mindestens doppelt so hoch in
der Moral und in der Bestrafbarkeit, im Extremfall liegen!
(R. S.)

Heute, nach dem der Hauptteil des Buches lange geschrieben ist, steht in der Tageszeitung folgendes Zitat.

„Politikerinnen und Politiker sind Universaldilettanten.
Wir verstehen von allem ein bisschen was und von
nichts richtig viel".
(Sigmar Gabriel Ministerpr. v. N.Sachsen)

Dazusteht im Lexikon:
„dilettantisch, oberflächlich, ohne Verantwortungs-
bewusste Sorgfalt"

Deutlicher kann keiner einen Politiker umschreiben.

So hatte er es sicher nicht gemeint (auszusprechen), vielleicht aber den wirklichen Inhalt dieser Worte nicht gekannt?!
Aber ist nicht überdeutlich daraus zu entnehmen, von einem der es wissen müsste, dass wir von einer Gruppe regiert werden, deren Fähigkeiten und Verantwortungsgefühl für die Jobs von Hilfsarbeitern gerade ausreichen?!

Zu viele

Wieso der Bundestag eigentlich aus so vielen Personen bestehen muss – die, wie zuvor zu lesen ist, eigentlich aus einem Haufen – wie wiederum einige sagen – Idioten besteht, kann richtig gesehen wohl niemand anständig begründen.

Ich meine, dass nur 50 vielleicht 100 Abgeordnete, mehr und besseres zustande brächten als die jetzige Überzahl von drittklassigen Personen?!

Sie monieren die Drittklassigkeit. Wieso?
Wäre es anders, wir lebten in einer anderen Gesellschaft?!
In einer Gesellschaft, wo Demokratie wie Demokratie gelebt wird, nicht wie jetzt, wie ein reiner Selbstbedienungsladen, der für nur eine Schicht des Volkes gebaut wurde und wird, obwohl dies auf Dauer gar nicht geht.

Und dass es so ist, zeigen doch schon die Diäten und anderen Entlohnungen die sie sich bewilligen.
Sicher für viele aus dieser Gesellschaft ein Lohn, den sie niiie erreichen werden.
Aber auf der Leiter der Gehälter, Einkommen, Verdienste stehen sie doch ziemlich unten. Mehr verdienen sie ja auch wirklich nicht.
Scheinen also auch in den Augen Oben stehender, ihnen „Wohlgesonnener" nicht mehr wert zu sein.
(Auch wenn viele, die mehr als sie verdienen, dieses auch nicht verdient haben.) Sonst hätten sie ja mehr.
Und der breiten Masse klar zu machen, dass sie mehr wert sind, gelingt wohl kaum.
So schiebt und schustert man sich jeden nur möglichen Posten und was immer Geld bringt zu, ob le- oder illegal.

Fünfzig, die die Zukunft der Menschheit sich als Ziel gesetzt hätten und hierfür etwas täten.
Fünfzig, die den Gleichklang, von, Mensch zu Natur herstellten!

Eine Zukunft, wo jeder Mensch – ohne Einschränkung - wie ein solcher leben kann und ebenso behandelt wird.
Eine Zukunft, in der man die Ressourcen sinnvoll nutzt und nicht verschwendet.
Eine Zukunft, in der Techniken für alle Bereiche des Lebens entwickelt werden um das Leben zu verbessern und das Überleben sinnvoll zu verlängern.
Eine Zukunft, in der nach und auf natürliche Lebensweisen und Formen geachtet wird und Seuchen und all die neuen Überraschungen wie Aids, BSE, und, und im, Keime erstickt werden.

Eine Zukunft, in der Menschen wie Menschen leben dürften und können.
Eine Zukunft mit Vernunft ge- und erlebt.

Aber dann stellt sich die Frage unter den heutigen Gesichtspunkten: Wohin mit den dann arbeitslosen Abgeordneten – den „Hilfsarbeitern"? Diese hat diese Gesellschaft schon genug produziert. Und was machen mit dem nicht benötigten Geld, das diese Herrschaften sich jetzt einverleiben oder/und verschwenden und sich selbst zu ge/schustert haben?
Was wird aus den vielen Aufsichtsratsposten die sie dann nicht mehr so selbstverständlich bekämen, weil sie auch nicht mehr nötig wären?

Ja, wer von ihnen, von uns macht sich schon Gedanken über das WIE, WIESO, WARUM, WESHALB.
Ist ja auch einfach zu anstrengend – ständig nachzudenken. Aber glauben Sie mir, es geht nachher wie von selbst, ohne erst etwas in Gang zu setzen.

> Ein Leben mit Erfahrung,
> Ein Leben mit Freude, Leid und Spaß,
> Ein Leben ohne Hunger, und nur Überfluss,
> Ein Leben mit und für und unter Menschen,
> Ein solches Leben prägt den Blick für die
>   Menschheit,
> Ein solches Leben findet den Pfad nach Morgen.
>   (R.S.)

Politiker, mein Gott, was haben die schon die Menschen belogen und betrogen und ins Unglück gestürzt, und wir fallen immer wieder darauf herein.
Anscheinend kann man den Menschen so behandeln, nicht aber die Natur!?
Nur schade, dass es keiner von denen mitbekommen wird, wenn sie (die Natur) sich rächt, reagiert.
Ich meine, wenn sie das menschliche Leben auf der Erde auslöschen wird.

War diese Aussage noch vor etwa 5 Jahren eine Ausnahme, sie draußen zu hören, so ist sie heute – erschreckend – häufig zu hören.

Dritte Welt

Afrika, die dritte Welt, war schon immer bei uns, in unserem Freundes- und Bekanntenkreis ein aktuelles Thema, schon in den 1950/60ziger Jahren.

Sklaventum in reiner Form und all die schrecklichen Dinge haben wir nie verstanden, nie begriffen.

Wer menschlich denkt, handelt und fühlt, kann das, was dort geschah und geschieht, einfach nicht verstehen, begreifen.
Ja, und so traurig es für den Rest der Welt, der „freien" Welt ist, der Menschenhandel, die Sklaverei geht (fast) ungehindert weiter.
Sklaven, wie man sie eigentlich früher kannte und Sklaven, die die Masse der Menschen auch heute noch sind.
Sklaven der Reichen – oder haben Sie schon einmal gesehen oder gehört, dass sich ein (wirklicher) Bettler einen Sklaven hält?

Wo bleibt da das Oberhaupt der Kirche, wo die anderen dieser Gattung? Welches Staatsoberhaupt, welcher Minister lehnt sich dagegen auf? Alles viel zu unbequem – bringt doch keine Wählerstimmen.

Was müssen das für Bestien sein, die Menschen so etwas antun, die so mit ihnen umgehen?
Pfui, da kann man sich nur schämen! Aber glauben Sie nicht, daß einer dieser Sklavenhalter auch nur eine Spur von Skrupel dafür zeigt.

Wo bleibt nur die Verantwortung der restlichen Menschheit, der, die nun mal Verantwortung tragen soll und will (?).
Ist es nicht heuchlerisch, für Frieden zu „kämpfen", wenn der größte Teil der Menschheit Hunger hat und / oder in Unfreiheit „lebt" wie Sklaven?

Wie wenig waren in den 70ziger Jahren der Allgemeinheit noch diese Kontinente bekannt und doch es war genug, um schon zu dem Schluss zu kommen warum.

Eine Politik die fürs Volk, für die Menschen gemacht, wäre, hätte frühzeitig in die richtigere Richtung lenken müssen und können. Für nicht wenige von uns, sind Politiker – und was dazugehört – nur Handlanger und Vollstrecker der Reichen und des Todes.

Richtung Wohlstand

Warum, so fragten wir uns schon in den 50 ziger Jahren, halten es diese Völker in ihren Ländern, ihrer Heimat trotz menschenunwürdigen Lebens, das bis zum Tode geht dort aus.
Warum verhungern sie, sehen zu 10 000den, dass sie verhungern müssen und bleiben trotzdem vor Ort? Anstatt einen Knüppel, Hacke, die Machete oder sonst was zu nehmen und in die reichen Länder einzumaschieren, sich satt zu essen.
Sich das zu nehmen, was ihnen, menschlich gesehen, zusteht, auch das wäre menschlich.

Aber auch diese Frage muss man sich einfach stellen: Warum handeln die unteren Schichten hier nicht anders?!
Warum lassen sie sich mit dem abspeisen, was man ihnen bewilligt, nicht mit dem, was ihnen zusteht? Schließlich beruht der Reichtum der Reichen auf ihrer Rücken Arbeit!

Wer glaubt oder glaubte, diesen Völkern wird es einmal entscheidend besser gehen, der irrt oder will die Wahrheit nicht sehen.
Man hat sie ausgenutzt und wird es auch weiterhin tun.

Die Reichen können nur reich bleiben,
wenn es entsprechend viele Arme gibt!
(R.S.)

159

Die vielen Entwicklungsgelder, die man ihnen zukommen lässt, fließen in Kanäle, wo sie eigentlich nicht hinkommen sollten – das ist längst bekannt.

Und es fließt weiter so.
Alles Gerede unserer Politiker über Menschlichkeit und Verbesserung der Lebenssituationen in diesen Regionen ist reiner Hohn, kann von keinem ernst gemeint und ernst genommen werden. Und doch tun sie es immer wieder, weil es viele gibt, die so naiv sind und ihnen glauben. Es ist wie bei jeder Werbung, im allgemeinen: Man investiert ein wenig und hofft, es zahlt sich für einen aus!

Eine Hand – wäscht die andere!
(Das passt wie die Faust aufs Auge)

Vielleicht werden mit diesen Geldern auch nur Militärmaterialien gekauft, die dieses Geberland jetzt liefern darf, die diese Länder jetzt endlich bestellen können, damit sie ihr eigenes Volk oder das eines anderen Staates ausrotten können.

Stellen sie sich bitte einmal vor, das Chinesische Volk hätte einmal den Lebensstandard von Deutschland, und man würde Reichtum für jeden Chinesen anstreben, wie es die C D U hier propagiert: Wie solle das funktionieren? Und was und wie wäre mit uns, mit Europa??

Unsere Politiker, nein, wenn Sie vor einem Respekt oder Achtung haben, kann ich nur sagen: Überprüfen Sie mal ihre menschliche Einstellung und leben nicht mit geschlossenen Augen auf dieser Erde, dann werden Sie zu diesen Vereinen eine andere Einstellung bekommen.

Halt: Da fällt zumindest einer positiv auf, und aus diesem Grunde soll er hier auch erwähnt werden, denn als einer, der sich gegen die Meinung der Andersdenkenden durchsetzt, hat er es besonders schwer. Sein Name Hans Eichel. Seine Funktion Finanz-Minister.

Dass auch er nur begrenzte Möglichkeiten hat, bei der Mehrheit Andersgesinnter sich durchzusetzen, zeigt doch, dass es doch noch andere geben muss die die Richtigkeit seiner Politik erkennen und anerkennen, aber nichts, auch gar nichts dafür tun und unternehmen!

Auch ohne böse Absicht schafft die Politik dem Menschen Kummer.
(jüdisches Sprichwort)

Sicher, ich verstehe sie ja die Politiker. Es ist furchtbar bequem, so weiter zu machen wie bisher, da anzuknüpfen wo der andere, der Vorgänger aufgehört hat.
Warum tun sie dies bei anderen Dingen nicht? Da geht's doch auch weiter, findet man andere Wege, andere Lösungen.
Und die Erkenntnisse über das Leben, die Vorgänge auf dieser Erde wachsen ständig weiter zum Nutzen weniger, der Wenigsten, der Reichen. Auch wenn diese Schicht, in keiner Weise benötigt wird.
Und es wird noch schlimmer mit ihnen – Politikern, Wirtschaftsbossen und Reichen!

Gerechte Bezahlung für ihr Leistung bekommen nur die Allerwenigsten. Wir lassen uns fast/alles auf dieser Erde zerstören, was lebenswichtig ist, nur dafür, dass einige reich und reicher werden.
Ja, die, die arbeiten dürfen, malochen dafür, daß diese Schichten in Saus und Braus leben können, im Überfluß!
Die anderen merken es nicht oder wollen es nicht wahrhaben. Es ist ja auch nicht einfach, sich einzugestehen, daß man ausgenutzt wird, dass man Sklave ist.
Nicht, daß ich etwas gegen Reiche habe, nur sie passen nicht mehr in diese Welt „der Globalisierung und Gerechtigkeit"!

Jeder Reiche und nicht nur die ganz Reichen, ihr Reichtum ist - weitgegriffen - die Ursache von fast allen Leiden und Nöten in dieser unserer Welt und das national und global gesehen.

Die Aussage, sie förderten das Wachstum und die Wirtschaft und schafften damit mehr Arbeitsplätze sind reine Verdummungskampagne und Lügen.

Dieses aber, und genau dies sind die Ursachen für die galoppierend zunehmende Belastung und Zerstörung unseres Lebensraumes.

Jede Mark, die einer dieser Schicht einsparen darf, investiert er, um seinen Reichtum zu mehren.
Da sind ihm vom Gesetzgeber, keinerlei Grenzen auferlegt.
Da vergisst jede Partei die das Sagen hat, das im Grundrecht ganz was anderes steht. **Sie mißachten alle dieses Grundrecht – im Namen des Volkes!**

Ich kenne etliche die von sich behaupten sie gehörten nicht zu den Sklaven, obwohl sie wissentlich vom Einkommen her im untersten Hundertstel auf der Einkommensskala liegen.
Ist dies etwa die Einsicht bei ihnen, das ihre Leistung nicht mehr wert ist, obwohl es noch ein Stückchen bis ans Ende der Leiter ist und Sie nicht unbedingt zu der untersten Kategorie zu zählen wären.
Kurz gesagt, sie gehören ihrer Meinung nach immer noch zu den Wohlhabenden.

Wer hat den Nutzen von den gefällten Baumriesen der Wälder, wer den Nutzen der Meerestierfarmen, der getöteten Tiere, und, und, und, und - wer, wer, wer?
Die Antwort ist immer die gleiche. In Afrika und .... **verhungern Massen, Stunde um Stunde, Minute um Minute, Sekunde um Sekunde.**
Weil diese Menschheit von satten Menschen regiert wird.
Hätten diese satten Menschen ein Gewissen, sie könnten nicht in Ruhe leben und in Ruhe sterben.

Mensch, was bis du für eine Kreatur! Wie sehr verachtest du deinesgleichen.

Stellen Sie sich vor (um human zu bleiben), auf jeden Nachruf eines Reichen müsste die Anzahl der Menschen erscheinen, die mit seinem Vermögen unter landesüblichen Bedingungen und Lebenserwartung (menschenwürdig) überlebt hätten, etwa wie:

Mit seinem Vermögen hätten 4.800 Sudanesen ein menschenwürdiges Leben, leben, können.

162

Eins gegen 4.800 – ein menschliches Verhältnis oder??

Ein Beispiel aus Deutschland:
*Heute verstarb Frau „Z". Mit ihrem Vermögen hätten
2596 in Armut lebende Deutsche Staatsbürger ein
menschenwürdiges Leben, leben, können.*

Sie beanstanden die Höhe?
Stimmt, es können weniger sein, aber es könnten auch mehr sein!

Umwelt erhalten, auch nur ein so oberflächliches Gerede von den
meisten.
Die, die es ernst meinen, sollten eigentlich wissen, der Zug dafür ist
abgefahren.
Bestenfalls kann hier noch ein wenig verzögert werden.

Wer dennoch den Glauben der Unendlichkeit im Zusammenhang mit
der Umwelt, dem Menschen - sieht und verbreitet, kann nur zu denen
gehören, die an diesem Dilemma Schuld tragen.

Umstieg in den Einstieg, Insel OLE

Wir schreiben die 70ziger Jahre, die letzten.

Beruflich beschäftigte ich mich mit der Nutzung der Sonnenenergie
und lerne auf einer dieser Schulung Jóse aus Spanien kennen.
Spanien, ja das hatte mich schon immer gereizt, dort mal zu arbeiten
war mein Wunsch! Also sagte ich ihm: Wenn du mal was hörst für
mich, sag bitte Bescheid.

Daran geglaubt hatte ich nie.
Es verging über ein Jahr, da bekam ich einen Anruf, einen Anruf von
Jòse mit einer Adresse, zu der ich Kontakt aufnehmen sollte.

Geboten wurde mir eine Tätigkeit auf einer Insel für zunächst eine
begrenzte Zeit, eine bestimmte Arbeit.

163

Beruflich kam mir dies gerade recht, und so nahm ich diese Tätigkeit an, flog, zwecks, Aushandeln der Bedingungen an einem verlängerten Wochenende hin und später zur Ausübung und Ausführung der Arbeit rüber.

Sonne, nichts als Sonne – jeden Tag von neuem.
Eigentlich sollte man meinen, hier wäre meine Tätigkeit etwas Selbstverständliches, aber ich war das (fast) goldene Kalb (technisch gesehen) auf der Weide.
Zum Wohnen wurde mir ein Apartment zugewiesen. Inmitten dieser Anlage, die aus Hotels, Apartments und Ferienhäusern bestand, war die wunderschöne Freizeit- und Beschäftigungsanlage gelegen.
Für urlaubsreife Europäer und sonstige.

Abends, wenn meine Arbeit ruhte und ich gegessen hatte, habe ich immer die Runde am Meer gemacht.
Habe zunächst auf der Steilküste gestanden, die wenige Meter entfernt war und bin dann, die vielen Stufen hinuntergegangen ans Meer, zum Strand.
Habe dem Wind und den Wogen gelauscht und die untergehende Sonne genossen.
Und wenn die Sonne vom Strand aus schon lange nicht mehr zu sehen war, ging ich hinauf, um sie von oben, von den Klippen aus untergehen zu sehen ins Meer.
Meine Gedanken waren dann irgendwo – so weit weg, wie sie wollten.

Am Pool, an dem ich täglich vorbeiging, an dem auch die Anlagen lagen, die ich plante, bauen ließ und überwachte, an diesem Pool traf man täglich dieselben Leute – von „früh" bis kurz vor dem Abendessen.
Selbstverständlich kam man auch ins Gespräch – mit dem einen oder der anderen.
Und ich war entsetzt, wie viele es gab, die hierherkamen, aber nie einen Schritt von diesem zwar schönen Pool und der Anlage haben landeinwärts gesetzt.
Dabei war die Insel viel zu schön, um nicht wenigstens ein wenig davon zu entdecken und kennenzulernen.
Andere Menschen, andere Sitten und Bräuche, und, warum sind Menschen so unterschiedlich und leben doch auf einer Erde.

Wieviel bringt mir diese Fremde, dieses Neue an Erkenntnissen, an Verständnis für mein Leben und Handeln.

Sonnenenergie Ade

Kommen wir zurück zu meiner Aufgabe, meiner zweiten bei diesem Arrangement.

Ich untersuchte die Möglichkeit, die die Nutzung der Sonnenenergie einem fünf Sterne-Hotel und einer Klinik bringen konnte, wenn!

Die Ergebnisse, wie sollte es dort anders sein, waren einfach überwältigend, gegenüber uns in Deutschland, überzeugend.

Eine Amortisationszeit von nicht einmal zweieinhalb Jahren, und der spanische Staat hätte hierauf eine Förderung von 10 Jahren gegeben.

Die Verhandlungen mit dem Hotel-Geschäftsführer, dem ich meine Ergebnisse erläuterte, verliefen dahingehend, daß die Nutzung der Sonnenenergie nicht in Frage kam.
Begründung, und es war damals wirklich nicht ganz klar, wohin die Reise mit dem Tourismus ging: „Wer weiß was morgen ist"!
„So wie es im Moment aussieht, gehen wir ungewissen Zeiten entgegen", sagte er mir.

Gemeint war eine mögliche schlechtere Weltwirtschaft, mit dann fehlendem Touristen.
Dazu kam, wer die Verhältnisse auf den Inseln kannte, wusste, dass wie früher bei uns in Deutschland auch der Milch- und Kartoffel-wagen, der durch die Straßen fuhr, war es hier nur der „Gasmann", der die gleichen befuhr und die Energie in kleinen Flaschen lieferte und verkaufte.
Brauchte man welches und hatte Geld dafür, kaufte man es, an-sonsten nicht.
Kaltes Wasser, auch da wo warmes richtiger gewesen wäre, das war für die Insulaner nicht so ein Problem wie bei uns.

Für die eigentliche Arbeit, die ich verrichten sollte, hatte ein nicht mehr tätiger Teilhaber meines Auftraggebers die Grundmaterialien in Deutschland schon bestellt und einiges mehr.
Und somit schwamm eine halbe Schiffsladung hochwertigen Gutes über das Wasser an.

Ich machte die fehlenden Planungen und Berechnungen und musste mich um alles andere kümmern, was für diese Anlage noch benötigt wurde.
Gleich was es auch war – es wurde benötigt – und es war so manches Teil, so manche Arbeit. Arbeiten, die den etwa 10, mir dort unterstellten Arbeitskräften, oft unbekannt waren.
Und es waren zum größten Teil Berufserfahrene im eigenen Land.
  Organisieren konnte ich, und was in meinem Leben habe ich nicht schon alles gemacht.
Kommen manche mit den Kenntnissen für einen Beruf durchs Leben, so will ich ohne zu übertreiben sagen, bei mir ist es eine Vielzahl.
So wurden und mussten Sachen besorgt werden, die eigentlich für absolut andere Dinge Verwendung finden. Und es mussten Anlagenteile in anderen Werkstätten erstellt werden.
  Manchmal fühlte ich mich wie jemand, der das Rad neu erfunden hat. Es gab damals aber auch wirklich wenig auf diesem Gebiet dort unten zu kaufen.
Täglich neue Herausforderungen zu haben, daß machte mir mehr als nur Spaß!
  Vorhandenes, Bekanntes zu erstellen konnten einige, aber vollkommen Neues das reizte mich schon.

Ich stellte die vertraglich vereinbarte Leistung fertig und ging zurück nach Deutschland.

Meinen Wunsch dort zu bleiben und in der „Wärme" mein weiteres Leben zu leben, hätte nur mit mir nicht genehmen Bedingungen verwirklicht werden können.
Eine Aufenthaltsgenehmigung gab es dort – damals - nur für drei Monate.
  Und zu Hause wartete ein gerade vor einem Jahr fertiggestelltes neues, vollmöbliertes Haus auf mich.
Nicht mehr und auch nicht weniger.

Aus mit dem Ausweg

Es gibt für die Menschheit nur, nein, es gab nur zwei Möglichkeiten eines Zusammenlebens.

Die erste wäre die friedliche, gleichberechtigtere Art des Zusammenlebens mit Zukunft.
Und die zweite die, in der wir zurzeit leben, ohne Zukunfts-aussichten.
Diese jedoch muss, wie gesagt, zum Aus, führen.
  Das äußerst dumme Gerede: Es gab schon immer eine Lösung, einen Ausweg, dieses ist eindeutig überholt. Nur Dummköpfe glauben daran und wollen es der Masse glaubhaft machen, können oder wollen sich eine andere Lebensart nicht vorstellen.
Lösung ja, aber nicht die von ihnen gewünschte.

Viele glauben, bei einer gleichberechtigteren Lebensform schlechter abzuschneiden, (vielleicht kennen sie ihre Schwachstellen) im Prinzip müssten sie es eigentlich auch, doch das System würde sie auffangen.
Nein, ein System, eine Lösung, wie ich es mir vorstellen könnte, würde alle Schwächen, auch die menschlichen, da gerade sie überwiegen berücksichtigen, würde alles gleicher, **gerechter, aber nicht gleich machen.**

Jedenfalls stünde es besser um die Menschheit,
wenn man sich weniger auf die Gnade
und dergleichen Tugenden und Schwächen verließe,
sich desto entschiedener aber auf Gerechtigkeit stützte.
                                                      (I. Kant)

Wieder in Deutschland

Wieder in Deutschland. war ich bei einer Firma tätig, die mit wenigen Leuten in Deutschland arbeitete und sonst

große Objekte in vielen Staaten der Erde bearbeitete.
Dazu zählten Afghanistan, Pakistan, der Irak, Nigeria, Libyen und
etliche andere Länder.

Meine Arbeit bestand neben der technischen Betreuung u.a. darin,
diese Baustellen von Deutschland aus zu betreuen. Dafür zu sorgen,
daß sie jede Schraube, jeden Dübel, jedes Gerät, jede Maschine
rechtzeitig und in richtiger Ausführung bekamen.
   Zu den dort herrschenden Bedingungen musste alles laufen und
funktionieren. Wehe, wenn!
Aber dieses Wehe gab es bei mir nicht – ich konnte mich in jedes
Teil, in jeden Ablauf vor Ort hineindenken, wusste was geschah,
wenn etwas geschah und hatte Folgen und Folgekosten in der
Übersicht.
   Gegen die großen Überraschungen des Lebens aber war auch ich
nicht gewappnet.
Sorgte aber für Eventualitäten vor.

Nebenbei, wenn es die Zeit ermöglichte, oder schwierigere Sachen
außerhalb meines Bereiches in der Firma anfielen und erledigt
werden mussten, was man schnell merkte, durfte ich dies erledigen.

Im Zuge der Verhandlungen, die der Geschäftsführer dieser Firma
mit entsprechenden anderen Firmen führte, kam eines Tages ein
Blankett eines Großprojektes auf meinen Tisch, das in Saudi-Arabien
zur Ausführung kommen sollte.
Es handelte sich dabei lediglich um den Bau einer neuen Stadt in
diesem Land.
Der Arbeitsumfang, den ich mit diesem Blankett auf den Tisch
bekam, umfasste mindestens 2 Gewerke mehr als bisher von dieser
Firma ausgeführt wurden.
Zwei Gewerke, die ich auch beherrschte, die mir lagen.
Zeit für eine zeitlich normale Bearbeitung gab es natürlich wie fast
immer nicht.
   Mit 3 Angestellten und bei Bedarf mehr und einer Übersetzerin
trugen wir zusammen was sein musste, erforderlich war.
Und so wurden wir (ich) fristgerecht fertig.

Drei Tage vor Fertigstellung dieses Angebotes, wurde uns ein Herr
vorgestellt, den bis dahin keiner von uns kannte.

Angeblich sollte er schon in Saudi-Arabien arbeiten und jetzt für „unsere" Firma ein anderes, kleines, weiteres Projekt auf der anderen Seite des Landes betreuen.

Mir war er von Anfang an unsympathisch, und wie er sich benahm, spielte sich gar gegen mich auf, wobei er nach meiner kurzen Erfahrung mit ihm, allgemein zu wenig Ahnung hatte und schon gar nicht von dem, was ich, was wir dort taten und in Zukunft tun sollten.

Also schickte ich ihn als Störenfried in einen anderen Raum. Da half ihm auch kein Wehklagen beim Chef.

Da er versuchte, bei meinen Mitstreitern Unfrieden zu stiften, was die wiederum bei der Bearbeitung des Angebotes störte, veranlasste ich, dass er abseits sitzen durfte.

In den Pausen, in denen wir alle gemeinsam zusammensaßen, kam er zunächst zu uns, doch auch hier kam er nicht an. Seine Art, seinen Umgang mit Menschen, mochte keiner.

Im Nebenraum, in dem die Mitstreiter und jetzt auch er, abseits, saßen, telefonierte er häufig mit Firmen und dem Ausland so laut, daß man ihn auch im Nebenraum, auch in dem ich arbeitete, schreien hörte, und wie meine Mitstreiter mir erzählten, behandelte er alle, als seien sie ein Stück Dreck, seine Sklaven, ein Stück Scheiße.

Da kam er bei mir genau richtig. Selbst eins, weil nicht anders erzogen oder - und andere, nein, mit und bei mir nicht.

Mein Chef fühlte vor.

Wenn wir den Zuschlag für dieses Projekt bekämen, – immerhin lag der Anfang dieses Auftrages bei über 50.000 000, 00 DM (fünfzig Millionen) – würden Sie dann dort runtergehen zur Ausführung?

Ich hatte eigentlich schon darauf gewartet und sagte: Wenn die Bedingungen stimmen, ja.

Bei Auftragserhalt, waren es schon 65 Millionen.

Da ich bis zu diesem Zeitpunkt nicht das Glück hatte, die englische Sprache zu beherrschen, bisher waren alle Dozenten der von mir besuchten Schulen ausgefallen, sollte ich zu einer Spezialschulung nach England geschickt werden.

Der Tag der Anreise stand fest, doch da wendete sich/ich das Blatt.

Mein Chef hatte gerade eine Reise nach Nigeria angetreten, als sein Kompagnon zu mir kam und mir mitteilte, daß ich von meinem künftigen Gehalt irgendeinen kleinen Betrag für eine bisher nicht bekannte Abgabe abgezogen bekäme.
Mein Gehalt, ja das wurmte ihn, das war mir klar.

Dieser Betrag war wirklich so gering, daß sich eigentlich jede Diskussion darüber verbot, aber seine Arroganz störte mich schon lange, war er doch eigentlich nur ein Konzessionsträger dieser Firma. Gleichzeitig wollte ich testen, wie sehr man hinter mir stand. Wegen dieser „Pfennige" konnte man mich doch nicht gehen lassen oder doch? Dann war es wirklich besser, ich ging.
    Angeblich erreichte er meinen Chef in den nächsten drei Stunden auf seinem Flug nicht, die ich ihm für meine Entscheidung gab. Die Zeit lief ohne sein Tun ab, und ich sagte bei einem anderen Unternehmen meinen Dienst zu. Ich hatte nicht nur gute Zeugnisse, ich meinte auch etwas leisten zu können.
Eine andere Stelle, einen anderen Job – kein Problem für mich.
    Als dieser Herr die Situation begriff, meine Kündigung vorlag, erreichte er meinen Noch-Chef doch, ich konnte ihm nur noch meine Entscheidung mitteilen, obwohl er, als auch ich, insgeheim diesen Schritt nicht ganz leichtnahmen.

Wie wäre mein Leben verlaufen, hätte ich diese Arbeit dort unten ausgeführt?
Hätte, wäre ich nach zwei Jahren die für die Ausführung der Arbeiten anstanden, als „reicher" Mann zurückgekommen? Zumindest hätte ich ausgesorgt gehabt.

Ein eigenes Haus mit einem ebenso kostenlosen Bediensteten, mit Freiflügen nach Hause und allem nur erdenklich Möglichem, war schon verlockend, aber die Arbeit selbst neben dem Unbekannten hatte mich vielmehr gereizt.

Übernommen hat dieses Projekt dann dieser „Menschenverächter", den ich zuvor erwähnte.
    Wie ich etwas später hörte, aber nur für eine sehr kurze Zeit, man verwies ihn des Landes.

Neue Arbeit, neues Glück: Selbständigkeit

In meiner neuen Firma arbeitete ich mich schnell mit an die Spitze, die bei vielen Unternehmen mit Umsatz/Zahlen verbunden ist.

Doch man merkte derzeit zunehmend den Druck, der auf jedem lag, der an einer Beschäftigung interessiert war.
Leistung, Können und Wissen war aber zu damaliger Zeit nicht das Ausschlaggebende, einen Arbeitsplatz zu behalten.
Meine Steuerkarte wies Eintragungen aus, die mich zu einem für meine Begriffe „Nichts", einem Spielball der Wirtschaft/ Politik herabstuften, ging es um den Erhalt des Arbeitsplatzes.
Alle Versuche der Technik und des Verkaufs, mich weiter zu beschäftigen, mussten schließlich daran scheitern, daß ich kein Sozialfall war, und der Betriebsrat seine Zustimmung verweigern mußte.
So blieb oft dritte Wahl als Arbeitskraft bei den Firmen über.
Nach meinem letzten Angestelltenverhältnis musste ich mir vom Arbeitsamt sagen lassen: „Sie sind überqualifiziert, für sie haben wir keine Arbeit hier".

Es vergingen wenige Wochen, da erhielt ich einen Anruf vom zuständigen Betreuer des Arbeitsamtes.
Wir haben eine Arbeit für sie.
„Wie schön", sagte ich. „Dann sagen sie mir mal bitte den Pferdefuß".
Eine Firma hier aus dem Ort, sucht zur Betreuung ihrer Kunden im süddeutschen Raum einen Mitarbeiter", hörte ich ihn sagen, (Anreiseentfernung 600 bis 800 km in Schnitt)
„Und wie soll das ablaufen"? fragte ich.
„Sie fahren montags in das Gebiet, betreuen bis donnerstags dort die Kunden, kommen zurück und regeln Freitag hier in der Firma alle Angelegenheiten, usw."

Dabei war ich erst vor kurzer Zeit nach hier oben hin verzogen, hatte ein gerade 3 Jahre altes/neues Haus aufgegeben.
Ich lehnte also ab. Mobilität hatte sich bisher nicht ausgezahlt!

Nur wer diese Erfahrungen selbst erleben musste, kann fühlen, wie es ist. Alles stimmt, aber eine Garantie für s/einen Arbeitsplatz, für Arbeit, nein eine solche gibt es nicht.

Aus den Minderwertigkeitsgefühlen, der Überflüssigkeit und was einen sonst noch alles überkommt und überfällt zog ich einen Schluss.
Der Schluss daraus, ich wurde selbständig. Zeitlich gesehen viel zu spät in den Jahren.

Kein Meister, vom Himmel gefallen

Wie schon in den Jahren zuvor, lag mein Arbeitsbereich in der Beratung, Planung und dem Vertrieb von Anlagen, technischen Anlagen.
Meine Gesprächspartner waren also Damen und Herren. Angefangen vom blutigen Laien bis hin zum Fachmann.

Von Laien darf man eigentlich nicht viel an Fachwissen erwarten und verlangen.
Doch mit den Jahren nahm das Wissen auf der Seite dieser Gruppe beträchtlich zu, was von den verbleibenden Fach-Berufsschichten nicht unbedingt gesagt werden kann.

Ein Kunde, ein Meister seines Faches, hat mir einmal erklärt, es gäbe vielleicht 5 % von seinen Kollegen, die sich in dieser Technik wohl auskennen, soweit man sie aufgeklärt hatte, 10 – 15 % wüssten halbwegs Bescheid, 30 % kämen mit genauester Anleitung klar, und der Rest (50%) sei unwissend. Dies aber, so meinte er, „sei aber bei allen anderen Techniken und Berufen auch der Fall.

Obere Etage

In den oberen Etagen sieht es da nicht viel besser aus.
   Was man hier deutlich zu spüren bekam, war gelegentlich der Drang nach dem Geld.

„Was bekomme ich, wenn ich" - solche Äußerungen kamen schon mal direkt zum Ausdruck.
Aber auch (sehr) gelegentliche Testangebote, solche Vergütungen zu gewähren, wurden aufs strengste zurückgewiesen – selten - und das alles in den 70/80iger Jahren.
Ein mir befreundeter Geschäftsinhaber und Meister/ Ingenieur sagte mir, „wenn du bei X ins Geschäft kommen willst, musst du zahlen. Leg doch mal ein paar Scheine auf den Tisch".

Ich bin mir bis heute treu geblieben und habe immer nur saubere Geschäfte abgewickelt, habe auf andere Geschäfte gegebenenfalls verzichtet oder verzichten müssen.
Alles was im Rahmen sauberer Geschäfte möglich war, habe ich eingeräumt - doch darüber hinaus, - nein.
Und eines habe ich mir vorgenommen, dies bis zum Schluss meiner Berufslaufbahn zu tun, - saubere Geschäfte.
Ich bin stolz darauf und fühle mich sauwohl damit.

Die Politik – der Laden

Was der Meister und die anderen höhergradig Ausgebildeten im eigentlichen Berufsleben sind, sind Bürger-Meister, Abgeordnete auf Landes- und Bundes-Ebene.
Allerdings: Haben diese, im Gegensatz zu den, zuerst Genannten keinerlei fachliche Ausbildung: Sind also (meistens) blutige Laien!!!
Und da jede Firma auch einen Chef hat, der den Laden leitet, sitzt da dann ein Landrat oder ein Kanzler. Aber alles Menschen aus dem Volke, wie du oder ich sie sein könnten. Nur, wir beiden waren nicht so raffiniert, hatten nicht so viel Glück.
So zumindest, hat es für die breite Masse der Bevölkerung den Anschein!
Einen Testversuch habe ich mal bei den Schwarzen gestartet und das Ergebnis:
Wer zu ehrlich ist, hat in einem solchen Verein nichts zu suchen, wird nie eine Chance haben, hier weiter zu kommen.
Bin ich ehrlich, Ich mit meinen Gedanken, meiner Einstellung von einer gerechteren Welt – wer will, dass schon?

Bei den Politikern kommt leider noch deren Immunität dazu. Durch diesen Schutz sind sie gegen Angriffe von Außen geschützt und können fast jedes Vergehen ungestraft ausführen, ohne dafür zur Rechenschaft gezogen zu werden, ohne dafür zahlen zu müssen.

Politik: Die Mehrheit fragt sich, warum die Menschheit so sehr in Unfrieden lebt – auch die, die`s in Überfluß haben.
Fragt, warum Unverständnis, Neid, Missgunst, Hass und Rache entstehen, fragt, warum Menschen zu Terroristen, ja Selbstmördern werden.
Aber wer da glaubt, dass dieses, Neigungen nur in den unteren, armen oder ärmeren Schichten sind, irrt gewaltig.
Ich kenne mehrere bis in die oberen Schichten, die wegen ungerechter Behandlung oder ... – und, das zum Teil nur aus ihrer Sicht – zu „bösartigen" Handlungen neigen und Kreise wie den Terrorismuss unterstützen.

Aber keiner dieser Politik-Leute weiß warum. Sind sie so dumm, oder tun sie nur so.
Mit ihrer, zunehmend spaltenden Politik tragen ganz allein sie die Verantwortung für alle gewesenen und kommenden Missstände und Ereignisse.

Wen wundert´s schon

Mit zunehmender Zahl der Arbeitslosen stellen wir uns im Freundeskreis jetzt noch häufiger die Frage: Warum nimmt die Masse derer dies so ohne Murren und Knurren hin.

Faule Hunde, und was man alles in dieser Richtung über Arbeitslose hören kann, ist einfach nicht wahr, trifft einfach nicht auf die Masse zu. Ein ordentlicher Mann oder Frau will etwas für seinen Unterhalt tun, will etwas leisten, auch wenn sie wissen, daß sie für diese Arbeit unwürdig bezahlt werden.

Es gibt inzwischen eine sehr große Menge an sogenannter Intelligenz, die ohne Arbeit ist, und trotzdem ruhig hält. Wie lange, so fragen wir uns, geht das so noch gut?

Wir meinen und hoffen, dass einfach was passieren oder geschehen muss, denn dieser Zustand ist unhaltbar.

Unhaltbar auch in den Gesetzen, die eigentlich auf der Basis des Grundgesetzes beruhen sollten, dies aber nicht tun und wenn doch, von der ausübenden Schicht nicht so ausgelegt werden.
Und die Justiz, der Hauptschuldige in diesen Fällen!!?

Sehen wir uns die Zukunft der Jugend an, welche Perspektiven sie hat.
Die Reichen bekommen alles und die anderen machen die Arbeit für diese, und dürfen den Staat, mit ihrem miesen Verdienst, noch am Leben halten.

Wo in einem Staat der „kleinste" Angestellte einer Gemeinde es sich erlauben kann, darf, ja vielleicht muss, einem sich beschwerenden Bürger die Antwort zu geben: „Wir sitzen doch am längeren Hebel" (so geschehen – nicht nur - bei einer Bekannten von uns), ist mehr als etwas faul.
Nicht, dass von dieser Sorte mal jemand auf die Idee käme, oder es sich herumgesprochen hätte, für wen diese Damen und Herren arbeiten, und von wem sie bezahlt werden, nein, sie sind sich einfach der Macht des Klüngels, der dahintersteckt, bewusst.

Ich kenne auf Grund meines Berufes viele, die offen und ohne jede Bedenken Schiebereien, Kungeleien, ja Vergehen in jede Richtung, ohne jede Vorsicht zugeben. Soweit ist es schon gekommen!
Strafbare Handlungen scheinen langsam zur Gesetzesgrundlage, zur Selbstverständlichkeit der Demokratie zu gehören.
Mir sind leider nur sehr wenige bekannt, die eine saubere Gesinnung, einen sauberen Charakter und eine eben so saubere Lebens-weise haben.
Mir sind zwar einige bekannt, die wie die Mehrheit sich verhalten, mir aber glaubwürdig versichern, sie täten es, weil sie sonst nicht mit der anderen Kategorie mithalten könnten.
Macken haben alle - sicher auch ich.
Unredlichkeiten, Schiebereien, Korruption und, sind stark zunehmend : Wohin aber führt dies ??

Blicke ich wie andere, die fair urteilen, zurück und vergleiche, erschreckend die zunehmend kriminelle Gesinnung, unmenschliche Gesinnung unter uns in der Welt.

Erben und

Auf den Prüfstand müsste auch das Be / Erben.
Im Zuge und auf dem Weg zu einer global lebenden Menschheit ist dieses ein vorrangiges Thema, soll es denn dahinführen?

Kommt jeder nackt auf die Welt und nimmt, wenn er geht, auch nichts mit, so stellt sich im Sinne der Gerechtigkeit, dann schnell die Frage, was wird mit dem, was er sich in seinem Leben redlich erarbeitet (kann nicht viel sein), ergaunert, geerbt, geklaut, geraubt oder durch Glück oder sonst wie, gewonnen hat.
Das System, wie es bisher ausgeübt wird, ist nur für die Habenden konstruiert.
Wo Geld ist, sorgen diese „feinen" Schichten, die auch von einem leichtgläubigen Volk gewählt wurden, dafür, dass es bei ihnen noch mehr wird.
Im Sinne der Gesetze, ein klarer Verstoß, der sogar geahndet werden müsst.
Stellen Sie sich bitte einmal vor: Eine Kommission, eine unabhängige Kommission würde eines Tages die Zustände und den Zustand von Demokratie und der unseres Grundgesetzes im Zusammenhang mit der Zukunft unter die Lupe nehmen?

Was käme da wohl bei heraus.

Wer von denen da oben aber ist ein ehrlicher Mann, eine ehrliche Frau? (Im Sinne unserer Gesetze oder gar der Menschlichkeit? keine/r)

Klar, sagt doch der Volksmund: *Ehrlich währt am längsten, doch wer nicht stiehlt, der kommt zu nichts.*

Eine Lösung wäre:

Nach dem Tode geht der größte Teil des Besitzes an die Allgemeinheit über und der Rest verbleibt bei nahen Angehörigen, Kindern oder Eltern, soweit sie bedürftig sind. Nur dann!

Dabei darf davon ausgegangen werden, dass die Unterschiede in den Besitzständen das Maximale von 1 : 5 – (anzustreben) betragen darf.

Firmen, Personen die Millionen verdienen und nicht einen Pfennig Steuern dafür bezahlen müssen, solche Schweinereien gäbe es nicht mehr, und ich bin sicher, jeder, der in einem solchen System leben müsste/würde, fühlte sich wohl.
  Sicher gäbe es, wie einige sagen würden, Drecksäcke, die sich nach heutigen Verhältnissen sehnen würden, aber es nicht täten, da sie es nicht anders kennen würden, und das fertige System weitreichende Gerechtigkeit ausübte und kaum Anlässe böte zu Reibereien.

ÜBRIGENS;

Dass es so ist, daß es der Menschheit so erbärmlich geht, ist ganz allein die Schuld der Politik und der anderen, der „schwarzen" Vereine.

Hier müsste, jährlich eine Liste veröffentlicht werden, auf denen die größten Schweinereien aufgeführt sind, mit Namen des Verantwortlichen, und allen weiteren Daten.
Noch besser würde ein öffentlicher Anschlag mit diesen Listen wirken, so daß sich jeder einen solchen Missetäter ständig vor Augen hält.
Und es müsste noch dringender, eine Abteilung ins Leben gerufen werden, die solche Fälle klärt und verurteilt und mit der Härte dann gültiger Gesetze bestraft. Immunität oder einen sonstigen Schutz für solche Lusch.. dürfte es nicht geben.

Wer die hohe Ehre hat, ein Abgeordneter des Volkes zu sein, der benötigte auch keine Leibwache, keine Bodyguards.
Er ist ja vom Volk gewählt und wird von diesem auch geehrt, geschätzt und geschützt.

Als äußerst sympathische Lösung empfand ich, den in Marsberg gesehenen Schandpfahl.

Hierauf kamen im Mittelalter Personen, die etwas verbrochen haben sollten, oft, zu Unrecht, allerdings.

Ein solcher Schandpfahl, das wäre auch was für Politiker, und solche, die Unrechtes getan haben, noch heute als Warnung für jeden anderen.

Hätten sie nicht auch mal Lust, ihren Frust über falsche Entscheidungen, in Form, von faulen Eiern- oder Tomatenwürfen, auf diese Herren loszuwerden?

Und leider sind ja auch Damen dabei.

Mensch

Wie erbärmlich aber bist Du?

Ja, so erbärmlich, daß sich die meisten nicht einmal eine solche, bessere, gerechtere Welt, ein solches Zusammenleben sich vorstellen können, nein wollen.

Dabei sei klar festzuhalten, schlecht ginge es in einem solchen System keinem, und die Überlebenschancen der Menschheit würde um ein Vielfaches steigen.

Sozial, wäre dann keine Farce, sondern Wirklichkeit.

Wie viel Gutes gäbe es mehr, ohne dass jemandem etwas fehlte.

Wie viel Schlechtes gäbe es weniger, ohne dass sich jemand nicht austoben könnte, seine Leistungen beweisen, seinen Hobbys frönen könnte oder, seine überschüssige Kraft im Steinbruch abreagieren könnte.

Wie stolz könnten wir sein, würden die Umwelt schonen, wo immer es ginge.

Würden Seuchen, Krankheiten, Kriege im Keim ersticken – wenn wir wollten!

Die Menschen, die einen guten Charakter haben, neigen, verständlicherweise, dazu, ihr Gutes nur an einer Stelle, einer Richtung oder Sparte zu erbringen, es reicht ja auch, und bei dem anderen lieber zu schweigen, es brächte ja auch kaum etwas für sie, und wäre nur mit großem Aufwand verbunden.

Gewerkschaft

Auch ein Verein, den eigentlich niemanden in dieser´ Gesellschaft
mehr so richtig benötigt?!
Und doch, er könnte vieles für seine Mitglieder tun und für die
gesamte Menschheit Vorbild sein, ein fester Bestandteil unserer
Gesellschaft, ein Kontrollorgan für unsere Politiker, stattdessen ist
dieser Verein heruntergekommen, wie (fast) alles in dieser Republik.

> Lässt sich die Gewerkschaft von der offiziellen
> politischen Richtung, auch weiterhin so missbrauchen,
> und geht nicht ihren eigentlichen demokratischen
> Zielen nach, ist sie wirklich überflüssig.

Nur:
War eine solche Vereinigung einmal eine bittere Notwendigkeit in
einer unreifen Gesellschaft, so sollte, könnte sie eigentlich seit
Einführung des Grundgesetzes überflüssig sein, - theoretisch.

Wer aber hat schon bei der Umsetzung der Gesetze, die man
beschlossen hatte, dabei gedacht – keiner – und die Masse, die
ohnehin nichts sagen durfte und dann nichts mehr sagen konnte,
schwieg, bis heute, immer noch.

Mit der Abgabe seiner Stimme auf dem Wahlschein endet jegliche
Mitsprache, damals wie heute. Das dumme Volk ist ja ohnehin zu
blöd, um richtige Entscheidungen zu treffen, scheint man da oben
wohl zu denken:
Obwohl man selbst aus der dummen Masse kommt!!!

Jeder kam dabei gut weg; die Reichen und die Industrie konnten ihr
Süppchen kochen und die Gewerkschaft auch, und das dumme Volk,
brauchte nicht nachdenken.
Aber sind alle wirklich dumm?!

Sieht man sich die Gewerkschaft näher an, so ist ihre Zeit doch bald
vorbei, greift sie nicht endlich wieder an, wieder durch.

Wie bei allen „Vereinen" in dieser Zeit hat sie zudem auch unter den vielen Verfehlungen in den eigenen Reihen durch ihre Führung gelitten.
Die Strafen bei dem vorhandenen Filz in unserer gesamten Gesellschaft fallen viel zu milde aus, ja werden zum Teil sogar unterdrückt oder verheimlicht.

Was zwingend erforderlich ist – will man Schlimmeres verhindern – ist ein radikales Umdenken in Sachen Soziale Gerechtigkeit!!
Hier kann die Gewerkschaft zeigen, wofür sie da ist, da sein sollte, das was früher ihr Ziel war.

Seit Jahren zeigt sich immer mehr, daß diese Gesellschaft rein auf Kosten oder Leistung der „kleinen Leute" lebt, der Sklaven.
Pfüiiii, wenn die Sager in diesen Vereinen dies nicht sehen wollen und für mehr Gerechtigkeit bereit sind zu kämpfen, schließlich ist dies ihr festgeschriebenes Ziel!

Sehen wir uns die einzelnen Berufe an und die damit verbundenen Einkommen, die Differenzen sind einfach nicht zu verstehen. Und die Betroffenen, halten still. - Noch!

Eines ist so sicher wie das Amen in der Kirche: Ohne den kleinen Schienenritzenreiniger wäre auch der Bundeskanzler/IN eine absolut überflüssige Person, eine Null.

Erst wenn sich diese Wertstellung des einzelnen Menschen gefestigt hat, wird es eine größere Gerechtigkeit geben und Ruhe auf der Erde einkehren. Aber hoffen und Harren - mich hält´s nicht zum Narren – ich weiß, wohin das führt.

Eine Zukunft für die Gewerkschaften, wird und kann es nur geben, wenn sie sich zu ihren alten Werten bekennt und entsprechend handelt. Wenn sie zu mehr Gerechtigkeit in einer "Sozialen Marktwirtschaft" steht.

Darum auf Genossen, stellt euch zum „Kampf"!

Schlagt das richtige Konzept und den richtigen Weg ein, und ich bin sicher, eine immer größer werdende Masse folgt euch.

Soziale Marktwirtschaft ist doch ein absolut leeres Gerede.
Nur Wirtschaftsbosse und Politiker reden davon und hoffen,
die dumme breite Masse glaubt es ihnen.

Und wo die Soziale Marktwirtschaft nicht mehr ganz passt,
ersetzt man sie durch *sozialverträgliche Marktwirtschaft*,
aber keiner protestiert gegen diese Aussage.
Warum gehen Gewerkschafter hiergegen nicht massiv auf
die Straße?
Versteht man die Unterschiede in den Aussagen nicht?

Solange gleiche Leistungen nicht gleichwertig vergütet
werden, wird es keine Besserung geben, gleich welcher
Tätigkeit man nachgeht.

Der Kampf auf der unteren Einkommensebene wäre ein
leichter gewesen.
Ihm als Beispiel folgend käme der auf der oberen Ebene,
und das ebenfalls in einfacherer Form, wenn man sieht, dass
es ernst gemeint ist.
Nur: Ihr, die Führer dieses Vereins, müsstet zunächst selbst
etwas zurückstecken um glaubwürdig zu werden und später
wieder aufzuholen, wenn, und falls ihr es wert seid.
Was euch absolut fehlt: der Mut und der Wille für mehr
Gerechtigkeit; wenn´s sein müsste, auch mit der
„Brechstange", die aber bräuchtet ihr nicht!
Denn wie steht zuvor bemerkt, „Die Großen leben von den
Kleinen" Ihr also bestimmt, wenn ihr wollt, die Richtung –
wenn ihr wollt.

Für die Mehrheit der Menschheit ist das ganze Leben ein
Kampf, weil es so ist, wie es ist, doch für edlere Ziele zu
kämpfen, würde sich alle Male lohnen.
Der Verdacht etlicher, daß auch ihr, die Gewerkschafts-
Bosse, auch satt seid, ist wohl nicht von der Hand zu
weisen.

Freie Marktwirtschaft ist etwas für freie, reife, gläubige
Menschen, nicht aber für Sklavenhalter und schon gar nicht

für Sklaven gemacht, wie es die meisten dieser Menschheit sind.

Gesetzeinhalter

Was könnten und müssten Richter, aus den bestehenden Grundgesetzen machen, würden sie sie rigoros umsetzen, ja anwenden. Wir bekämen eine andere Republik, ein anderes Denken - pardon – eine andere Justiz, vielleicht eine echte Demokratie.

Das, was uns übrigbleibt, ist die Tatsache, alles zu ertragen, was aus dieser Richtung auf uns zukommt, bis es eines Tages wieder kracht, krachen muss.

> Eines aber ist genau so sicher wie das Am..
> Würden sich alle Rechtsprecher an bestehende
> Grundrechte
> Halten und Urteile nach diesen Gesetzen sprechen, die
> Demokratie sähe anders aus.
> So aber tragen alle ihren Anteil zum kommenden
> Ereignis bei.

Der eine oder andere hat sie schon - die Stirn, sie ihnen zu zeigen, aber wer schon ist so naiv zu glauben, er bekäme ausgerechnet bei diesem „Verein" Recht, wenn es um von denen erzeugtes Unrecht geht schon gar nicht. Da brauchen er oder sie nur Glück, Glück wie gesagt.

Da aber stellt sich die Frage: Was ist Recht? - zu Recht.

Dass man am Ende eines Prozesses ein Urteil bekommt, ist sicher wie das besagte Amen in der Kirche.

Wie es aber ausfällt, ist ebenso reine Glückssache.

Jeder, der mit dieser Berufssparte vertraut ist, weiß, was alles, das entsprechende Urteil bestimmt.
So sagte mir einmal ein befreundeter Anwalt:

182

Dabei entscheidet der Wochentag, die Uhrzeit, das Wetter, wie die Ehefrau aufgestanden und gelaunt ist. Da entscheidet mit, wie der Beklagte aussieht, was er trägt, ob er immer schön das sagt, was der Richter hören möchte. Und alles eigentlich nicht Relevante, zugehörige zu diesem Vorgang bestimmt dann das Urteil.

Ganz zum Schluss kommt ein wenig der eigentlichen Klage mit hinein, wenn man Glück hat.

Aber auch hier werden sogar Sachverständigen deren Gutachten so hingebogen, wie es der Richter/IN haben will, nicht so wie es ist und von Rechts wegen sein müsste. Da sind oft eindeutige ja schriftliche Belege nicht Beweis genug um sein Recht zu erhalten.

Oder spielen hier noch andere Dinge mit hinein?

Oder Beweise, Belege und dergleichen werden so verdreht, wie sie dem hohen Gericht, dem Vorsitzenden passen.

Schon lange bekannt ist, daß wenn sich zwei zusammentun, sie jedes Urteil bekommen, das sie haben wollen.

Hier geht die Verantwortungslosigkeit der Richter über jedes Verständnis hinaus.

Aber auch Rechtsanwälte und Staatsanwälte mischen fleißig mit - und es sind nicht nur schlechte Filme, in denen das Urteil – wie in Diktaturen und anderen Formen - schon vorher feststeht oder ausgehandelt wird.

Da fragt sich so manch einer: Was sind das nur für Menschen, was für eine Justiz?

Sie haben mit Gerichten noch keine Erfahrung, glauben Sie mir, sie können getrost darauf verzichten.

Mir selbst ist es in zweiter Instanz passiert – in der ersten waren das Gericht, der Richter, mein Anwalt aus demselben Ort wie das beklagte Unternehmen, so daß ich trotz bester Beweislage und Aussichten verlor.

Mein dann in zweiter Instanz anderer Rechtsanwalt sagte vor Beginn der Verhandlung: In einer anderen Stadt: Wir haben heute gute Aussichten, Recht zu bekommen. Die Verhandlung leitet der Richter „ B". Das ist ein Mensch mit großem Gerechtigkeitssinn. Gibt's zum Glück ja auch! Der Ausgang war entsprechend - negativ.

In einer anderen Sache war ich als Zeuge geladen.
Der Fall war klar. Der Monteur einer Firma hatte bei einer Arbeit den Fußboden über/auf dem er arbeiten musste, mehrfach beschädigt und weitere Teile auch noch. Dafür war ich Zeuge.
Obwohl der als Zeuge geladene Monteur„die Tatsache zugab, wurde die Klage zu Gunsten des Beklagten entschieden.
Die Schadenbeseitigung sowie die Prozesskosten gingen zu Lasten des Geschädigten, des Klägers. Verurteilt im Namen des Volkes!

Tägliche Wahrheit bei Gerichten auf der ganzen Welt, und alle sprechen nur Recht.
  „Im Namen des Volkes", wie es heißt.
Ist das Volk wirklich so blöd, das es sich selbst in die Pfanne haut???!
Feine Gesellschaft? Dableiben, nicht nur viele Fragen offen!

Nach der Verhandlung sagte mir ein weiterer Zeuge, der Richter habe dem RAW des Beklagten in einer Pause gefragt, wie es käme, daß z. Z. einige solcher Klagen über die Firma bei ihnen anständen.

Beim Ausgang einer Klage mit einem solchen Urteil stellen sich natürlich viele Fragen.
Hier scheint, wie im ersten Fall, der Filz – oder was immer - voll durchzuschlagen.
Armes Deutschland!
Wo sind die Richter, die diesen Richtern den Garaus machen?!

Gibt es da eine Parallele zu den einfachen Handwerkern, die man aber noch kontrollieren kann, wenn die Justiz mitspielt.

Ja, auch von Ärzten wird ja gesagt, daß sie gute und schlechte „Handwerker sind".

Was auch immer, eines ist sicher; es sind Menschen wie (fast) jeder andere auch, die eine Erziehung und Meinungsbildung dieser Gesellschaft genossen haben und sie wiederspiegeln.

Musterbeispiele

Mitte der 70ziger Jahre leitete ich eine Firma, die
Anlagen baute und Materialien für solche verkaufte.
Zu unserer Kundschaft gehörte auch ein Herr der
hauptberuflich einen gut bezahlten Job bei den
Stadtwerken einer mittelgroßen Stadt hatte,
eine handwerkliche Außendiensttätigkeit, bei der er
„theoretisch" immer vor Ort war.

Die Mengen der Materialien, die er bei uns privat kaufte,
reichten monatlich für viele Gute Anlagen aus.
So fragte ich ihn denn eines Tages – er beschäftigte
derzeit an die 20 (zwanzig) Leute, die nebenberuflich
für ihn schafften – ob er keine Angst habe, daß ihn
jemand anschwärzte.
Mich, anschwärtzen, weil ich Schwarzarbeit mache,
keiner und nie, sagte er mir.
Und auf meine verdutzte Nachfrage antwortete er:
„Zu meiner Kundschaft gehört ein großer Kreis aus den
oberen Reihen, von den Stadtwerken ebenso wie der
Leiter des Arbeitsamtes und solche vom Arbeitsgericht.
Auch einige vom Amts- und Oberlandes-Gericht,
zählen auch dazu. Also wer sollte da etwas gegen mich
unternehmen!?

Recht hatte er, und da dies schon damals zunehmender
demokratischer Stil war, ist der Ausdruck „DAS TUN DOCH
ALLE" heute nicht mehr verwunderlich.

Man darf fast davon ausgehen, daß alles Unerlaubte von
irgendeinem, der es eigentlich nicht nötig hat, ersonnen wurde.

Nicht zählende Volksmeinung

Die Meinung im Volke, über diese Berufsschichten, dürfte unstrittig
sein.

Dort, wo man bezahlt wird für eine Leistung, ob sie gut oder schlecht, falsch oder richtig ist, dort muss nicht unbedingt Positives dabei herauskommen.
Dafür stehen jahrhundertlange Erfahrungen.
Da kann man sich die DDR, Tschechoslowakei und andere Länder und Systeme als Beispiel nehmen.
Da sind wir in Deutschland keine Ausnahme. So edel sind wir nicht, auch wenn einige dies so sehen wollen und möchten. Der Dreck, den dieses Deutschland seit Jahrhunderten in zunehmender Größe mitschleppt, kann sich sicher sehen lassen.
Darauf aber braucht keiner stolz zu sein, nur Schwachköpfe tun dieses.

Warum also wird dann hier nicht endlich etwas geändert?!!

Auf die, auch hier ehrlichen Menschen allein kann man nicht bauen und weil dem so ist, ist auch diese und jede andere Demokratie nicht die Lösung.

Warum sollten ausgerechnet hier nicht Menschen zweiter und dritter Wahl bei der Justiz tätig sein und erste Wahl nur mit der Lupe zu finden sein?
Auch hier, so meint man im Volke, hilft vielleicht ein gutes Zeugnis, (da wären wir bei den Lehrern), das richtige Parteibuch, Fürsprache (sehr wichtig), die richtige Körperlänge oder vielleicht ein wenig (viel) Glück, zu so einem Posten zu kommen – und dann haben sie ausgesorgt, ob sie wollen oder nicht. Toll, einfach toll dieses System der Selbstversorgung.

Warum, so fragt man sich, nein, fragen sich viele, hört man so wenig von diesem Verein?

Auch dieser Verein ist durchsetzt von der überall herrschenden Hierarchie mit ihren eben so selbstverständlichen ständigen Machtkämpfen.
Sind sonst Skandale – die es auch hier gibt - ständig an der Tagesordnung, herrscht hier so gut wie immer Ruhe. Eine heuchlerische Ruhe aber sie ertragen es zum eigenen Vorteil.

Ist man hierin so diszipliniert, so stellt sich schnell die Frage: Warum kann man dann nicht eben so streng die Artikel des Grundgesetzes einhalten?
Modern sein bei der Auslegung der Artikel, das darf doch wohl nicht wahr sein, die Werte haben vom Inhalt her stets die gleiche Bedeutung.

Wo,so fragen sich inzwischen sehr viele, wo bleiben die Medien? Findet man sonst fast jede Nadel im Heuhaufen, so hält man sich hier fein zurück. Fürchtet man etwa Repressalien, oder was ist es sonst? Repressalien, wie man eigentlich annahm, sie gehörten zu Diktaturen.

Reformen im Denken – und damit würde sich vieles verändern – könnten durchaus von dieser Zunft kommen, wenn andere zu träge sind oder sich nicht trauen.
Aber es kommt nur Schweigen, und wie es jetzt scheint verheerende Fehlentscheidungen, ja Urteile in Richtung Politik, die der Demokratie einen Bärendienst erweisen.
Ein nie, wiedergutzumachender Vorgang.

Nochmals: *Was die da oben im großen Maße an Schweinereien machen dürfen ohne bestraft zu werden, kann im ganz kleinen Maße doch auf unterer Ebene nicht strafbar sein,* und doch, es ist so.

Ruft schon die Politik für jede Unstimmigkeit die Gerichte an, dann kann auch die Gerichtsbarkeit die Richtung mitsteuern so wie sie auf Grundrechtsgesetzesbasis richtiger wäre.
Unter der Hand tut sie dies ja auch, nur nicht in Richtung mehr Gerechtigkeit.
Leider kommt von den internen Anweisungen an Untergebene nur äußerst selten was ans Tageslicht.
Gilt sicher auch für diese Klientel, daß satte Bäuche weniger gut geeignet sind zum Denken!

Und überall stehen wieder die großen Ungerechtigkeiten, die ganz persönliche Meinung, der Beruf, der Verband, das eigene Portemonnaie, die eigenen Vorteile vorne an.

Schlussfolgerung daraus: *Angleichung der Bezüge auf allen Ebenen!*

Diese Berufsschicht aber wäre sicher die, die von einer veränderten Zusammen-Lebensform, so gut wie nicht betroffen wäre.
Warum dann der fehlende Mut zu neuen Ufern?
Wie sagte jemand: .. auch da oben, es zu viele Döspaddel gibt.

Ich habe etliche Bekannte, die in diesem Fach zu Hause sind, deren Urteil und Meinung ist fast einstimmig: Gerechtigkeit, nein das ist nicht Sache des Gerichts, es geht um die besseren Argumente des Rechtsverdrehers = des Rechtsanwaltes.
Wer besser verdrehen, lügen kann und Beziehungen hat, hat meist gewonnen.
Traurige Justiz.
Traurige Demokratie
Trauriges Deutschland.
Traurige Erde.

Das Grundgesetz hat hier eigentlich an etwas mehr Gerechtigkeit gedacht, an eine Gemeinschaft, einen deutschen Staat, und jetzt geht alles dahin.

Eigentlich so sollte man meinen: Wäre das Bundesverfassungs-gericht zur Überwachung von eingebrachten oder verabschiedeten Gesetzen und ... da. Es kann aber nicht sein, daß dieses nur im Falle einer Anklage zutrifft, schließlich liegen bei jeder Partei auch gleiche Interessen vor und eine Klage kommt so nur selten in Frage.

Das Grüppchen

Als ich diese Worte sprach, war Leo schon zu uns gestoßen und wohnte den meisten unserer Gespräche bei.

Wir drei waren schon sehr verschieden im Leben, in dem Erlebten und Erfahrenen und in den Ansichten, und das war gut so für unsere Urteilsbildungen und Einstellungen.

Nicht zwei Personen und drei Meinungen, sondern drei Personen mit drei Meinungen mussten dabei herauskommen und wenn möglich, wenn es sein musste mit einer Stimme, und es musste sein.

Ich selbst fand, daß das Dazukommen von Leo von Anbeginn für uns von Vorteil war.
Phill, war zunächst skeptisch und behielt sich vor, nach dem dritten Treffen eine Entscheidung über Leo, ja oder nein, treffen zu dürfen.
Ich räumte ihm sogar ein, jederzeit sein Veto gegen Leo einlegen zu können, und so, unter diesen Voraussetzungen und Bedingungen nahm Leo an unseren Gesprächen teil.

Leo kannte zwar meine Einstellung, nicht aber alle Einzelheiten wie Phill sie kannte.
Phills Geschichten, soweit überhaupt, waren nur mir bekannt, Leo dagegen wusste nur von mir, wenig über ihn.
Soweit es Leo betraf, wollte Hochberg nur das Notwendigste wissen, wobei er auch Recht hatte, das reichte.

Außer zunächst belangloser Gesprächsstoffe, Kahnpartien über den See und gelegentlichen Wanderungen, fielen dann immer wieder politische, soziale, ja einfach Themen an, die uns alle oder den einen oder anderen von uns interessierten.

Frauen

Wie könnte es anders sein, auch bei uns stand dieses Thema auf der Tagesordnung.
Die Frage nach Phills Frau, hatte ich Leo gebeten, nicht zu stellen.
Und da zeigte sich, wie groß der Unterschied in den Meinungen, in den Einstellungen zu Frauen, zu seiner Frau ist oder war.

Und wieder wurde mir mein Leitsatz klar:
Entweder man hat`s, oder man hat`s nicht.
Wenn man`s nicht hat,
merkt man`s nicht - daß man`s nicht hat.
(R.S.)

Nicht, daß dieser Satz böse gemeint ist, nein, ganz im Gegenteil, er ist für mich leider eine traurige Feststellung einer nicht änderbaren Tatsache der Gene oder nicht entwickelten Fähigkeit!
Viel zu häufig musste ich in meinem Leben schon feststellen, daß manchen eines oder einiges fehlt, ja sie es nicht merken, wissen oder fühlen, daß es so ist.
Dieses aber trifft sowohl für Männlein wie Weiblein zu, da gibt es keine Unterschiede.
Ich mit meiner Übersensiblität hatte da schon manchmal meine „Probleme".

Arme Geschöpfe, glückliche Wesen! Beides zugleich, nein, jedes zu seiner Zeit.
Manches nehmen sie nicht wahr, anderes empfinden sie nicht. Beides kann Vor- und Nachteile haben, zum Teil sogar große.

Leo war es, der mit diesem Thema anfing. Für ihn war seine Frau einfach ein wenig der Zeit entsprechend zurückgeblieben. Das wiederum fand auch er bei einigen Dingen gut, bei anderen aber schon rückständig.
Auf der einen Seite wollte er das untertänige Weib, auf der anderen, die aufgeschlossene Frau.

„Damit die Leute nicht redeten und erst gar nicht falscher Verdacht auf kommt", sagte er, „sei sie neulich, von Münster aus, zu Fuß nach Hause gegangen obwohl der Nachbar, den sie, Zufällig traf, sie mit nach Hause nehmen wollte.
Ganze 6 KM, den weiten Weg, und fürs Taxi war ihr das Geld zu schade.
Ich gebe ja zu, der Nachbar ist nicht so ganz ohne – versucht es immer wieder bei ihr. Und schwieg.
Ich schloss mich dem an - und wartete.
…Jetzt kam Hochberg. „Da kann ich dir nur gratulieren", sagte er ihm, „meine ist, nein, meine war da genau das Gegenteil.
Ihr wisst, dass sie noch lebt, aber in einem Sanatorium, nach einem Unfall.

Das war auch mir neu.

Nicht wie bei dir Leo, meine hat genommen, wann immer sich was bot und das hat ihr jetzt dieses Los eingebracht. Ihr und der ganzen Familie. Sicher hat sie es nicht so gewollt.

Schicksal oder Ende des Glücks, wie du es sagst, meinte er zu mir. Das habe ich ihr nicht gegönnt, dann wäre es besser gewesen, sie hätte diesen Unfall nicht überlebt, aber für ewig ein Krüppel, dazu noch geistig verwirrt. Nein das mußte nicht sein.

Er schluckte schwer, machte eine lange Pause und man sah, wie seine Augen feucht wurden.
Und er schob nach: Tut mir leid, aber ich glaube für heute ist dies kein Thema mehr, ich denke wir sehen uns demnächst wieder, verabschiedete sich und ging.

Was wir, was die Menschheit, nein was einige heute können, auf den Knopf drücken oder irgendeinen Hebel bewegen, der dann wiederum irgend was in Bewegung setzt.
Das Große, was der Mensch heute leistet und schafft, schafft er mit Hilfe von Maschinen, von Hilfsmitteln.
Was ist, was wird sein, wenn er darauf nicht zurückgreifen kann.
Feuer und Wasser mit ihren Nebenerscheinungen zeigen ihm da ständig seine Grenzen, Grenzen, die er nie überschreiten wird.

Wohin also muß das führen?
Wohin wird das führen müßen?

Zeigt uns doch diese Tatsache deutlich die Stellung des Menschen auf der Erde.
Zeigt sie, daß ein Nachdenken über eine andere Lebensform, längst über/fällig war.
Zeigt, wie überflüssig eigentlich der Typus Mensch auf diesem Globus ist.
    Angenommen wir treffen auf die kleinen grünen Männchen.
Von unserer Sorte Mäuse können sie nicht sein.
Unser lebenzerstörendes Zusammenleben wird ihnen fremd sei.

Unser Essen konnten wir noch auf zwei Portionen reduzieren und wie immer war es ausgezeichnet.

Wir mussten feststellen, dass wir immer wieder bei unseren angeregten Gesprächen auch über erfreuliches, daran erinnert wurden, wie schwer es wird, rein Privates von unseren Gesprächen fernzuhalten. Die Lebenserfahrungen eines jeden von uns spielte in unseren Überlegungen immer mit hinein.

Die Jahre gehen dahin

Wie inzwischen bei uns dreien zur Selbstverständlichkeit geworden, waren unsere Treffen reine Diskussionen über irgendwelche Themen meist politischer oder weltlicher Art und selten Themen die einen selbst persönlich angehen.

Das Thema auf unserm diesmaligen Treffen war

Europa

Leo hatte mal wieder den Vortritt, seine Meinung war heute gefragt, er schien am besten die Meinung der „Masse" zu haben und zu vertreten, auch wenn diese Mehrheit eigentlich keine Stimme hat.

Europa, ja Europa, musste das sein, ich meine eine europäische Union? Wem wird das was bringen, wofür ist das nötig? Wir stehen doch recht gut in der Welt da, haben eine hervorragende Währung und eine Stabilität die ihresgleichen sucht. Wofür dann eine Vereinigung?

„Und", so schiebt er hinterher," wir haben jetzt schon zuviel Ausländer hier, nehmen uns die Arbeitsplätze weg und verbreiten in zunehmendem Maße Kriminalität.
Und auch sonst, ihre Frauen, mit ihren komischen Kopftüchern und dieser Vermummung, muss das sein?
Und ihr Geruch, der Knoblauchmief!
Und wohnen, - wie die wohnen, nein ich meine, die sollten alle zurück in ihre Heimat, da wo sie hergekommen sind".

Seine frühere Bezeichnung für alle Fremden „Pasalakken" hatte er inzwischen auf mehrfache Intervention von mir, fallen lassen.

„So siehst du das zukünftige Europa", sagte Phill zu ihm.
„Meinst du nicht auch, daß kann es und darf es doch nicht gewesen sein.
Nein dafür wird Europa nicht vereint, nicht gebaut".

„Ich meine", sagte er weiter, „im Prinzip stimme ich dem irgendwie zu, aber inzwischen bin ich ja auch schon fast der Meinung wie du", wandte er sich mir zu, „habe aber ein wenig meiner eigenen Überzeugung behalten".
„Dieses Europa wird geschaffen, um auf dem Weltmarkt der U S A und den Asiaten, Paroli bieten zu können, nicht mehr und nicht weniger.
Obwohl, wenn man gewollt hätte, auch bei und mit einer anderen politischen Richtung.
Wir hätten dies auch mit ganz Europa tun können.
Alles andere wird sich im Laufe der Jahre ergeben.
Auch wenn sich der Traum von dir, von einer „Heilen Welt", erfüllen wird. Schade"!

„So wie es sich für mich darstellt", sagt er weiter, „wird sich die Kluft zwischen Reichen und Armen weiter vergrößern, werden die Spannungen unter den Völkern, Gruppen sich wesentlich verschärfen müssen.

So wie es heute schon ist, ihr und …"er macht eine Pause, „nein, selbst ich mit meinem kleinen Reichtum - den wir mal hatten - zählen da nicht zu den Reichen.

Seit ich zu dieser Einsicht gekommen bin, und deine Lebensgeschichte kenne", wandte er sich mir zu, „sehe ich vieles anders.
Der Mensch ist in seiner Person, wie er geboren ist und das Glück ihn hat werden lassen.
Also hat jeder die fast selben Voraussetzungen, mehr aber nicht, es sei denn ...

„Ein Volk mit einem Gesetz - und alle sind gleich – da könnte ich Storys, nein, Tatsachen, aus unserer täglichen Praxis erzählen, die einem die Haare zu Berge stehen ließen.
Es heißt nicht umsonst in der Bibel:
Und ich frage euch, ist der Vatikan nicht auch einer der Reichsten?
Es geht eher ein Kamel durch ein Nadelöhr, als daß ein Reicher in den Himmel kommt.
Frage zurückgestellt, das ist sicher besser.
Und lasst mich nochmals, sicher für uns alle erklären, Kirche hat wenig, sehr wenig mit Glauben und schon gar nichts mit christlichem Denken, Handeln und Leben zu tun".

Aber, bleiben wir bei Europa.
„Unterschiedliche Mentalitäten, unterschiedliche klimatische Verhältnisse, ja einfach alles ist anders, aber es stimmt natürlich, in Amerika, den Vereinigten Staaten, gehts ja auch – so wie es eben geht - gibt es mit Europa auch Gemeinsamkeiten wie mit, anderen Ländern auch".

„Die mussten dafür ja auch erst mal einen Krieg führen", warf Leo ein, „bevor sie zueinander fanden".

„Du meinst sicher den Befreiungskrieg, den Sezessionskrieg von 1861 bis 1865, in dem der Süden gegen den Norden kämpfte, oder genauer gesagt, der Norden gegen den Süden", versuchte ich ihm zu erklären.
„In diesem Krieg ging es um den Abtrennungsversuch der Süd-staaten vom Norden.
Der Süden mit seinen Plantagen hielt sich nach allgemein gültigen Aussagen immer noch Sklaven – höre, 1860 immer noch Sklaven.
Der Norden, der mehr von der Industrie geprägt war und ist, hatte die "Sklaverei" aber schon lange abgeschafft".

Und weiter, warf Phill ein.
„Wenn du den Unabhängigkeitskrieg meinst, der war schon um die 1780 und wurde zur Loslösung von der englischen Krone durch-geführt.
Dieser Regierung, war man nicht mehr bereit, Steuern usw. zu zahlen, ohne eine besondere Gegenleistung dafür zu erhalten, die man im Prinzip auch nicht mehr benötigte.

Man forderte Gleichberechtigung gegenüber dieser Regierung, und da sieht man mal wieder, viele kämpfen und kämpften schon für Gleichheit und Gleichberechtigung, aber noch keiner hat bisher den Versuch unternommen und durchgeführt, dieses in letzter Konsequenz zu tun.
Jeder, der diese Versuche bisher unternommen hat, hat es nicht überlebt.

Und leider ist es auch heute noch nicht anders, und es wird auch nie anders werden, fast alle dieser edlen Vorkämpfer wurden irgendwie durch einen Fanatiker oder dergleichen, ihres Lebens beraubt".

„Aber heute", bemerkte Leo, „müsste das doch eigentlich möglich sein, es gibt doch viel mehr Möglichkeiten in alle Richtungen und auf allen Ebenen, und die Menschen sind zum Teil aufgeschlossener".

„Weißt du", warf ich ein, „das stimmt ja z. T., aber man darf nicht vergessen, die andere Seite ist ebenso mitgewachsen, hat sich in ihrer Kriminalität, weiterentwickelt, und wie schon mein Freund Nikolaus, der katholisch war, sagte:
Ehrlich währt am längsten, und wer nicht stiehlt, der kommt zu nichts.
Da ist leider zu viel Wahres daran, auf diesem Globus.

Ein Umsteuern ist für diese Menschheit nicht mehr gegeben, dazu ist auch die Lebensuhr dieser Spezies zu weit abgelaufen und die Zerstörung der Umwelt, mit ihrem Mitwirken, zu groß.
Es werden dramatische Auseinandersetzungen kommen, müssen, mit schlimmen, sehr schlimmen Folgen, die auf diesen un-demokrat-ischen Handlungs- und Lebensweisen beruhen, aber nur wenige wollen es schon jetzt wahrhaben.
Eine Möglichkeit wäre es, über den Tausch, die Manipulation der Gene der Menschen möglich, aber auch da sehe ich schwarz, das heißt, ich sehe dafür keine Möglichkeiten, die sich realisieren lassen würden, obwohl auch hier die Gefahr dazu besteht. Nur wohin wird das gehen?
Der Mensch ist und bleibt das Übel auf dieser schönen Erde, aber er wird auch nur eine reine Zeiterscheinung in der Geschichte dieser bleiben.

Geboren um zu sterben, entstehen um zu vergehen, das ist der Menschheit Lauf, Anfang und Ende.

(R: S.)

„Aber bleiben wir bei Europa.
Die unterschiedlichen Bedingungen müssten ja irgendwie angepasst oder ausgeglichen werden, aber sicher nicht für die Reichen, zahlen wird dies alles nur wieder das gemeine Volk, schließlich arbeiten sie für die Wohlhabenden.
Doch diese Rechnung wird so nicht mehr aufgehen!

Eine Grenzüberschreitung der Reichen in Europa und dem Rest der Erde hat es doch vorher schon gegeben.
Und ich sage euch, es ist wie in meinen Gesellenjahren: Wer am lautesten schreit oder querschießt bekommt einen Groschen mehr und schweigt wieder.
Nur die Probleme lösen sich dadurch nicht, eine einzige Menschheit auf dieser Erde ist (wäre) zwar erstrebenswert, wird aber nie Wirklichkeit.
Ich sage es euch nochmals; das sind alles nur Versuche, Versuch, die nicht ernst gemeint sind, sondern die Masse nur beruhigen und zum Stillhalten animieren soll.

Ich kenne kaum jemanden unter unserer Klientel, der je etwas für die Menschheit getan hat und einen großen Namen hatte", warf Phill ein, „meist sind es die, die mal hart für ihren bescheidenen Wohlstand haben arbeiten müssen, keine Nachkommen haben und einsehen, daß die Menschheit nach dem jetzigen System nicht überleben kann..

Die anderen denken nur, daß nach der letzten Stunde, ihr Name noch für mindestens eine Generation erhalten bleibt, alles andere ist denen gleich.
Mehr Gerechtigkeit oder gar eine einzige, einige Menschheit, nein, dagegen sind sie schon immer, und ich kenne – nicht nur – einige, die ihre ganze Habe dafür einsetzen würden, um so etwas zu verhindern, so traurig es klingt, aber es ist wahr.

Sehen wir uns die Taktik der Bosse an und machen mal eine nüchterne Analyse:

Man zahlt dem einen, einen, etwas höheren Lohn, um die anderen zu mehr Leistung anzuspornen. Wer dieses Spiel – in Richtung Boss – richtig versteht, kann nicht nur reich damit werden, doch die meisten fallen darauf herein.

Sehen wir uns die unterschiedlichen Verdienste in diesen Ländern an.
Da gibt es tatsächlich einige unter uns, die meinen, die Löhne, in den andern, Länder würden den unsrigen mit den Jahren angepasst".

Sagte ich – „stimmt, angepasst, ja aber ...".
Das ist auch alles.
Die Löhne werden hier ständig nach unten gehen, wogegen die in den anderen Ländern ein wenig steigen und ...
„Es kommt noch etwas hinzu, was für die unteren Schichten die Gleichheit im miesen Verdienst, Einkommen beschleunigt.
Ihr habt gehört, was ich sagte – Gleichheit – wobei Angleichung richtiger ist".

Stellt euch vor, da werden in Deutschland z.B. Stellen ausgeschrieben, die ja dann von allen Personen des europäischen Raumes belegt werden können.

Es bewerben sich 15 Deutsche.
7 Spanier.
3 Portugiesen.
5 Türken.
4 Italiener.
Einen Deutschen möchte man eigentlich, wegen der (vielleicht) besseren Kenntnisse schon nehmen, aber:
Alle anderen sind von den Kosten, vom Gehalt her, wesentlich günstiger zu haben.
Ja, der Niedrigste liegt bei nicht einmal einem Viertel.
Da hier ohnehin Arbeitsmangel herrscht, für nicht absehbare Zeit, werden den deutschen Bewerbern ganz klar die Bedingungen gestellt, weniger Lohn oder keine Arbeit.
Wer wird dann auf der Dauer dem Druck standhalten können.
So werden sich die deutschen Arbeiter mit der Zeit dem Druck der Reichen weiter beugen müssen, wenn, ja wenn sie nicht früh genug

Widerstand leisten, und das wird nicht geschehen, da für fehlt die geeignete Gewerkschaft!

Dazu ist die Gewerkschaft nicht bereit, ihre, vom Gesetz her gegebenen Verpflichtungen erfüllt sie, zum Wohle der Habenden, nicht.

Aber das wissen wir ja, die spielen bei denen, die sich reich fühlen, ja auch mit.

Sehen wir uns hier das Vorbild für viele an, dass sie alle benutzen, um uns klar machen zu wollen, daß es auch anders geht: Amerika!

Vollbeschäftigung, wie es so schön heißt!

Dort müssen und können viele nur mit mind. 3 miserabel bezahlten Jobs überleben. Nennen sie das etwa soziale Gesinnung oder Gerechtigkeit, ja Menschlichkeit?

Und (fast) alle sind froh und glücklich, einen Reichen als Bekannten zu haben. Man sonnt sich in dem Gedanken, am Wohlstand beteiligt zu sein, auch wenn man nicht dazu gehört.

Und hier in unserem Lande, ausgezahlte Stundenlöhne von ganzen 3 DM soll es da geben.

Da kann ich nur sagen: Ab ins Kittchen mit solchen Schergen, die dies zahlen.

Aber ebenso sehe ich dies für die obere Sprossen von Gehalt und Besitz und denen die dafür die Verantwortung tragen.

Sie sehen, hier fehlt beiden Seiten nicht nur etwas, dem einen der Verstand, den anderen der Mut sich dagegen zu wehren.

Anders bei den Reichen! Deren Reichtum steigt im Verhältnis wie die Armut bei den Armen zunimmt und schneller.

Und die Kirchen schweigen, wie in den Braunen Zeiten, haben anscheinend Angst, daß ihr die Kunden weglaufen, pardon, die „Gläubigen" wegbleiben.

Sie schweigt und schweigt und schweigt, und lebt selbst auf der sicheren SEITE. Oder mischt mit, wenn es um Kostenminimierung im Personalbereich geht und andere Dinge.

Jetzt, so meine ich, hätte man noch etwas mehr Gerechtigkeit in das sich neu entwickelnde Europa bringen können, hätte Ruhe und friedvolleres Denken verbreiten können!

Wie aus einem Munde sagten Phill und Leo gleichzeitig: „Deine Worte hätten Wahrheit werden können, leider".

„Und", so fügte Phill hinzu, „die starke DM wird geopfert für irgendeine Währungseinheit die für alle Europäer gilt, und das kann nur eine schwache werden, sein.

Und mit dem Wechsel zum EURO werden alle Preise schleichend angehoben.
Der EURO, wie viele andere Dinge auch, eine Entscheidung gegen das Volk, gegen die Vernunft!

Ich meine", so sagte er, „bis es soweit ist, dass wir dieses verwirklichen können, ohne Schiffbruch zu erleiden, vergehen noch Jahrzehnte, zu mindesten müssten es noch vergehen, nicht aber wie vorgesehen in wenigen Jahren.
Auch dieses Dilemma geht voll wieder auf den Rücken des kleinen Mannes.

Aber es muss scheitern, weil alles nicht ernstgemeint ist und genommen wird, sondern eine reine Farce für diejenigen ist, die meinen, daß wir eine einige Menschenbevölkerung werden müssen, wenn wir überleben wollen.
Nur alles, was sie - die Politiker – tun, ist halbherzig und kommt zu spät – viel zu spät!!!

Warum nur steht die Masse nicht auf und geht auf die Straße und tut ihren Unmut kund, mit allen demokratisch verfügbaren Mitteln? Und das sind so viele, daß sicher die meisten Politiker, Wirtschaftsbosse und ... dann nicht mehr wissen, ob sie Männchen oder Weibchen sind.

Muss wirklich erst etwas Schlimmes passieren, ehe sich etwas ändert – ehe man den Versuch startet, etwas zu ändern.
Hat keiner eine Verantwortung gegenüber seinem Nachbarn, unseren Nachkommen? Wir meinen nein, - haben sie nicht.

Keiner von Ihnen wird auch dann nicht, wenn etwas Schlimmes passiert ist, einmal gründlich darüber nachdenken, ob etwas in

der Vergangenheit nicht gestimmt hatte oder gar falsch war. Sie sind sich alle einig, Sie, nur Sie, sind die Größten, und unfehlbar.

Wenn es denn noch sein sollte:
Wird in 100 Jahren einmal ein Welt- (Erd-) Gericht, das Urteil fällen, daß alle Reichen und deren Günstlinge und Mitläufer seit 1960 als Straftäter im Sinne einer Weltordnung anzusehen sind?
Wir meinen ja!

„Mensch, Phill", sagte ich zu ihm, „deine Meinung wird auch von Tag zu Tag radikaler"!
Ja", antwortete er, „wir erleiden von Tag zu Tag neuen Schiffbruch.
Es ist", sagte er weiter, „als ob die ganze Welt sich zurzeit gegen uns stellt. Wie eine Verschwörung".

„Nein", merkte ich an, „ihr habt z. Z. nur kein Glück. Du weißt doch, mit Geld kann man sich fast alles kaufen, und wenn man keines hat, oder wie ihr jetzt - weniger habt, fehlt auch das Glück, zumindest hat man das Gefühl, dass es so ist".

„Warte nur", kam seine Antwort, „ich hoffe, uns geht`s mal wieder besser. Dann schwöre ich euch, zeige ich´s allen, wo´s langgeht.
Diese Heuchler, diese Schweine können mir alle gestohlen bleiben".
    Aber", fügte er hinzu, „es ist gar nicht so einfach, an die hohen Herren heranzukommen. Wenn`s denen an den Kragen gehen soll, halten die zusammen wie Pech und Schwefel.
Und wenn man richtig überlegt, wie wenige Reiche es im Verhältnis zu den Armen gibt, da müsste es eigentlich, ein Leichtes sein, gegen die einzuschreiten.
Einigen aber werde ich es trotzdem heimzahlen können, dafür weiß ich zuviel von ihnen, werde selbstverständlich meinen Ehrenkodex dabei einhalten, das zumindest habe ich hier gelernt.

Ob es um Europa, die Erde, Deutschland, die einzelnen Bundesländer, ja die Gemeinden geht, der Klüngel und Filz ist überall der gleiche und da sagt man:
    „Edel sei der Mensch hilfreich und gut".

200

Eine Aussage, die zum größten Schwachsinn zählt, konnte sich wohl keiner ausdenken, passt aber ganz zum Artikel §§ 3 des Grundgesetzes, der da lautet:

" Alle Menschen sind vor dem Gesetz gleich".

Ja, und zum Glück, hört ihr, zum „Glück" bestimmt auch hier die Ausnahme die Regel, die da heißt, „daß die Menschheit in viele, sehr viele Klassen eingeteilt ist. Vor dem Gesetz sind alle gleich, nicht aber vor allen Richtern die diesen Gesetzen voll verpflichtet sind und wären".

„Es ist", wie du immer sagst, bei einer etwas gerechteren Lebensweise, würde es keinem schlechter, aber sehr, sehr vielen besser gehen".

„Wir sollten uns einmal über die Themen Glück, Gerechtigkeit, Religion, und warum die Menschen so sind, wie sie sich geben, reden, um eine gemeinsame Haltung zu bekommen", warf Leo ein," bevor wir mal wieder auseinandergingen".

„Weißt du Leo", sagte ich ihm, „wenn du deine Sinne weiter schärfst, wirst du feststellen, daß alles zusammengehört und man das Eine nicht vom anderen trennen kann.
Eines der großen Probleme dieser Erde ist es, daß nur wirtschaftsmäßig global gedacht wird, und alles andere reines Gerede ohne Inhalt ist.
Das äußerst dumme Gerede von einer gemeinsamen Zukunft der Menschheit und nicht weniger, ist reine Propaganda und nur werbemäßig zu verstehen.
Ihr Geist reicht zwar weiter, aber verstehen will man nicht, man will ja schließlich „demokratisch" handeln, wie "alle" anderen auch und macht so im Trott der Vorgänger weiter".

Kein Thema

Eigentlich stand heute nichts besonderes auf unserem Themenplan, und so schimpfte, jeder über das schlechte Wetter bei uns.

Dazu warf Phill nur ein: „Ab in die Sonne, - ja, und heute erst kann ich verstehen, wie schlimm es sein muss, nie in die Sonne fliegen zu können, wie es ja doch bei nicht wenigen unter uns der Fall ist.

Bevor der Fall X war, sind wir häufig am Wochenende mal kurz nach Mallorca, Sylt oder sonst wohin geflogen, aber heute sind andere Dinge wichtiger.

Und eigentlich haben wir festgestellt, daß dieses Wetter hier zum Arbeiten eigentlich ganz richtig ist. Arbeiten bei erträglichem Wetter und zum Feiern oder Faulenzen ab in die Sonne.

Den großen Urlaub gab`s natürlich auch noch irgendwohin auf der schönen Welt".

Ich schwieg weiter und wartete auf Leos Kommentar dazu.
Leo bemerkte meine Absicht und holte zum Rundschlag aus.

„Seit unsere Kinder aus dem Gröbsten sind, versuchen wir ja auch hin und wieder in den Urlaub zu fahren, aber ihr wisst ja. In den jüngeren Jahren hatten wir im Sommer immer Hochkon-junktur und haben nur alle 2 Jahre im Sommer Urlaub bekommen. dann kam meine Berufsunfähigkeit, und jetzt reicht`s alle 4 bis 5 Jahre für einen Urlaub in der Sonne. Aber ist das denn auch so wichtig? Wir sind damit ganz zufrieden so".

Zufriedenheit, ja da hatte Leo Recht, Zufriedenheit ist wohl das Größte.
Jetzt wusste ich, war ich daran.

„Das Wetter ist ein Problem für sich", hörte ich mich sagen.
„Der eine möchte und braucht Sonne, der andere aber Regen. Wie es kommt, ist es oft nicht richtig.
Aber, ich denke, es wäre noch schlimmer, könnte jeder das Wetter machen wie er es wollte.
Nein, das wäre die schlechteste Lösung für alle.

Es reicht, wenn wir das Klima durch unser rücksichtsloses Verhalten ständig mehr negativ belasten. Dadurch treten schon genug Schwankungen beim Wetter auf. Schwankungen, die sich schon weltweit bemerkbar machen.

Ihr merkt, was ich sagen will, **der Irrsinn der Menschen mit dem was sie tun oder nicht tun um ein Überleben der eigenen Rasse zu gewährleisten".**

„Aber zum Urlaub:
Was wir hier verallgemeinert als Urlaub bezeichnen, ist wohl Freizeit, Erholung, Urlaub, Feiern und so weiter.
Urlaub ist laut Lexika die bezahlte Freizeit während eines Arbeits- / Dienstverhältnisses, mehr nicht und nicht weniger.

Meinen ersten Urlaub, meinen ersten richtigen Urlaub hatte ich mit 20 und war damals alleine in Holland. Genau genommen in Nordwyk am See.
Obwohl ich dieses Ziel leicht in zwei Stunden Fahrzeit erreicht hätte, suchte ich mir damals, einen Tag zuvor, in Leiden noch ein Quartier für eine Nacht, um am anderen Morgen mein Ziel zu erreichen.

Ein Erlebnis für mich, daß ich nie vergessen werde, war der morgens für mich, alleine, gedeckte Frühstückstisch. Ein großer Tisch ganz allein für mich gedeckt, mit vielen Köstlichkeiten, die ich aus Deutschland nicht kannte. Ich fühlte mich wie ein König, obwohl ich wusste, dass ich keiner war und nie einer würde.
Solche Erlebnisse sind es, die für mich den Wert eines Urlaubs ausmachen.

Gebucht hatte ich ein Privat-Quartier bei einer holländischen Familie, dass meinen damaligen Vermögensverhältnissen, meinem damaligen Verständnis und Wünschen am meisten, entgegenkam.

Dort war es üblich, für die Gäste die eigenen Wohn- und Schlafräume den Sommer über zu räumen und in ein winziges Gartenhaus zu ziehen.

Die schrecklichen Jahre des Krieges lagen ja noch gar nicht solange zurück, aber von Rachegefühlen, wie sie bei einigen "Nachbarn" sogar noch heute vorhanden sind, war bei dieser Familie nichts zu spüren.

Das, was ich in diesem Urlaub erlebt habe, erfahren konnte und durfte, hat mich wohl damals schon davon überzeugt, daß ich andere Länder, andere Völker, Menschen mit all ihren anderen Gewohnheiten, Eigenarten und Mentalitäten kennenlernen musste, soviel ich konnte und durfte.

Waren es einige Male Holland, so folgten dann die Berge. Faszinierend zogen sie mich über viele Jahre in ihren Bann, nicht die höchsten, aber für meine später von einer sitzenden Arbeit gezeichneten Füße, schon eine beträchtliche Höhe. Und die Berge faszinieren mich noch heute. Hier, so hatte ich mal gehofft, werde ich alt.

1980 verbrachte ich meinen ersten Urlaub auf einer Kanaren Insel und war zunächst von dieser, aus dem landenden Flugzeug sichtbaren Stein- und Trümmerwüste enttäuscht. Erst als ich auf meinen Erkundungsfahrten die Schönheiten der Natur auf dieser Insel sah und entdeckte, bin ich begeisterter Besucher geworden.
Heute kenne ich alle Inseln dieser Gruppe und eine besonders gut.
Aber ich habe auch noch viele andere Ziele gesehen und in anderen Kulturen meinen Urlaub verbracht.
Nicht daß ich nicht gewollt hätte, aber aus Gesundheitsgründen habe ich die Tropenländer in den letzten Jahren aussparen müssen.
Alles, denke ich, wird man wohl nicht sehen können.
Es reicht mir auch für mein Leben und die daraus gewonnenen Erfahrungen.

Ja, und was spielt das Wetter dabei für eine Rolle?
Ich gebe zu, eine unterwürfige zwar, aber es spielt eine.
Man steigt auf Teneriffa aus dem Flugzeug und alle
körperlichen Wehwehchen sind weg, die man hier hat.
Ein Regentag auf Madeira ist nicht gleich einem in
Deutschland. Die Wärme, die dort in der Erde und allem steckt,
gibt einem ein ganz anderes Lebensgefühl".

Es wird, es ist an der Zeit

Die Ansichten unter uns dreien hatte sich soweit angeglichen,
daß wir durchaus eine gemeinsame Meinung vertreten konnten.

Lange schon hatten Freunde und Bekannte von uns dreien, von
unseren Zusammenkünften erfahren und vom Tun gehört und
es gab eine größer werdende Zahl, die gerne mitgemacht hätte.
Es gab darunter etliche die einige Zeit benötigten um in der
anderen Gedankenweise von mir einen positiven Sinn fürs
Leben zuerkennen und sehen. Erst wenn ich zufällig eine
Schwachstelle, von ihnen traf, in die auch sie hineingehörten,
fiel bei ihnen der Groschen, auch wenn sie die Komplexheit
der Sache noch nicht sahen.
Globales Denken, ja sogar Handeln dazu bedarf es mehr! Ich
denke, daß mein Leben und meine Erfahrungen dazu
beigetragen haben, obwohl ich klar bekenne: Könnte ich dies
jetzt Professionell betreiben, es käme wesentlich mehr dabei
heraus – für alle.

**Dass dieses System, das sich Demokratie nennt, den
Menschen keine Überlebenschancen gibt, sehen nur wenige
und die die es sehen, ignorieren es häufig.**
Ist doch die Tatsache, eine andere als die gängige Meinung zu
vertreten, nicht ganz einfach.

Denken wir zurück! Es war die „Rote-Armee Fraktion die für eine andere Gesellschaftsform kämpfte mit Mitteln wie ich sie verabscheue. Nur wenn man, wie die meisten, nur oder sehr einseitig denkt, ja so erzogen wird und nichts anderes sieht, wohin man auch sieht, verfällt man in die einzige Möglichkeit, die man kennt, und die nennt sich Terror und Gewalt.

Um nicht diese Gruppe alleine da stehen zu lassen, fallen global gesehen noch unendlich viele andere Gruppen und Organisationen darunter. Erschreckend viele, die mit irgendeiner Religion oder Sekte zusammenzubringen sind. Da wären:
Die Nordiren,
die Muslime in vielen Ländern,
die Palästinenser und Israelis,
die Inder.
Und so geht es rund um den Globus weiter und es kommen andere Gründe dazu.
Die Basken,
die Serben,
Das Problem der Schwarzen in den USA und in anderen Ländern,
nicht zu vergessen, auch hier die Indianer,
die Aborigines in Australien und die Maori in Neuseeland.
Und in dem „Musterland" Deutschland? Wie ist das bei uns?
Die Freiheit des Glaubens wird garantiert.
Aber welcher Missbrauch der Glaubensgemeinschaften wird hier inzwischen von einigen dieser Vereine betrieben? Wir denken hier z. B. an die Moslime.
Und statt der fehlenden Religion, Glaubensgenossen hat sich hier manch einer als Sündenbock „die Fremdenfeindlichkeit" auserkoren.
Die Menschheit ist zerstritten auf der ganzen Erde, und eine Globalregierung wäre lange von Nöten und hätte gut mit der Christianisierung der Menschheit stattfinden können – wenn.
Aber fehlt da in der Aufzählung zu den Übeln nicht etwas – die Christianisierung selbst?

Christianisierung, das ist wohl das unrichtige Wort – Kirchianisierung wäre da richtiger!

Da gibt es die vielen Terror-Organisationen in den unterschiedlichsten Ländern, die es doch nur deshalb gibt, weil ein Teil der Bevölkerung mit dem Ge/Tue und Ge/Habe im Lande nicht einverstanden ist, ja sein kann, auch wenn es oft an mangelndem Verständnis für eine einzige Menschheit fehlt. Da werden unbequeme Parteien verboten, nur weil man die Macht hat und sich von einem Teil seines Reichtums nicht trennen will. Reichtum, der einem nach allgemein menschlichen Vorstellungen nicht gehören kann. Diebesgut also!

Da man in seiner Dummheit so groß ist, ist man nicht bereit einzusehen, welchen Vorteil es hätte, auch andere, wenn auch unbequeme Parteien in seinen Reihen zu haben. Denn das wäre der Fall um nachzudenken, wie es anders sein müsste.

Die Themen, zu den nachstehend, Stellung bezogen, oder eine Meinung abgegeben wird, werden von uns dreien gemeinsam vertreten, wenn auch immer kleine Differenzen selbstverständlich sind, ja sein müssen, das zumindest meinten Phill, Leo und meine Wenigkeit.

Totengräber

„Wohin man auch sieht, wenn man sehen will, die meisten Probleme sind von Menschen gemacht, und gegen den Rest, könnte man geeignete Lösungen erforschen, entdecken oder entwickeln.
Und das meiste - an dem meisten, tragen Menschen die Verantwortung, Menschen die „Glück" hatten oder raffiniert genug waren, auf einen Posten zu kommen, der ihnen hier die Verantwortung gibt und das Sagen erlaubt, die an ihnen

vorgegebene Grundgesetze gebunden sind (wären), die sie zu beachten hätten.

Da wir in einer Gesellschaft leben der Ideale als Ziele vorgegeben werden, die die Vernichtung der eigenen Rasse auslöst und in ihrer Blindheit lebt, die von der Masse der Reichen und Wohlhabenden gesteuert wird, wird sich auch nie etwas ändern, obwohl die Gefahr die darin steckt, von immer mehr Menschen erkannt wird.
Schlimmer als die Reichen selbst sind die vielen kleinen und großen Mitläufer, die Gernegroße auf allen Ebenen, in allen Bereichen, die Schmarotzer dieser Demokratie, unserer Gesellschaft.

Wer bewusst die Zeilen mit meinen und deinen Äußerungen zu den Erfahrungen mit unseren Kunden mitbekommen hat, wird uns Recht geben", sagt Phill.
Es soll doch wohl nichts anderes aussagen, als daß viele Stellen oder höhere, ja hohe Posten von Leuten besetzt sind, die eigentlich vollkommen ungeeignet, ja untauglich sind, weil sie einfach nicht die Gene dazu haben".

Diese Gesellschaft wird ausschließlich von Menschen gesteuert, die als oberstes Ziel ihren eigenen Wohlstand sehen.
(R.S)

„Warum sich nichts ändert: Jeder der einen etwas höheren Posten ergattert hat, dazu, vielleicht vollkommen zu Unrecht, weil unfähig, hält an diesem fest und verteidigt ihn mit allen Mitteln. Und es werden viele solcher Plätze verteidigt, oder andersherum gesagt, es sind nur wenige Stellen mit fähigen Leuten besetzt, denn ein Anrecht auf eine gewisse qualifizierte Stelle, einen Job, gibt es nicht, und die Neider lauern überall.

Diese Gesellschaft lebt seit Jahrhunderten mit dem Ziel einigen Reichen zu dienen, und hat die Anpassung an die menschlichen

Erdgegebenheiten und Voraussetzungen völlig übersehen - wollen.

Vorausseher und Denker hat es schon immer gegeben, doch man hat sie schon immer als Spinner abgetan, obwohl viele wissen, daß sie eigentlich Recht haben!

Ganz abgesehen von der beruflichen Fähigkeit steht hier die menschliche ganz außer Frage - im Abseits, die aber für einen Erfolg einer besseren Zukunft, von Nöten wäre.

Selbstüberschätzung ist heute ganz normal, und bringt die unmöglichsten Blüten und Probleme ans Tageslicht.

Warum aber werden dann so hohe Einkünfte gewährt"?

Die Totengräber jeder Demokratie sind die Legislative und Exekutive im Staat
und das mit Schwerpunkt Ex.
Wer die Inhalte der Artikel des Grundgesetzes nicht mit aller Macht und letzter Konsequenz verteidigt und ihnen zur Geltung verhilft, sitzt doch unzweifelhaft auf dem falschen Sessel. *(R.S.)*

Anscheinend ist es diesen Damen und Herren nicht klar, was sie mit ihrer unrichtigen Auslegung, auch. zum Teil sogar, **vorsätzlicher Missachtung** *zum Beispiel des Artikels 3*

„Alle Menschen sind vor dem Gesetz gleich"

Oder Artikel 14 Abs. 2
„Eigentum verpflichtet."

Oder Artikel 2 Abs
„ ..... und nicht gegen die Verfassung verstößt".

Oder des Artikel 21   Die Parteien
„ .... Ihre innere Ordnung muss demokratischen Grundsätzen entsprechen".

anstellen oder heraufbeschwören.

*Nehmen Sie nur einmal Artikel 3. Gegen diesen verstoßen alle
Parteien und jede Behörde.*
*Und damit man Ausreden hat, daß es nicht so ist, hat man
andere §§ erfunden, um den Dummen vorspielen zu können,
man handele legal – demokratisch legal.*
*Also Gesetze, die es nach gültigem Recht des Grundgesetzes
gar nicht geben dürfte.*
*Verfassungswidrige Gesetze, und das
Bundesverfassungsgericht schweigt.*
*Dabei sind diese Artikel so außerordentlich klar formuliert,
daß es doch wohl für jeden denkenden Menschen klar sein
muss, was damit gemeint ist. Gleich ist gleich –da gibt's nichts
dran zu rütteln, und da steht auch kein Zusatz von UN-gleich
darin!!!*

*Und "Eigentum verpflichte" kann nicht heißen, daß Reiche
keine Steuern zahlen.*

*Als Otto Normalverbraucher könnte man glatt der Meinung
verfallen, ein - oder weil zunehmend mehr - Fall für das
Bundes-verfassungsgericht.*
*Falsch gedacht – diese hohe Herrschaft spielt da z. T. voll mit -
müssten also genau genommen selbst auf die Strafbank aber ...
..*
*Wen wundert es da noch, wenn schon ganz oben sich nur
wenige an Gesetze wirklich halten, daß man da, wo man von
Gesetzen wenig versteht - oder will – diese missachtet, und,
schließlich macht man es diesen großen Vorbildern (?) ja nur
nach".*

*Der „Kreis" dieser Übel ist die Grundlage aller Übel,
sind die Totengräber unserer, jeder Demokratie!!!*
(R.S.)

210

„Die Menschheit wird nur zueinander finden, wenn sich die sozialen Verhältnisse in unserer Gesellschaft annähern und damit auch ein gemeinsames Gedankengut entstehen kann und muss!

Warum wir der Meinung sind, daß es eine andere Gesellschafts-form geben müsste, geben sollte oder - es wird keine mehr erforderlich sein?!

Es war das Ende des zweiten Weltkrieges, dass unserer Meinung nach, soviel neue Erkenntnisse brachte, daß man eine neue Gesellschaftsform hätte finden müssen – und fand. Aber wo ist sie geblieben, was hat man aus ihr gemacht?
Die Artikel des Grundgesetzes waren dafür schon ausgerichtet!

Die Erde ist und bleibt der kleine Globus, auf dem wir Menschen leben, und wir müssen immer näher zusammenrücken, ob wir wollen oder nicht. Der verfügbare Platz wird immer enger, auch wenn unsere eigene Bevölkerung schrumpft.

Anders herum, die Wirtschaft hat Beziehungen und Verbind-ungen die sich über alle Kontinente erstrecken, - seit Jahrzehnten.
Wenn dem so ist, dann stellt man sich schon die Frage: Warum wird das, was wir alle erarbeiten, erforschen, erwirtschaften - alle, die daran teilnehmen dürfen - nicht einiger maßen gerecht(er) unter allen verteilt.
Da müssen auch die dabei sein, die keine Möglichkeit haben, einen Beitrag für die Gemeinschaft zu leisten, leisten zu dürfen, leisten können.
    Leben, ein mindestens menschenwürdiges Leben sollte schon jeder leben dürfen.
    Welche Gesellschaft wir auch nehmen, ob Adel oder reiche Wirtschaft, ob Kirche oder ...
Es sind Worte ohne Taten, wenn es um das Verhungern, das Elend geht, und oft sind es Worte nur um der Worte Willen.

Wie löblich die wenigen, die teilen und geben.

Nehmen wir einmal die Geschehnisse der letzten Zeit unter die Lupe und betrachten den Zustand der Menschen die das Sagen haben, in Politik und Wirtschaft:
Dem stellen wir geistig den Menschen gegenüber, wie wir ihn uns (die meisten) wünschten - Er wäre so.
Kurz gesagt: Ehrlich und tolerant!

Sie meinen, das wäre zu wenig? Weit gefehlt, wenn Sie diese beiden Eigenschaften großzügig und globaldenkend auslegen, haben Sie alles erfasst, was wichtig wäre, so wie die Grundgesetze der Bundesrepublik ausreichend wären – hätten wir die richtigen Richter dazu. So aber wird von einigen alles zerpflückt und zerredet.

Politik von gestern

Überschriften, Artikel von Kohl, Koch, Kanther, Kiep und Konsorten.
Vergleiche unter den Parteien – kaum möglich, und doch die CDU ist einmalig!

Die Affäre Kohl oder die der Christlichen-Demokraten.
Die Partei, die die „Reichen" am meisten vertritt!
Die Partei, die die Reichen reicher macht!
Die Partei der Reichen und Schein-Reichen!
Die Partei der Undemokratischsten!

Da können Sie als Mitglied oder Mitläufer sich wenden wie Sie wollen, lesen sie die Artikel des Grundgesetzes, und Sie sollten wissen, wo Sie stehen!

Wer zwischen den Zeilen liest und solche Machenschaften, die es schon seit Jahren, ja eigentlich schon immer gab, versteht, und nicht vergisst, wird, ja muss zustimmen, der Fall "Wintergemüse"* ist (bisher) der Gipfel an krimineller Handlung, die ein „führender Christ-Demokrat" an den Tag legte.

Eigentlich ist die Sache zu traurig, um sich damit lange auseinander zusetzen.
Anders herum bedarf sie einiger Worte, um das zu sagen, was nötig ist, was eine nicht kleine Anzahl an Menschen in unserer Republik darüber denkt.

Das was Herr Wintergemüse angestellt hat, wird diese Republik von nun an – bewusst oder unbewusst – beeinflussen und zwar **höchst negativ.***
Diese Verantwortung muss Herr Wintergemüse* immer tragen, ob er will oder nicht.

Da er aber ein Mensch mit mangelndem Verantwortungsbewusstsein ist, wie manch einer seiner Zeitgenossen auch, lässt es ihn völlig kalt - ein weiterer Schritt zum Abgrund der Menschheit.
Für alles, was in Zukunft sich auf der Ebene "Kriminelle Handlungen" bewegt, trägt Herr Bundeskanzler a.D. Dr. Wintergemüse* die Verantwortung mit.
Er ist der Tatbestand, dem die Exekutive ihren Persilschein aufgedruckt hat.
Wer also ist hier der Hehler und wer der Stehler?

Die Sache des zuvor genannten Herrn ist die eine, die der vielen anderen Herren, die andere. Und alle, alle gehen straffrei aus!
Wie kann das nur sein in einem Rechtsstaat wie dem unserigen wo,
    „vor dem Gesetz alle gleich" sind? !   *rechtl. geä.

Steht diese Gesellschaft nicht wirklich am Rande des
Verfalls der Demokratie?!

Wen verwundert es, wenn nur noch wenige zum Wählen
gehen – wenn es doch keine echte Alternative gibt.
Aber müssen deshalb alle vorhandenen
Wählergemeinschaften und Parteien den "richtigen"
Kurs fahren? Den Kurs, den die Wohlhabenden wollen, ja,
nicht aber den, den inzwischen die meisten
Wahlberechtigten sich wünschen.
Eine Wahl mit einer Wahlbeteiligung von unter 80%
müsste, dürfte nicht akzeptiert werden.

Die Kleinen hängt man, die Großen lässt man laufen.
Jeder der kleinen schwarzen "Wintergemüse"* darf sich jetzt
mit dem Argument herausreden, andere dürfen es ja auch – und
meint damit Wg.* und Konsorten – wir finden – zu Recht, auch
wenn es Unrecht hoch 10 ist.

Um keinen Zweifel aufkommen zu lassen: Die
Schweinereien der S P D, die von Herrn Glogowski z. B.
und wie immer sie heißen, sind eben so schlimm und
unvergessen, wie die der Christdemokraten und aller
anderen.

Das was Herr W.* geleistet hat, dafür ist er bezahlt worden, hat
einen Eid geleistet. Dafür hätte er saubere Arbeit erbringen
können und müssen.
Wenn er dazu nicht fähig war, hätte man erwarten dürfen,
können, daß durch Neuwahlen eine andere Partei ans Ruder
kam.

Das was Herr Wg.* geleistet hat, hätten Hunderte anderer auch
geleistet.

Es ist möglich, daß darunter sicher solche gewesen wären, die es schlechter gemacht hätten, aber es dürfte unstrittig sein, auch solche, die es gleich gut, und sicher noch einer, der es besser gemacht hätte. Vor allem solche, die es getan hätten, ohne das Volk zu belügen und Dinge zu tun, die unehrenhaft, ja kriminell sind.

Wir gehen, wie die besagte Menge davon aus, daß alles was H. Wg.* geleistet hat, unter kriminellen Bedingungen geschah. Unter solchen Bedingungen sind alle erbrachten Leistungen hinfällig, ja Betrug - ob geahndet oder nicht.

Wer wie Herr Wg.* jetzt versucht, von einem erhaltenswerten Lebenswerk zu sprechen, kann nur einer sein, der satt ist und jedes Verhältnis zur Ehrlichkeit und Demokratie verloren hat.
   Die für den Ausgang dieses Falles Verantwortlichen gehörten als schlechtes Beispiel nicht nur auf das bekannte Schandmal.

Eigentlich müsste er aus der Geschichte gestrichen werden, aber so sind die Menschen leider nicht. Je mehr Brutalität jemand an den Tag legt, um so mehr redet die Nach/welt von ihm – hat endlich ein Vorbild, auch wenn es mehr als negativ ist.
Beispiele gibt es wohl in ungenannter Zahl.
Einer nannte sich Adolf Hitler, einer Saddam Hussein, einer Milosewicz und Tausende weitere, deren Namen nicht so geläufig sind.
Die Welt lebt von dieser Art Menschen und ist immer ganz erregt, kann sie sich doch an deren Brutalität und Leid der anderen ergötzen.

Haben sie sich einmal gefragt, wie viel Menschenleben ein Politiker durch "Fehl/Entscheidungen auf dem Gewissen hat?
Nehmen sie nur mal die Atom-Energie/Waffen, Tschernobyl, Japan und ...!

Dieses Beispiel ist sicher klar und deutlich. aber nehmen Sie
eine oberflächlich unrichtige Entscheidung, zum Beispiel im Straßenbau, die Ursache für - überflüssige Tote ist.
Oder Asylbewerber, die trotz drastischer Strafen und Folter in ihrem Heimatland, abgeschoben werden, und an dieser Folter sterben.
Oder, oder!
Aber, unsere Politiker tragen ja keine Verantwortung, keiner zieht sie zur Rechenschaft. Feiner Verein, feine Gesellschaft!

Was die Verantwortung, die Immunität von Politikern betrifft, stellt sich doch für viele zu Recht die Frage: Sind wir eigentlich alles Idioten?
Lassen uns von einem Haufen – wie sagt Minister Gabriel gleich, „Dilettanten" vorschreiben, was richtig sein soll? Das darf eigentlich nicht wahr sein, daß wir alle so blöd sind.

Das eine ist und läuft unter dem Zeichen der Demokratie ab, ist also legal. Und das andere?

Wie sähe es wohl aus, hätte Hitler den 2. Weltkrieg gewonnen?

„Ich verspreche ihnen die Wahrheit zu sagen".
Die Lügen hielten nicht lange.
Kurze Zeit später starb er auf mysteriöse Weise – personell war so alles gelöst.

Da kann man nur sagen: Schade.
Schade, daß nicht jede solcher Taten auf diese Art und Weise gelöst, zumindest beendet wird.

Es wären sicher wenige oder keiner mehr da, der sich dann zu solchen, Miss/Handlungen hinreißen ließe oder den Mut dazu hätte.
Oder doch? – Es soll ja Selbstmörder oder so etwas geben.
Schade für die Menschheit!

Wir meinen, ein lohnendes Ziel der Forscher auf dem Gebiet der Gene, dieses Gen zu finden und weiter zu entwickeln.

Und wie ging's damals weiter?
Die CDU wurde von der SPD, von Herrn Engholm, abgelöst.
Auch diese Amtszeit endete durch kriminelle, wenn's Ihnen lieber ist, auf unlautere Art.

Da stellt sich mehr als nur die Frage nach dem Ende dieser Tätigkeiten.

Da stellen sich doch für jeden auch nur annähernd ehrlichen Menschen viele Fragen: Was geschieht mit diesen Personen, in wieweit haften sie für ihre Schäden?
Wer zahlt die Kosten, die durch ich falsches Handeln dem zahlenden Steuerzahler entstehen?

Was verlieren sie an ihren Pensionen? Fragen über Fragen – und die Masse schweigt, schweigt und schweigt, trägt sie gar die Verantwortung für diese Zustände?
Ist sie das eigentliche Übel unserer Gesellschaft, der Menschheit? Man könnte es fast so auslegen.
Leben unter uns alles kleine und große Gauner, Lügner und Betrüger?
Alle nicht – aber viiiele!

Wären die Gesetze nicht von denen gemacht, die sich als die Elite des Volkes bezeichnen, könnte man vielleicht noch zu anderen Ansichten gelangen.

So aber kann man nur zu dem Schluss gelangen: Sie machen sich ihre Gesetze so, um ihre kriminellen Handlungen unter den Scheffel der Gesetze zu stellen.

Aber haben wir da nicht ein Verfassungsorgan, das über den Politikern steht - stehen sollte?!

Bessern und ändern wird sich diese Welt (so) nicht, nie!

Sponsoren!?

Artikel v. 02.03.2000   K.-Freunde bringen sechs Mil auf.

In der Sache W.* stellt sich, nachdem die Sache mit dem Spendensammeln, um seine Untaten finanziell für seine Partei ein wenig erträglicher zu machen, in Hinsicht auf das Bild der Partei, dieses doch wie folgend da:

Es dürfte doch wohl jedem Spender klar gewesen sein, welche Schuld Herrn Wg*. da angelastet wird, und das zu Recht.

Wie man dann, nochmals, Spenden in immenser Höhe geben kann, wirft nicht nur viele Fragen auf, sondern zeigt auch ein klares Bild des Spenders.

Wer soviel Geld hat, daß er einem "Kriminellen" noch Summen für solche Handlungen gibt, hat in seinem Leben nie richtig für dieses arbeiten müssen, muss sich (nicht nur) den Verdacht der Zugehörigkeit zur kriminellen Szene gefallen lassen.

Es sind schließlich „ehrenswerte" Leute, im Sinne der Gesetze -, und werden von diesen noch geschützt.

Hat seinen Reichtum nicht ehrlich erworben.

(„Demokratisch" gesehen vielleicht? Menschlich und gar rechtlich gesehen - nie)

Zweigt diese Summen am Finanzamt vorbei ab.

Setzt diese Beträge als Spende von der Steuer ab und bescheißt den Staat - die Bürger – wohlmöglich ein drittes Mal.

Was sich auf jeden Fall stellt, die Frage nach dem Recht-
bewusstsein dieser Menschen.

Um nicht lange herumzureden, wer solches unterstützt oder
gutheißt, muss sich nicht nur den Vorwurf der Mittäterschaft
gefallen lassen.

Wie heißt es? "Der Hehler ist genau so schlimm wie der
Stehler". Wer aber ist hier Hehler und wer Stehler?

Und die CDU hat einen großen Mittäterkreis: Wir meinen, daß
nicht nur einige, solche Gebaren gutheißen und dahinterstehen,
es müssen schon „mehrere" sein.

*Sehen wir uns diese Partei näher an, war doch deren Handeln
in den letzten Jahren immer nur für die „Reichen" gemacht.
Für Sklaven und Sklavenhalter!
„Wo aber steht solches im Grundgesetz"?!!*
Wenn Sie glauben sollten, ich selbst wäre im Leben zu kurz
gekommen, irren Sie, mir hat es immer, bis auf die Kriegsjahre,
gereicht.
*Aber wenn man Terror, Kriege und unnütze Katastrophen und
ein vorzeitiges Ende der Menschheit verhindern will, wäre ein
anderes Denken und Handeln längst fällig gewesen.*

Da man wahrscheinlich selbst nicht immer die Bedingungen
erfüllte, um zur „Elite", zur oberen Schicht zu gehören,
versucht man auf andere Art und Weise an Geld und Macht zu
kommen, in die Nähe der Reichen also. Mehr scheinen als sein
– was wohl für eine nicht kleine Schicht der Bevölkerung
zutrifft – schließlich wollen ja alle wohlhabend sein!

So wie die meisten Menschen eben sind, da sie keine andere
Erziehung und Denkweisen genossen haben!

*Die guten Menschen lernen von den schlechten mehr,
als die schlechten von den guten.*

Könnte man dieses alles noch vergessen, so sind die Folgeschäden für die Zukunft leider unübersehbar.

An fast jeder Ecke und zu jedem Anlass hört man den Satz: **„ Das tun doch alle"**.

Erlauben Sie sich mal den Gedanken, die C D U würde alleine regieren. Welche Folgen das hätte! Was für ein System, eine Gesellschaft daraus entstehen würde?!

Werden wir alle zu Betrügern, Dieben, ja Kriminellen? Scheint fast so! Kommen etwa Wildwestmethoden zu uns, um zu überleben? Wehe den Reichen dann, denn die Überzahl der Armen und ganz armen ist sehr groß!

Sehen Sie etwa auch die Möglichkeiten, die die andere Seite – die Armen – hat und schon nutzt, und diese Möglichkeiten nehmen im Zeitalter der Technik und des Wissens enorm zu, nur, eben zum Nutzen von wiederum nur wenigen.

Dass dies so ist, dafür scheinen die Unehrlichkeiten und kriminellen Handlungen der Politiker, Wirtschaftsfunktionäre und deren Umfelder – so wie wir es sehen - voll verantwortlich, auch wenn sie diese – gelebte - Demokratie schützt.

Was heute noch, im Verborgenen schlummert, kann sich morgen als tödlicher Bumerang zeigen, denken wir an Aids, an BSE, an Ozon, an Smog, an, an, an.

Statt das viele vorhandene Geld der Über/Habenden zur Lösung dieser Fälle einzusetzen, wird alles heruntergespielt und als zum Teil harmlos dargestellt.

Hier zeigt sich deutlich, keine Vorsorge im Fall BSE, obwohl um uns herum, alles akut geladen ist.

Was wird uns hier einmal erwarten? Mit welchen Ausreden werden diese Herren/innen uns dann beruhigen wollen?

Und eines ist doch sicher, keiner konnte dieses vorausahnen.

Und die Tausende, die es doch schon immer ahnten oder wussten!

Was auf keinen Fall vergessen und unbenannt sein soll, sind die Taten, die erst gar nicht ans Tageslicht kommen, die die Öffentlichkeit nie erfährt.

Wie immer man dieses auch drehen will, die Rechtsorgane tragen hier ihren Teil an Verantwortung dazu bei, schließlich leben wir ja in einer Demokratie, wo alles „dem Gesetz nach geregelt ist" zum Wohle der Allgemeinheit. Oder??

Wen wundert's da, daß eine zunehmend größere Bevölkerungsschicht nach einer neuen Gesellschaftsform verlangt oder dafür „kämpft".

Da es eine wirkliche Demokratie nie und nirgends geben wird, muss und wird es, in irgendeiner Art, einen gewaltsamer Umbruchversuch geben müssen.

> Wer schon versteht – wo doch rechtlich gesehen jedes Land eine Gemeinschaft sein sollte –, daß es zwischen dem einen und dem anderen
> nicht nur Unterschiede in Millionen - sondern in mehrstelliger Milliarden-, (Billiarden)- Höhe gibt?

> **Richtig, Artikel 14, Abs. 2 : „ Eigentum verpflichtet"!**
> **Aber, zu was nur?**

Ändern wird sich auch dann wenig, denn ein solcher Prozess müsste von innen kommen und würde lange, sehr lange, zu lange dauern.

Überleben:
Nichts arbeitet dafür - aber alles dagegen!
(R.S.)

Eine große Bevölkerungsschicht bedauert es, daß die dafür
Verantwortlichen dann nicht mehr unter uns sind.
Das aber ist der Grund, die Tatsache mit dafür, dass so
gehandelt wird, werden „darf". Sich bereichern, aber keine
Verantwortung zu tragen.

Wer sich all diese Tatsachen einmal im globalen Rahmen
betrachtet, wird zu der Erkenntnis kommen, dass *mangelndes*
Gerechtigkeit-Bewusstsein und fehlende Menschlichkeit, die
Ursachen für alle Missstände sind.

Wieviel die CDU der Bevölkerung an Dummheit unterstellt,
zeigt doch die Tatsache, daß man zu Beginn der Affäre Wg.*
versuchte, ihr Glauben zu machen, nur H. Wg.* hätte von den
schwarzen Konten nichts gewusst.
    Es gehört schon eine Portion Dummheit und Frechheit, ja
Dreistigkeit und Unverschämtheit dazu, allen seinen
„Wählern" solches anzubieten. Und zeigt dem Wissenden ganz
klar auf, wie viel Kriminalität doch in dieser Partei steckt, oder
anders gesagt, wie korrupt diese Partei (und deren Anhänger) –
menschlich gesehen - denkt und ist.
    Und dass es so ist, dafür steht der „Qualitätsname Wg."*.

Die Erkenntnis aus dieser Tatsache kann nur eine sein: So wie
die Alte Riege, so ist auch die Neue.
    So denkt ein Teil der Bevölkerung über diese Partei, und die
Anhänger dieser Partei stört es nicht, daß sie dazu gehören und
gemeint sind.

Schon in meiner Jugend hörte ich den Satz:
Jeder „Verein" ist so gut wie seine Führung es zulässt.

Vielleicht stimmt es ja,
„Besser ein Betrüger zu sein und gut zu leben, als ehrlich und ein armer Mann".
Zumindest ist in dieser Aussage sehr viel „Wahrheit".
Kennen Sie einen in der CDU, den diese Aussage stört?
Vielleicht Heiner Geißler - wäre möglich. (Den ich kenne)!

Warum sollte die Anzahl an Mitläufern nicht die Vorzüge, die die Gesetze ihnen bieten, wahrnehmen, wäre ja äußerst dumm, tun doch schließlich alle. Alle?
Ja alle, die nicht wissen wollen, was Demokratie heißt und bedeutet!

Richtig, sie messen sich alle an dem
„größtmöglichen, brutalsten Aufklärer „der CDU. Sein Name. Roland Koch. (Koch, = KaKü* aus rechtl. Gründen geän.)
Auch er geht ohne jeden finanziellen Schaden irgendwann von der Bühne.
Lacht sich sicher heimlich über die Dummheit der anderen ins Fäustchen.

Wir wissen, daß viele, wenn sie dieses Buch lesen, denken, wir stellen uns ein Leben am Rande des Schattendaseins vor.

Weit gefehlt, es würde sich für wenige etwas ändern, der Masse aber ginge es besser.
Und wenn Sie glauben möchten, für Mitläufer und Schmarotzer gäbe es Platz in diesem System, irren Sie - wie zurzeit leider nicht.
Leistung und besonderer Einsatz für die Gesellschaft würden selbstverständlich honoriert.
Mehr Gerechtigkeit führte zu weniger Kriminalität und allem, was an negativen Nebenerscheinungen damit verbunden ist.

Wo bei vielen das bisschen Gerechtigkeitsglaube, das es in unserem Staate noch gibt, ganz fehlte, war die Sache Rau.

Herr Ministerpräsident hatte in seiner Amtszeit, „gesetzlich nicht Korrektes" begangen, dass er dann als Bundespräsident mit den Worten: „Das wars aber, die Sache ist jetzt beendet" zu Ende gebracht hat.

Diese Art der Beendung hat inzwischen auch auf andere abgefärbt.

Wenn Sie aufgepasst haben und sensibel genug sind, müssen Sie auch mitbekommen haben, daß dieser Herr hin und wieder Dinge sagt, die zwar für andere gelten sollen, nicht aber für ihn. Als Ministerpräsident sollte man solche Aussagen schon nicht von sich geben, als Bundespräsident aber schon gar nicht. Das ist so, auch wenn dies für und bei vielen anderen auch so ist.

Hiermit hat er für die Mehrheit der redlichen Bürger, die Ehre und Stellung des Amtes entwürdigt.

Aber es gibt immer weniger ehrenhafte Bürger in unserem Lande, in Europa, in der Welt.

In den Augen vieler war er zuvor schon nicht der geeignete Kandidat für dieses Amt, jetzt aber hätte er zurücktreten müssen.

Anscheinend fehlt den meisten Politikern die Ehrlichkeit und das Bewusstsein von Gerechtigkeit und Verantwortung – zum Teil ganz, wie vielen anderen auch.

Ach hier sollten sich Politiker und vor allem Repräsentanten der Tatsache stellen, dass, es heißt:

„Alle Menschen sind vor dem Gesetz gleich"

Artikel 3, Absatz 1

Doch anscheinend ist ihr Gehirn, das so groß ist wie jedes andere auch, nicht fähig genug, sich mehr Gerechtigkeit vorzustellen zu können oder zu wollen.

Schade und Schande für Deutschland!

Schade und Schande für jede Demokratie!
Schade und Schande für die Menschheit!
Welch' verlogene Aussage, Aussage oder Verdummung der
Masse?!

Sie haben nachstehend die Wahl, sich aus den beiden
Lebensweisheiten, die für sie passende auszusuchen.

Die Menschen sind in ihren Anlagen alle gleich,
nur die Verhältnisse machen den Unterschied.
(G.C. Lichtenberg)

Die Welt wird alt und mit zunehmendem
Alter schlechter. *(Goethe, Tasso)*

Wie immer die Sachen mit der C D U / (C S U) auch
ausgehen mag, wer immer auch die größte
Gesetzesverfehlung/en von ihnen begangen hat, dieser
Verein hat der Demokratie hochgradig geschadet.
Ja, wer da behauptet, diese Vereinigung sei mit
Kriminellen besetzt, hat nicht ganz unrecht.
Und die Brutalität, die mancher dieser Herren offen zeigt,
erinnert sehr, an andere Zeiten.
So aber ist diese Gesellschaft zurzeit, und sie ist ein
Spiegelbild deren!
Wer in das Gesicht von Herrn KaKü* in entsprechenden
Situationen sieht, sieht deutlich in das Gesicht eines
	Menschen, der die Menschen verachtet, der sie als
	Spielball der Politik, seiner Politik betrachtet.
Doch hiervon, will, diese Nation anscheinend wenig
wissen.
Und zugegeben – muss ein feines Ohr doch wahrnehmen
	dass gerade die Partei, die es am nötigsten hat, gegen
	alles, was früher war, und was nicht ihrer Meinung ist,
	wettert.

Wer die P D S nicht mag in ihrer vergangenen Verfassung, und menschlich denken kann, der sollte sich fragen; wie es sich vereinbart, sich gar an die C D U zu hängen.

Die C D U bietet der gesamten deutschen Bevölkerung **Keine Zukunft,** und man will doch so zukunftsorientiert sein.

Ihre Politik beruht auf der Tatsache, dass ihr, Wohlstand auf der Arbeitskraft der Sklaven aufgebaut ist.

Wie schon geschrieben, Vergangenheit gibt es bei ihr nur, wenn man damit etwas vertuschen will oder aus dieser ein Werbeargument entnehmen kann.

Würde diese Demokratie eine funktionierende Verfassungsgerichtsbarkeit haben, hätte diese längst die Inhalte der Christlich-Demokratischen- Partei-Politik unter die Lupe nehmen müssen, und zu einer Kurskorrektur verurteilen müssen.

Zwar trifft dies auch für andere Parteien zu, aber alle anderen schielen mit einem Auge zu ihnen herüber um den angeblichen Anschluss nicht zu verlieren.

Den Anschluss zum Aus, zum Ende!

Das überlaute, Geplärre vieler Politiker, Wirtschaftsfunktionäre und Bosse, die Masse wolle es so, und man handle im Sinne von freier sozialer Marktwirtschaft, kann verlogener und dummer nicht sein. Da kann man sich wirklich nur die Frage stellen, ob diese Personen nicht fähig sind, mit der Gehirnmasse, die sie haben, die richtige Reihenfolge der Ergebnisse wiederzugeben, erst recht, wenn man im selben Zug von nötiger Globalisierung der Erdbevölkerung spricht. Denn eines dürfte auch dem dümmsten Politiker und Wirtschaftsboss klar sein, **eine solche Welt wird und kann es nur geben, wenn etwas mehr Gerechtigkeit ausgeübt wird.**

Weil es diese aber nicht geben wird, zählen alle zurzeit – im üblichen Jargon - laut Posaunenden, zu den **Totengräbern der Demokratie.**

Positives Denken / Glückseligkeit für alle?!

Positives Denken! Alle reden davon, und wenn man modern sein will, ist man absoluter Anhänger dieser Bewegung und glaubt(?) nicht nur daran, sondern praktiziert es auch. Oder?!

Die Glückseligkeit für alle? Bringt es das wirklich? Was ist das und wohin führt uns das? Wie passt diese Philosophie in unsere (Freie-) Soziale-Marktwirtschaft?

Ein einziges Beispiel wollen wir einmal näher betrachten und uns dann die entsprechenden Fragen stellen die sich daraus ergeben.

Positive Gedanken zum Menschen:

Das Ziel, natürlich nur „Besseres", sonst wäre es ja kein Positives Denken.
Also ein langes Leben, möglichst 120 Jahre (und länger) und Wohlstand für alle natürlich.

Und wie sieht die Realität bisher aus?
Anfang des 2ten Jahrtausends gab es etwa 2 Milliarden Menschen auf der Erde, die ein im allgemeinen sehr bescheidenes Leben führten und eine Lebenserwartung von ca 40 Jahren hatten.
Am Ende des 2ten Jahrtausends waren es 7 Milliarden auf diesem Globus – wer weiß es schon genau – mit einer Lebenserwartung – bei uns - von etwa 75 Jahren, und die Zahl der Reichen und Super-Reichen – bei uns - hat auch enorm zugenommen.

Also ein voller Erfolg sollte man meinen! Wirklich??

Ohne Zweifel der Fortschritt in der Medizin-Technik und Versorgung und allem was dazu gehört und die Weiterentwicklung aller „lebensnotwendigen" Dinge haben dazu beigetragen.

Wie aber sieht die Wirklichkeit aus:
Ist eine solche rapide Zunahme der Menschheit wirklich ein Erfolg? Eine so enorme sicher nicht, und die Frage, wann die 10 Milliarden und gar die 15 erreicht sind, kann theoretisch nur eine von wenigen Jahren sein, wenn, ja wenn ...!
Und welche Fragen stellen sich noch???
Klar! Diese Menschen wollen alle ernährt werden, möglichst gut.
Dabei verhungern bereits heute Millionen, obwohl diese reiche Gesellschaft tonnenweise an Lebensmitteln vernichtet, ohne auch nur eine Spur von Scham dabei zu verspüren.
Wie will man dann in Zukunft diese 10 oder 15 Milliarden versorgen?

Was ist mit Energie, Wasser, Luft und, und, und.
Die Energie dürfte fast das kleinste Problem sein und werden, auch wenn man sie schamlos verschwendet.
Hier sei nur an die übertriebenen technischen Möglichkeiten erinnert, die der Allgemeinheit keinerlei Vorteil und schon gar nicht Nutzen bringen.
Nehmen wir bloß einmal des Deutschen liebstes Spielzeug – das Auto:
Mobilität in Grenzen, dazu kann keiner nein sagen, aber da tut sich nicht nur Herr Pièch mit seinem 1001 PS starken, in Serie gehendem PKW als besonderer Menschenvernichter und Verachter hervor, nein da stehen fast alle dieser Branche auf der Liste.
Das besonders Schlimme an Herrn Pièch, an VW, man kann hervorragende umweltschonende Technik bauen, und dann dieser Ausrutscher, nein diese Katastrophe, aber ...!

Gibt es denn keine Grenzen nach oben hin mehr?

Auch Adolf, und viele andere wollten nur „Gutes" für die
Menschen?!?

Und wer trägt die Verantwortung für diesen und solchen
Wahnsinn?
Natürlich unsere positiv denkenden Politiker – Wachstum um
jeden Preis?
Wer glaubt noch, daß dies auf Dauer gut gehen kann – *also*
positiv Ausgeht.

Und als weiteres Anhängsel zum Auto, die mit Laster/n
vollgestopften Autobahnen und Straßen
aber hierzu erspare ich mir jeden weiteren Kommentar!

Aber Wasser! Klar die Pole schmelzen ja heute schon ab! Also
doch genug Wasser?
Ach nein, dadurch entstehen ja eine Reihe weiterer Probleme.

Und die Luft! Sieht ja keiner, oder doch? *Aber, man spürt es.*
Ozon, Smog, UV. und,..!!
Und die Wälder - *die uns den Sauerstoff liefern und für*
saubere Luft sorgen, werden einfach abgeholzt, dann hat man
wenigstens keine Arbeit mehr mit ihnen. Aber Halt! Woher
werden dann einige Reiche ihren Nachschub an Einnahmen
nehmen?
Die Reichen, höre ich Sie sagen, nein, wir nicht, die Armen
roden einfach die Urwälder, um wenigstens eine geringe
Überlebenschance und ein Leben am Rande von Leben führen
zu können.

Was er/lernen wir daraus, was sind die logischen, positiven
Schlussfolgerungen des Denkens daraus?
Unter allen Umständen reich zu werden, reich zu sein –
gleich über wie viele Leichen man gehen wird, gehen muss.

Bleiben noch offene Fragen? - Viele!
Die Umwelt wurde ganz vergessen. *Vergessen? – Nein!*

Das Thema Umwelt und Mensch ist so eng miteinander
verbunden wie das Thema Mensch und Umwelt.
Das eine hängt untrennbar mit dem anderen zusammen, nur
man pflückt sie gerne auseinander, um die Verantwortung auf
viele Schultern zu verteilen und zu vertuschen. Aber von
unseren Politikern, und das sei noch einmal ganz deutlich
gesagt, auch allen Wirtschaftsbossen und Gleichgestellten darf
man in dieser Richtung keine Verantwortung erwarten.
Was der eine für seinen Verein als richtig Dargestelltes abgibt,
geht genau in die falsche Richtung eines oder gleich mehrerer
anderer Ressourcen. Eine Koordination wie sie eigentlich an
der Spitze – bei der Bundesregierung, also beim Kanzler –
statt-finden sollte, gibt es nicht.
Und auch die Richtung, die er vorgibt, sieht keinerlei Zukunfts-
möglichkeiten für spätere Generationen vor.

 Das was heute geschieht in der Politik, beruht auf einer
Weltbevölkerungsbasis von 2 bis 5 Milliarden Menschen,
  Aber nicht für mehr.
Eine Zukunftspolitik aber müsste fast alles zurzeit
gültige über den Haufen werfen und ohne Rücksicht
neugestallten!

(R. S.)

Wäre noch eine Frage wert: Die Arbeitslosigkeit!
Haben wir jetzt nur etwa 4 Millionen hiervon und 2,... soviel
Millionen Sozialhilfeempfänger, so wäre es doch gelacht, auch
diese Zahlen positiv zu verändern, also mehr, schließlich denkt
man ja positiv.
Arbeiten sollen sie die Faulen, sonst gibt's keine
Unterstützung.
Recht so. Schließlich haben wir Arbeit genug und Geld auch.

Geld genug? Ohne Widerspruch ja. Geld gibt's in diesem
Lande mehr als genug, aber Arbeit?
 Es dürfte davon auszugehen sein, daß die Arbeitslosigkeit in
den nächsten Jahrzehnten bei der positiv Denkenden
Erscheinung der Welt-Bevölkerung sprunghaft ansteigen wird

und Größen annimmt, wo man sich Reiche im heutigen Sinne nicht mehr erlauben kann und wird.

Wie wär's, wir verteilten alles einmal etwas gerechter?
Statt einem, der 20.000 im Monat hat und dafür 12 Stunden am Tag arbeiten muss, wird dieses auf vielleicht 2(3) Personen mit je der Hälfte verteilt?   Geht nicht?
 Kennen sie nicht den Ausspruch „Jeder ist zu ersetzen".
Schade.

Oder wie wär's, man teilte die riesigen Vermögen einzelner auf oder zöge sie zur Versorgung der Masse heran.
  Und, wollen sie den Armen nichts geben, es reicht auch, wenn diese Beträge für entsprechende Sozial-Einrichtungen verwendet werden.

Gefällt Ihnen dieses auch nicht?
Wir haben doch genug Eliten, denen hierzu etwas Positives einfällt.

Genug des Themas – es könnte lange so weiter gehen!

Eines aber ist sicher! Ohne positives Denken könnte und wird diese Menschheit nicht überleben, existieren – oder doch? Nur, positiv Denken und (freie) soziale Marktwirtschaft wie sie gelebt und ausgelebt wird, hat wenig mit positivem Denken und der Zukunft der Menschen zu tun.

Und noch eines:
Schimpfen Sie ruhig über dieses Buch, diesen Querdenker, aber glauben Sie – wenn es denn noch möglich ist – spätere Generationen, vielleicht schon ihre Enkel werden dies anders sehen, erleben müssen.
  Wenn es denn einen Gott gibt, er, ja, – aber nicht der Mensch – kann alles.

Zeitungsartikel v. 12.2000 **Christen in die Politik schicken**

Viel prominenter Besuch beim 70. Geburtstag v. W. Remmers

Dazu einen Leserbrief:
Eine Überschrift mit vielen Fragen!
Endlich: Aber wie ist diese Überschrift gemeint?
Meint der Verfasser damit, daß es endlich Zeit wird,
Christen in der Politik zu bekommen?
Waren, demnach bisher keine Christen in der Politik
vertreten?
Was waren das für Menschen, die uns regiert haben und
regieren? Wer hat sie gewählt?

Christen, was sind im heutigen Gedankengut noch Christen?

Wir meinen, daß sich christliche Christen in keiner Regierung,
keiner Partei lange halten können.

Dennoch, stellen Sie sich vor, es würde eines Tages
Wirklichkeit, wir bekämen eine christlich denkende und
handelnde Regierung (auf allen Ebenen). Wier bekämen eine
demokratisch handelnde Demokratie, nicht auszudenken!
Nicht auszudenken, in welcher Glückseligkeit die gesamte
Menschheit leben müsste, würde.

So aber scheint es wieder nur reine Propaganda,
Werbeaussage, die Allgemeinheit verdummende Aussage zu
sein!   Schade!

Zeitgeschehen

Zurzeit füllen Artikel zur katholischen Kirche die Zeitungen
und Medien.
Zum einen stehen mal wieder Seligsprechungen an, zum
anderen die Vorherrschaft. Vorherrschaft?!

Sie lesen richtig, diese, nein der Führer dieser Institution nimmt für sich in Anspruch, der Größte aller zu sein. Schlimm für viele, die, diesem, Kreise angehören. Sie wissen lange, daß wenn, es nur einen Gott geben kann. Aber bis ganz nach oben hat es sich anscheinend noch nicht herumgesprochen.

Ganz davon abgesehen, was Seligsprechung ist, dürfte es sich hier wohl auch um einen Vorgang aus dem Mittelalter handeln. Dieses Mal, an einem Kirchenführer, der mehr als umstritten ist.

Übertragen auf heutiges Niveau: Die vielen Auszeichnungen, die man gegenseitig sich gewährt und die oft mit „Vorteilen" verbunden sind, die nicht im demokratischen Sinne stehen, nicht die, die manch einer für erbrachte, vorbildliche Leistungen erhält.

Nach wie vor sitzen viele alte Männer im feudalen Rom und beratschlagen, wie sie ihr eigentlich ein wenig sinnloses Leben durch solche Widersinnigkeiten bereichern können. So wie es die meisten Wohlhabenden tun.

Sie meinen nein! Lesen Sie weiter!

Katholische Vorherrschaft: Man könnte meinen, man lebe im Mittelalter oder früher.

Wer, so meinen und glauben diese Opas, gibt ihnen das Recht sich diese Aussage zu eigen zu machen. Wie viel Verantwortung tragen sie eigentlich? Ist ihnen das, was sie der Menschheit schon angetan haben, nicht bewusst und genug. Einen solchen Anspruch noch heute anzumelden, nein heraus- zustellen, da man meint, ihn noch zu haben ist mehr als schlimm, typisch für diese Gesellschaft. Und wo bleibt der Aufschrei der Menschen, die anders denken und nicht katholisch, die anscheinend keine Menschen sind?

Oder sehen diese Schichten, diese Institution als ohnehin nicht mehr dafür zurechnungsfähig, ja zuständig ist, an?

An den Fehlern, die die Katholische Kirche zu tragen hat (hätte), die sie verantworten muss, *müsste sie lange zerbrochen sein.*

Herren, die im Wohlstand leben und sogar die Verantwortung für eine Familie ablehnen, wollen über diese bestimmen und nach Möglichkeit über die ganze Menschheit regieren. So wie die anderen Glaubens-/ Interessen- Gemeinschaften auch.

Da ist es „fast" ein Hohn, wenn das Oberhaupt dieser Vereinigung um Verzeihung für die Sünden seiner Vorgänger bittet und gleich danach selbst bewusst wieder falsche menschenfremde Entscheidungen trifft.

Und die Gläubigen dieser Religion? Vorwiegend ältere Leute, die sich etwas in ihrem anderen Leben, von dem katholischen Gott erhoffen? Warum sagt man ihnen nicht klar und deutlich, daß, wenn es einen Gott gibt, dieser für alle Menschen zuständig ist, und nicht nur für Katholiken.

Hat man auch den zweiten Weltkrieg ohne (?) Murren hinge-nommen, so wundert es einen nicht, daß dieser Verein auch gegen die Unmenschlichkeiten heutzutage keine Stellung bezieht und lauthals protestiert!
„Aus Fehlern nichts gelernt" trifft auch hier zu.

Fast könnte man annehmen, auch hier spiele das „K" eine Rolle. Man tue etwas Böses, Unehrenhaftes, und alle, finden es gut.

Kohl,   *Koch,*
Katholische Kirche,   *Kiep,*

Kanther   *Krause*
und Konsorten.

Vatikan beharrt ....!

Vatikan erntet scharfe Kritik!

Heftige Kritik an Seligsprechung!

Zeitung Artikel: Priester und Missionare zwingen Nonnen
zu Sex v. 21.03.01

Sie suchen den Sinn dieser Kritiken.

Uns wundert´s nicht, da es vollkommen typisch für unsere
Gesellschaft ist:
Sie ist, wie sie ist. Sie ist dumm (?), wird so gehalten, trotz
einzelner hoher Intelligenz, und genau das ist es, u.a., was zu
dieser Misere führt.
So wie sie seit Jahrtausenden von ihren Be/Herrschern erzogen
und gehalten wurde.
Daran hat sich bis heute nichts geändert, und der Trend zur
Verdummung hält an, ja wird verstärkt, wie sonst will man der
Masse Herr werden.

Was aber wäre, man würde dieses erkennen und sich zu einer
Gesellschaftsordnung zusammenfinden wo alle menschlichen
Eigenschaften, Stärken und Schwächen berücksichtigt würden.
So wie die Demokratie/en sich zurzeit darstellen, sind es
Auslaufmodelle, da sie sich nicht mehr lange halten können.
Man produziert nur noch Gesetze und Erlasse, die die Reichen
bevorzugt, das aber wird und kann so nicht weitergehen.
In den Gymnasien und außerhalb werden ständig intelligente
Wesen herangezüchtet und nicht alle bekommen eine
geeignete, angemessen honorierte Stelle.
Der Rest:

Dieses Potential hat die Mängel unserer Gesellschaft und ihrer Lebensform, der Demokratie mit ihren Schwächen, mit Lug und Trug – wie sie gelebt wird - längst erkannt, weiß, daß das, was geschieht, ins Aus führen muss über Kurz oder Lang.

Von allen, anderen Herrscher/Formen haben wir bisher erfahren müssen, dass sie nur in den Ansätzen etwas taugen – wie beim Kommunismus z. B. auch.

Eigentlich müsste an dieser Stelle ein Aufruf zum Widerstand stehen.
Widerstand natürlich nur auf humaner Ebene, keine Gewalt gleich welcher Form.
Ständiger Protest und entsprechender Widerstand würden kurzfristig zum Erfolg führen, würden sie?
Würden sie nicht! Die Schmarotzer dieser Gesellschaft/en würden sich bis aufs Blut, über ihre bezahlten Killer, gegen jede Art der Änderungen wehren, das ist sicher.
Kriege wären also angesagt. (Noch mehr!)
Und da diese Lösung unwahrscheinlich ist, tritt die zweite als einzige alternative Möglichkeit in Kraft, das Ende der Spezies Mensch.
Doch wenn die Menschheit Glück hat, darf sie sich zuvor noch vielerlei Überraschungen sicher sein, die sich in Form von Naturereignissen und Menschen gemachten Auseinander-setzungen zeigen.

Da war noch was einige Monate später:
„Leitung des Papstes nicht akzeptabel"
Dazu stand ein Artikel in einer Zeitung.

Der Vorsitzende der Evangelischen Kirche
in Deutschland, Präses Manfred Kock, sieht
kaum Chancen, daß der Papst als Sprecher aller
Christen angesehen werden könnte. Für die Kirchen,
die aus der Reformation hervorgegangen sind, sei
ein solches zentrales Leitungsamt völlig inakzeptabel.

Der bayrische Landesbischof J. Friedrich hatte die Lutheraner ermutigt, über eine Anerkennung des Papstamtes nachzudenken!

Wie sagt ein Sprichwort: "Einer allein kann nicht so blöd sein".

Haben Sie sich allen Ernstes mal gefragt, wie viele Religionen es gibt die an Gott glauben – an einen gemeinsamen Gott. Und da will der Papst ......

Glauben ja, und christlich selbstverständlich, aber Kirche? Wie menschlich, wie christlich sind die meisten dieser Anhänger wirklich???
Sehen Sie sich die Wirklichkeit an! Vergleichen Sie diese einmal mit den Politikern, denen mit dem C und denen ohne.

Schulschwänzer

Zeitungen vom 11.09.00

Natürlich wäre die Polizei der (ein) nicht/ richtige/r Weg um in diesem Dschungel, der es inzwischen geworden ist, nach Schulschwänzern zu suchen.

Sehen wir es mal so! Sie protestieren, warum?
Ein Jugendlicher sieht die Welt anders.
Bock auf Schule hat er nicht. Was und welche Sicherheit bringt ihm die Schule für sein späteres Leben?

Der eine wächst in einer Sozialhilfe-Familie auf, wird kaum `ne Chance im Leben haben, gleich was er macht, und an Genen hat er nicht die Besten.
Der andere in einer stinkreichen Familie, wo er alles hat, nur keine Zuneigung und Liebe - die fehlt, weil keiner für ihn Zeit hat, weil die Gier nach dem Geld und uneingeschränkte Habsucht ihm keine Grenzen setzt.

Welchen Sinn sehen diese beiden in ihrem Leben?
Arm und nie die Hoffnung auf ein wenig Anerkennung und
Gerechtigkeit in unserer Gesellschaft oder Reich und nie Zeit!
Zeit, die man eigentlich bräuchte, um die Schönheiten die die
Natur uns bietet, sehen und genießen zu können.
Zeit für eine „richtige" Familie.
Zeit um Liebe entwickeln zu können und zu genießen!

Warum, wenn schon keine Aussichten bestehen diese Ziele zu
erreichen, soll man dann zur Schule gehen? Die anderen leben
ja auch, und von der schlechten Seite hört man viel, viel mehr,
muss sie also erstrebenswerter sein.
Die andern, die vielleicht dümmer und fauler sind als man
selbst es in Wirklichkeit ist, leben besser damit, und das dürfte
doch nicht sein.
Nur weil es in einer Demokratie so wenig Gerechtigkeit gibt
wie in jeder anderen Gesellschaftsform auch, die sich die
Menschen bis heute haben ausgedacht.

Und da das Schwänzen eigentlich nicht erlaubt ist, was soll´s?
Das was die da oben tun, ist auch nicht alles erlaubt, und keiner
zieht sie zur Rechenschaft, ob der eine oder andere K. alle
gehen leer aus was die Strafe betrifft.
Im Gegenteil, sie behalten alle, für ihr (un),,ehrliches"
Handeln, erworbenen Privilegien.

Und der Wirtschaftsboss von nebenan, der seine Arbeiter
ausbeutet und reich und reicher wird – seine Dummheit weisen
doch seine Zeugnisse aus, die Lehrer einmal von ihm erstellt
haben. Das Glück, das er einmal hatte, oder seine kriminelle
Dreistigkeit haben ihn heute reich gemacht.

Sehen wir hier mal etwas näher hin:
Studiert hat er auf Kosten der Allgemeinheit – wie tausend
andere.
Hat eine gut bezahlte Referendarzeit gehabt und ist dann in die
Geschäftsleitung übernommen worden - durch Fürsprache.

Als Geschäftsführer hat er zwar ein größeres Ansehen, aber das Risiko dürfte kaum über dem eines Leiters in oberer Position liegen.
Nur er konnte in den Jahren sich ein Reichtum schaffen, Sicherheit für eine Karambolage.

Wie viele Firmen kennen wir, die heute pleite gehen und gestern schon ein neues Unternehmen gegründet haben? Und das zum wiederholten Male!
Und wer trägt die Verantwortung dafür? Wer macht dies möglich? Wer schafft die Voraussetzungen dafür? Die Politik, die Politiker! Ohne Zweifel – und die Rechtsprechung?!

Und die Polizei: Müssen nicht diese Damen und Herren für jeden Mist ihren Kopf und Körper hinhalten den jemand da oben verzapft? Sie werden wie – auch zu Adolfs Zeiten – für viele Ziele dieser misslungenen Demokratie missbraucht.

Wir wissen, Sie, ja Sie wollen diese enttäuschende und vernichtende Feststellung heute noch nicht wahrhaben, aber Sie werden sie in den nächsten Jahren erleben müssen.

Dazu steht in einer Wirtschaftszeitung von 99 zu lesen.

Macher im Machtrausch (Wirtschaft)

Die Nachfolger der Nieten im Nadelstreifen sind härter und effizienter, aber nicht besser.
Für unsere Wirtschaft sind sie sogar gefährlicher.
Die Sucht nach dem schnellen Börsenerfolg geht zu Lasten der Mitarbeiter, Kunden und Steuerzahler.
Die nächste Krise ist programmiert, denn den Managern geht es nur um ihre Macht.
Sie kassieren Wahnsinnssummen und lassen ihre Firmen ausbluten.
Wer solche Freunde hat, braucht keine Feinde.

Und was tun Lehrer dagegen die für diese Dinge, nach Meinung vieler, die Verantwortung tragen? Offiziell mittragen! Es ist wie immer in unserer Gesellschaft: Es gibt solche und solche, wen schon juckt's, Hauptsache man hat einen Sündenbock.

Wer sich heute als Lehrer für Ordnung und Disziplin einsetzt, steht bei vielen auf einsamen Posten, diese Disziplinen sind wenig gefragt, obwohl sie eigentlich das Wichtigste sind um eine immer größer werdende Menschenmenge einigermaßen kontrolliert zu führen.

Kinder wollen geführt werden, wollen Vorbilder haben. Kinder kann man noch formen! Vorbilder, aber wen sollen sie da nehmen. Die Herrn K. etwa, nein die nicht aber ...

Ja, genau, ein Vorbild, ein gutes, positives Vorbild aus unserer Gesellschaft, wir wüssten keines, obwohl es an Orden, Anerkennungen, Lobreden und ... nicht mangelt. Man lullt sich damit gegenseitig ein, und die Masse schweigt dazu. Ist so und wird so erzogen, daß sie es kaum entdecken kann, was hier gespielt wird.
Ist das nicht schlimm, ja traurig für unsere Jugend?! Für uns alle? Und die Medien stimmen in diesem Gesang kräftig mit, Hauptsache, die Kohl/e stimmt.

Die Suche nach Vorbildern führt automatisch zur braunen Gesellschaft, alles andere liegt viel zu weit weg und kann kaum nachgelebt werden.

Missbrauch stumpft die schärfste Messerscheide.
(Shakespeare)

Da die Gesellschaft, in der sie aufwachsen, ihnen zeigt, daß Unehrenhaftigkeit und Brutalität eine Tugend ist, ja fast eine

Voraussetzung ist um in unsere/r/en Gesellschaft/en weiterzu-
kommen, passt die braune Zeit genau in deren Vorbild.

Wer also „den" Verantwortlichen für diese „andersgeratene
„Jugend sucht, braucht nicht lange zu suchen.
Dazu gehören alle die großen und kleinen Macher in unserer
Gesellschaft. (Mit Ausnahmen)
Aber er sollte auch sich selbst fragen, wie es hier bei ihm
aussieht.
Mitläufer ja, aber in krimineller Richtung? Muss das sein?
Sie kommen auch ohne diese Mitläuferschaft, weiter.

Wir wissen, Sie halten die Jugend für gut, was sie im Prinzip
auch ist, wie die meisten Menschen, sonst wäre es nicht
solange ruhig, aber in Wirklichkeit sieht es doch anders aus.
Gelebt wird anders. Was hat sie die Jugend auch für
Alternativen?
Man redet ihr Gutes zu, um nicht gestehen zu müssen, dass
man als Verantwortlicher wenig, sehr wenig für die
Entwicklung der Gesellschaft getan hat und tut und noch
weniger für deren Zukunft.

Eine Politik wie diese, die der Jugend – und vielen
Erwachsenen – keinen Weg in die Zukunft zeigt, ist keine
Politik, ist eine Berufsausübung geistig schwacher.
Vieles, sehr vieles, was sie sagen ist die Unwahrheit und hat
mit den Gesetzen, die sie geschworen haben zu vertreten,
nichts zu tun. Wo bleibt da die Justiz?

Eine Wirtschaft, die nur in die eigene Tasche wirtschaftet, hat
ihre Verantwortung verfehlt, was aber keinen dieser Herren
und Damen stört. Grundrechtsmäßig gehören sie alle vor den
Richter (?), und nicht nur dahin.

Soziale Marktwirtschaft! Sie lügen das Volk nur an, und weil
dieses selbst zu bequem ist zu denken glauben sie es auch.
Oder warum halten „Sie" still?

Bleibt die Tatsache; das Ziel ist die Verdummung der Masse. Wie sonst will man ihr Herr werden, will man seinen Reichtum erhalten, denn es gibt nur wenige die sich wirklich einen „Reichtum" erarbeitet, verdient hätten.

Sie sehen in dieser Argumentation keinen Sinn? Keine Zusammenhänge mit den Problemen, die die Menschheit heute und in Zukunft noch viel häufiger bewegt, bewegen wird?

Verlangen wir auch nicht, aber Sie sollten versuchen, einmal darüber nachzudenken, ein wenig nur. Vielleicht verstehen Sie dann eher, warum wir für ein anderes Gesellschaftssystem eintreten. Obwohl uns bewusst ist, daß ... . !

All sein Böses hat die Spezies Mensch im Laufe der Zeit
gelernt zu verfeinern und zu perfektionieren,
und die Eigenschaft " Gut" ist voll auf der Strecke
geblieben.

(R.S.)

Das eine geht, das Andere nicht, wir glauben es nicht. Eklig und niederschmetternd diese Erkenntnis.

Wen immer man spricht, wen immer man fragt, eine enorm große Mehrheit würde sich eine andere Gesellschaft wünschen, auch wenn es viele, gegenüber einem anderen, nicht sofort zugeben. Nur sie alle glauben nicht daran, daß dies jemals geschehen kann und nehmen deshalb mit den Gegebenheiten vorlieb und tun so, als seien sie mit allem einverstanden. Man ist eben modern, zeitgemäß, fortschrittlich, lebensnah?

Eine große Verantwortung - gleich - Schuld haftet an den „Kleinkriminellen", die es durch ihr Handeln zu kleinem oder größerem Reichtum gebracht haben. Und von dieser Gattung gibt es nicht wenige, wie die Analysen zeigen.

Aber wie die Habenden ihren Wohlstand „demokratisch gerecht" erhalten, so versuchen viele, sich auf demokratisch unrechtmäßige Art zu bereichern!

Zeitungsartikel von 03.00 = **„Arbeitslose wollen oft nicht"**

Immer mehr Deutsche glauben, daß viel Arbeitslose gar nicht arbeiten wollen. Wie das Institut für Demoskopie gestern mitteilte, vermuten dies in Westdeutschland 66 Prozent. 1994 seien es noch 39 Prozent gewesen. Im Osten seien die Zahlen von 11 auf 40 Prozent gestiegen.

Wen schon wundert dies?
Spätestens wenn man „Zeit und Muße" hat – also arbeitslos ist – kann man und macht man sich Gedanken über vieles und auch über die Gerechtigkeit in diesem Staat, in dieser Welt. Und man kommt zwangsläufig zu der Erkenntnis, dass man durch ehrliche Arbeit nicht „reich" werden kann, dazu gibt es das beste Beispiel das es geben kann.
Davon Reden sogar Politiker, und Wirtschaftsbosse ohne hin:
Billigstarbeitslöhne.

Und es geht weiter:
Sie, die ohne ehrliches Arbeitseinkommen sind vergleichen das Arbeitslosengeld mit diesen Billiglöhnen – für oft harte Arbeit – und kommen zu dem menschlich und rechtlich richtigen Entschluss, dass es für sie richtiger und besser ist, nicht zu arbeiten.
Wer diese Sachlage sachlich richtig angeht, muss dies einfach anerkennen.
Es ist absolut unrichtig und menschenverachtend, zu fordern, daß Arbeitslose für ihre Arbeitslosigkeit auch noch zusätzlich bestraft werden, in dem sie noch weniger Bezüge erhalten. Wie wäre der Versuch, die Mindestlöhne anzuheben?

Wie wäre der Versuch, eine gerechtere Einkommenspolitik zu schaffen?

Da diese Politik ebenso versagt wie die dafür zuständigen Gewerkschaften und Verbände, darf man keinerlei Hoffnung auf Besserung dieses Zustandes legen.

Hier spiegelt sich das Böse in der Kreatur Mensch, voll wieder, und hieraus begründet sich auch die Tatsache des nächsten Kapitels.

NPD / Neonazis / Rechtsradikale

Die Schlagzeilen von Presse und Fernsehen sind zurzeit voll von diesem Thema.
Und keiner, der ein ganz klein wenig menschlich denkt, kann die schweren Vorfälle, die zum größten Teil auf ihr Konto gehen, gutheißen.
Ausländer, ja Fremdenhass sollte kein Thema für einen Menschen, dürfte es nicht sein.

Aber sehen wir uns in unserer Gesellschaft um, sehen wir uns in unserer näheren Verwandtschaft, unserem Freundeskreis um, wie sieht es da aus?
Wir mussten erschrocken feststellen, welche Erfahrungen wir beim genaueren Hinsehen hier machen mussten.
Auch Personen, die sich als gebildet und weltoffen bezeichnen – und oberflächlich kann man sie so sehen - haben etwas (viel) gegen hier lebende Ausländer.
Gegen die – manchmal ungerechte - Bevorzugung dieser Gruppen in unserer Gesellschaft, die trotzdem hier am Rande leben. Gemeint ist die breite, untere Masse derer.
Dass dies aber nach rechtsgültigen Gesetzen geschieht, wollen sie nicht wissen, nicht wahrhaben.

Sie müssten erkennen, dass hierfür die von ihnen gewählten „Volksvertreter" die Verantwortlichen sind, also mal wieder die Politiker!
Und es kann doch nicht sein, daß sie eine falsche Entscheidung bei ihrer Wahl getroffen haben. Oder doch?
Sie müss(t)en erkennen, dass sie durch ihre Untätigkeit, ihr Stillhalten, ihre Feigheit und ..., gegenüber den unsinnigen Erlassen und Gesetzen sich in Wirklichkeit mitverantwortlich machen.

Auch wenn sie es wissen, sie trauen sich an dieses System nicht heran.
Den Glauben: *Vor dem Gesetz sind alle gleich,* den Glauben haben nur noch wenige.

Und so schüren sie den absolut unberechtigten Hass und gar die Taten, die man diesen Gruppen anhängt, und freuen sich insgeheim über jede Straftat, den diese Gruppen begehen.

Zurück zur NPD.
Oberflächlich gesehen verbreiten sie Parolen, die wenige (in ihrem Herzen) wollen, und haben Ziele, die nicht in unsere heutige Zeit passen, aber auch nicht in die frühere.
Ziele, die zunächst eine Schicht, die Ausländer, die zum Teil kaum Rechte hier haben, trifft, die schwach sind und eigentlich problemlos angegriffen werden können.

Hätte man hier Erfolg, würden sie die übernächsten Ziele, der eigentlich wahre Kern, der Grund für all diese Übel ist, angegangen, die Ungerechtigkeit, das Geld.

Und sehen Sie mal näher hin! Man wird erschüttert sein von der Zahl derer, die insgeheim diese Richtung unterstützt.

Sie haben den vorausgehenden Teil des Buches gelesen, dann wissen sie die Gründe.

Eine Jugend ohne Liebe
Eine Jugend ohne Vorbilder
Eine Jugend ohne Zukunft!

Eine Jugend, die als Leitbild
Erwachsenen ihnen vorleben

aufgewachsen
Nur, Adolf und Ko. da
Kein Führer in dieser
Gesellschaft vorhanden!
das Geld sieht, wie es die

.

So wie alles, was in unser, Gesellschaft geschieht. Man hat
eben von der Natur gelernt – leider nicht.
 Man nimmt den leichtesten, den einfachsten Weg zum Ziel.
Warum also die NPD nicht auch.

**Wer gibt diesen Regierenden, sich „Demokraten"
nennenden das Recht für sich in Anspruch zu nehmen, daß
alleine sie das richtige System für das Zusammenleben der
Menschen haben und vertreten?!
Dann müssten sie auch demokratisch handeln!**
Fehlt ihnen gar etwas? – Viel! s
**Keiner! Sie nehmen es sich, weil sie glauben, noch die
Starken zu sein.**

*Sie allein tragen die volle Verantwortung für Erscheinungen,
die sich Recht(s)radikale nennen!*

Auch zu Adolfs Zeiten haben sie glauben wollen, sie hätten
„das, und den Führer" mit dem entsprechenden System des
Zusammenlebens, für die „Zukunft".
 Für die Zukunft nicht, aber für den eigenen Wohlstand wohl.

Und sehen wir uns unsere Parteien jetzt an! *Wo sehen sie einen
Unterschied zu obigem System?*
Strebt nicht gerade die C D U die Alleinherrschaft an?
Will sie uns nicht Glauben machen, nur sie wäre fähig uns in
ein besseres, ein Leben voller Sau-s und Braus zu führen?

Welche Partei praktiziert den Fraktionszwang mehr als die Christlichen?

Dabei steht in Artikel 38 des Grundgesetzes Absatz1 ganz deutlich zu lesen:

.*Abgeordnete:* ... *und nicht an Weisungen gebunden, und nur ihrem Gewissen unterworfen "*.

Das heißt nichts anderes, als daß die Parteien, die dies tun – und manche tun dies permanent – eindeutig gegen geltendes Recht verstoßen und längst verboten sein müssten!

Welchen Zwängen müssen wohl die Abgeordneten unter dem Führer Wg.* ausgesetzt gewesen sein – und seine Nachfolger, versuchen es wieder.

Fragen sich nicht zwangsläufig viele: Gibt es nun ein Bundesverfassungsgericht oder nicht?!
Wenn ja, wo bleibt dann dessen Verantwortung und dessen Einschreiten!?

Üblich und richtig wäre doch zweifelsfrei: Spätestens beim nachweisbaren zweiten Verstoß, eine Abmahnung und beim dritten die Rote Karte zu geben!

Wäre eine erweiterte, begrenzte Parteienvielfalt nicht genau das Richtige?

Anscheinend fragt sich da oben keiner, wieviel Unfrieden, Neid und Hass, Not und Elend er durch seine Entscheidungen trifft, - warum auch.
   Sie leben in Saus und Braus und schämen sich nicht, die Gesetze und die Gemeinschaft der Menschheit so zu verachten.
   Ein Weltgericht würde sie alle nach Sibirien zur Umerziehung verbannen.

Wer, wie es jetzt ansteht die NPD verbieten will, wird und muss scheitern.
Bekommt vor einem „demokratischem" Gericht zwar / vielleicht Recht, nur in Wirklichkeit ändert sich nichts.
Der Name verschwindet (– vielleicht -), die Köpfe aber werden bleiben und gehen in den Untergrund - zurecht.

Sollte es soweit kommen, werden schlimme Zeiten auf die Bevölkerung, die Menschheit zukommen.
Das Verständnis in der Bevölkerung für diese Gruppen wächst von Tag zu Tag.
Gibt es Ungerechtigkeiten schon seit eh und je, so sollte man glauben, mit zunehmender Erkenntnis, über das menschliche Leben, die Zusammenhänge, würde sich einiges bessern.

Schließlich wächst alles Übel in unserem Lande und auf der schönen Mutter Erde auf der Basis, die da heißt Ungerechtigkeit.
Ungerechtigkeit im Namen der Demokratie.
Wer dies bestreitet, dem fehlt der Durchblick für globale Zusammenhänge, und das trifft leider für die Mehrheit zu.

Der Glaube, daß das vorhandene System, die Demokratie, nochmals geändert wird, gar zum Besseren, diesen Glauben hat keiner mehr, wo und wen auch immer man fragt.
Also ist immer mehr das Ellbogenprinzip angesagt. Da kann man nur froh sein, in einer hier unten verdammt ruhigen Zeit gelebt zu haben.

Nur schade, daß es nie ohne größte Brutalität und Tote abgeht und meist die Unschuldigen trifft, wenn man größere Änderungen oder einen Wechsel haben will, ja muss.

Da dies so ist – die Verantwortlichen stehen außen vor, schützen sichs mit allen Mitteln auf Kosten der anderen -

geschieht auch so viel Ungerechtigkeiten und Brutalität auf der ganzen Erde.

Und wie sieht es mit der Meinung zum Rassismus bei der übrigen deutschen Bevölkerung aus? Bei einem großen Teil, nicht bei allen, damit ich fair bleibe. Erschreckend, wenn man mal tiefer in die Materie einsteigt, auch heute noch oder wieder!

Auch das Problem NPD basiert voll auf der Basis, die da heißt Ungerechtigkeit!

Eine echte, wenn auch negative Alternative zu allen Gesellschaftsformen ist die Mafia.
   Diese „Vereinigungen" holen sich, was immer sie wollen. Fragen gar nicht, nach Leben und Tod.
Und schon gar nicht nach Gesinnung und Glauben. Und was tut man von Staatswegen, dagegen?
   Wenig, da zu ist man einfach zu schwach, auch geistig wenig geeignet. Oder sieht man sich etwa von diesen Organisationen ein wenig ab, macht ihnen im Kleinen nach?

Die Mafia: Nichts anderes als eine Folgeerscheinung aller bisher existierender Gesellschaftsformen. Groß geworden, weil schon früher die Erkenntnis vorhanden war, daß Ungerechtigkeit jede Gesellschaft spaltet.
   Im Vergleich zu den Reichen, der anderen Couleur, hört man von den Bossen, den Reichen dieses Vereins, daß sie – gemäß § 14 Absatz 2 unseres Rechtssystems, dem sie in keiner Weise verpflichtet sind, ihre „Anhänger" an ihrem Wohlstand „beteiligen" – mit Abstand natürlich.

Erlauben Sie sich mal den Luxus und verschwenden einige Gedanken daran, die Mafia würde die Welt beherrschen!
Und wenn sie mögen, auch, die NPD würde die Welt beherrschen!

Aber, vielleicht auch den Gedanken, die C D U würde die Welt beherrschen, oder eine andere Partei!

Sie lehnen ab! sind Sie zu bequem? Nein sie haben Angst, Mafia und N P D sind ihnen zuwider.
In diesem System glauben Sie gerade noch leben zu wollen, obwohl man auch Sie ausbeutet und ungerecht behandelt, oder sind Sie vielleicht einer von der anderen Richtung?
Doch vor dem Gedanken, etwas gegen diese Ausbeuter, Demokratieverletzer tun zu müssen, dazu meinen Sie, seien sie nicht die richtige Person.
Was aber glauben Sie, sind die anderen? Glauben Sie uns, dieser Personenkreis hat auch nur ein einziges Gen mehr als Sie und ich?! Oder gar bessere?
Die Mafia: Auch sie gäbe es nicht, gäbe es mehr Gerechtigkeit!

Werbung an Schulen

Werbung an Schulen, dazu die Äußerung der Gewerkschaft. Zu fragwürdiges Experiment? Wir meinen, nicht nur hier trifft dies zu: Politische Verantwortung.

Eine so reiche Gesellschaft wie die Deutschen - merkt denn die Masse der „Normalen" und Armen nicht, wie sie von den wenigen Reichen ausgenommen wird?
Keiner dieser Reichen kann sein Einkommen auf sein Wissen, Können, Fleiß oder was immer, begründen. Nur, die Massen, die doch nicht mehr als Sklaven sind, verhelfen ihnen zum nicht berechtigten Verdienst, zum übertriebenen Reichtum, konträr zu den Artikeln des Grundrechts.

Wenn alle in dieser Gesellschaft ihren demokratischen, sozialen Anteil abgeben und liefern müssten, wäre dieses und die meisten unnütz entstanden Probleme vom Tisch oder besser noch, sie wären gar nicht erst entstanden.

Da stellt sich mal wieder die Frage nach **mehr Gerechtigkeit.**

Die Gesellschaft, die später von denen leben will, die einmal
die Arbeit für sie leisten musste, ist nicht einmal in der Lage,
diesen jungen Menschen, das Rüstzeug zur Verfügung zu
stellen, daß sie dann benötigen, um den Reichen, ihren
Reichtum zu sichern.
    Welche Schmutzigkeiten wird man sich dann ausdenken, um
die Sklaven weiter auszubeuten?

Sehen Sie sich doch bitte einmal an, um was es noch in dieser
hohen Gesellschaft geht, um „Satt" oder „Gut" schon lange
nicht mehr.
Eigentlich geht es nur noch um eine Zahl, die man als seine
speziell eigene nennen kann.

Die Zeit sich zu wehren ist reif, überreif!

Und daß es so ist, das zeigen die Nebenerscheinungen der
„Welt-Wirtschafts-Konferenzen".
Ob Seattle, Davos oder Göteborg man kann der Masse nur
wünschen, sie wehrt sich endlich gegen dieses Unrecht -
verstärkt.
Und eine größer werdende Masse wünscht sich, daß es so
weiter geht!

Die Zeit geht weiter, und so steht das nächste Thema dieser
Richtung auf der Tagesordnung: Fehlende Fachleute für die
„Neuen Techniken" in größerer Zahl.

Kommentar dazu: *Ein völliges Versagen der Wirtschaftsbosse,
der Politik und der Gewerkschaften, alle, die für solche
Vorgänge zuständig sind, ja wären, es sein wollen!
Und wer von „diesen" Damen und Herren wird je zur
Rechenschaft gezogen?*

Hier zeigt sich doch deutlich, dass die Demokratie, in der wir leben, die Personen die das deutsche Volk vertreten, absolut untauglich sind um zukunftsorientierte Entscheidungen zu treffen.

Sie sind alle nur mit dem einen Ziel tätig: Die Erhaltung der Kluft zwischen Reich und Arm!!!

Nieten regieren unsere Welt – die „Intelligenz" schweigt – warum??
Reformen und nicht Reförmchen sind lange überfällig und haben nur Erfolg, wenn sie auf mehr Gerechtigkeit bauen.

Wie aber sollte man auch so weit sehen, so weit denken können. Ist das eigene Leben vielleicht morgen schon zu Ende – und, was schert mich die Zukunft?
Hier scheint den Verantwortlichen dieser Erde der Instinkt, der Selbsterhaltungstrieb, der anderen Lebewesen zu fehlen oder anders gesagt der Mammon und die Macht sind ihnen wichtiger.

Ist doch auch hier nur ein ganz normaler Mensch tätig – warum dann aber diese enorm hohen Unterschiede im Einkommen, im Besitz??
Wer bremst diesen Wahn, der alles auf der Erde zerstören wird was der Spezies Mensch, ein Leben, ein Überleben hier ermöglicht – hätte??

Anpassung an Besitz und Einkommen mit weitest gehender Gerechtigkeit würde die meisten Probleme der Menschen beseitigen, ja vermeiden - erst gar nicht aufkommen lassen!

Mir war, als hatte ich einen Traum.
Mir war, als hatte ich einen Zukunftstraum der Menschheit.
EINE EINZIGE Menschheit regiert von einer einzigen

252

Regierung.

(R.S.)

Wie äußerte sich mein Bekannter Heiny dazu: *Die Masse denkt eben so, und was die Mehrheit meint, ist eigentlich ungeschriebenes Gesetz.*

Für uns ist das die Bestätigung, daß wir von Menschen regiert werden, deren Horizont nicht weiter reicht als der eines normalen Menschen –und manchmal noch weniger.
   Wofür aber bezahlen wir dann solche Gehälter und Pensionen!
   Und eines ist ebenso traurig, es kann keiner von sich behaupten, er hätte je ernsthaft nach einer anderen – für alle bessere Lebensform – gesucht.

   Nein, hier irrt Heiny: Die Masse denkt anders, nur die Masse schweigt. Weil sie die Meinung vertritt, sie könne doch nichts daran ändern – und zu bequem ist.

Wie steht schon an anderer Stelle des Buches geschrieben: *Der Reichtum der Wohlhabenden beruht auf der Arbeit der Sklaven, auf den unteren Schichten also.*

Wie man's auch dreht und wendet, es stellt sich immer wieder die Frage nach mehr Gerechtigkeit, nach gelebter Demokratie.

Auch wenn Sie es nicht sehen können, wollen, dies ist der Grund **allen** Übels!

So wie diese Erkenntnis bei einem Teil der Bevölkerung inzwischen vorhanden ist, so ist bei einem viel größeren Teil die Ader der Ungerechtigkeit ausgeprägt. Nur sie wollen es nicht wahrhaben, die anderen sind ohnehin „nicht so edel wie sie", Schlechter sind sie, als sie selbst!

Wirtschaft soll mitreden

80 Prozent der Deutschen meinen nach einer Emnid- Umfrage:
Es sei nützlich, wenn Firmen in die Gesetzgebung einbezogen würden.

Tatsache ist doch wohl, daß diese schon immer (mit)bestimmten was geschieht!
Nicht wie es sein sollte: Oben steht eine Regierung die alles, aber auch „alles" lenkt und das gesamte Volk in eine sicherere Zukunft steuert.
Nein, hier und in den meisten oder allen anderen Ländern steuert die Wirtschaft die Regierung.

Das Gegenteil wäre genau das Richtige und einzig Wahre.
Die Politik müsste die Richtlinien für eine einzige Gesellschaft erarbeiten statt diese eine Gesellschaft in zig Gruppen auf-zuteilen.
Eine große Verantwortung trägt hier die Institution die als einzige unverändert die Menschheit seit fast 2 000 Jahren begleitet – und auch heute mal wieder ihren alleinigen Herrschaftsanspruch, ihre Führungsrolle herausstellen möchte.
 Schlimm! Jeder Verein „kluckt" für sich, wobei es nur eine Menschheit auf dieser unserer Erde gibt, und genau dieser Verein will für alle Menschen zuständig sein mit seinen zum Teil menschenfremden Einstellungen und Entscheidungen.

Die „Kleinen grünen Männchen" sind im Anmarsch

Wie vor Jahrzehnten schon vorausgesehen, scheint es, als seien die kleinen Grünen Männchen jetzt im Anmarsch.

Sie wissen nicht was ich meine?!

254

Irgendwas wird bei dem was viele als „Segen für die Menschheit sehen" (wollen) dem Fortschritt wie er gelebt wird - auf fast allen Ebenen – daneben gehen und zum Bumerang werden.

Vieles, was zunächst als Segen für die Menschheit gepriesen wurde und einige Reiche und Wohlhabende dazu hervorgebracht hat, wird sich schnell ins Gegenteil verwandeln oder ist auf dem Weg dahin.

Nehmen sie das Beispiel Atom!

Der jetzt sichtbare Weg den die Menschheit z.Z. geht, produziert so eindeutige Nebenerscheinungen, die die meisten von uns nicht zu träumen fähig scheinen, geschweige noch in ihren abartigsten Ausführungen sich vorstellen könnten.
Folgen, die diese Gesellschaften einfach nicht sehen wollen.

Das naive Gerede, das man sich immer wieder anhören muss: **„Es war schon immer so. Oder: Das regelt sich von ganz alleine" Oder "Irgendwas wird jemandem schon einfallen oder, oder..."**
Ich habe zu vieles schon vorausgesehen und nehme hier keine Ausführung meiner weiteren Erkenntnisse vor. Soll kommen, was da kommt, es würde mir doch kaum jemand glauben, und zu spät für eine echte Umkehr ist es auch, aber .....

Vielleicht aber macht sich - wie bei der Atomenergie - ein Professor mal wieder auf und entdeckt für die Menschheit etwas „Gutes", das ein Bösewicht dann auf die falsche Bahn bringt.

Dieser Bumerang scheint jetzt im Anflug zu sein – und das gleich in mehreren Erscheinungsformen – wenn`s denn wenigstens als Warnzeichen verstanden würde.

Nehmen wir HIV. Keiner wills gewesen sein! Dieser Kelch geht sicher auch an „mir" vorüber. Hoffen wir`s!

Tschernobyl: Da haben wir – außer den paar tausend Toten – noch mal Glück gehabt, von den menschlichen Krüppeln (nicht) ganz geschwiegen. Hiroschima, Indien und, und, ...
Aber der Kadaver „Tschernobyl" strahlt Jahrhunderte weiter, gibt seine tödliche Strahlung frei.
Tschernobyl, eine Leiche von Tausenden möglichen anderen.
Ob das so richtig ist?! Und wofür?! Alles um einige reicher zu machen?!
Und Tschernobyl kann Morgen an anderer Stelle gleich mehrfach erscheinen.

War noch B S E: Kann uns sauberen Deutschen ja nicht treffen, wenn man den Politikern und sonstigen Verantwortlichen glauben will.

Kann man um Tschernobyl einen großen Bogen machen und Aids vielleicht durch Vorsicht vermeiden, also Keuschheit praktizieren, kein fremdes Blut nehmen, das man vielleicht einmal dringend benötigt, was aber bleibt bei B S E?!
Dass dieser Glaube ein Aberglaube ist und war, zeigen uns doch die ersten amtlichen Feststellungen der B S E Fälle hier zu lande.
   Nur mit welchen billigen Ausreden kommt man wieder, und wo sind und bleiben die Ankläger in dieser, die Menschheit bedrohenden Sache?
   Es meldet sich keiner zum Protest, scheint so, als seien alle schuldig. Alle nicht, aber sehr, sehr viele.
   Was kommen müsste, wäre auch hier ein Aufschrei gegen diese Verbrecher, aber sie schweigen.
Sie schweigen, weil sie schuldig oder zumindest mitschuldig sind - ohne Zweifel, und darum gehen diese Verbrechen auch in Zukunft weiter, weiter bis zum Ende.
   Wollen wir gar keine andere Menschheit?

Eine Genugtuung aber bleibt all denen die nicht dazu gehören
- (wirklich?);

*Jeder und jede kann von dieser tödlichen Seuche
befallen werden, da gibt es kein Entrinnen.*

Sie wundern sich über meine Härte.
Ich verstehe, daß Sie dies weniger verstehen, aber wäre nicht
die Gier nach dem Geld, wäre nicht die Gier nach der Macht,
würde man nicht den Reichen nach der Nase reden und
handeln, die Welt sähe anders aus.
*Wir meinen, eine solche Welt hätte es realistisch gesehen
geben können.* *(R. S.)*

Wir meinen, auch wenn die Vorgängerregierung, Einem
Probleme und Vorgänge in den Korb gelegt hat, die man
übernahm – man will ja besser sein, anders, sonst wäre man
nicht gewählt worden, bliebe genug, um Wirkliches für die
Zukunft zu tun, man muss es nur wollen.
Aber es fehlen jegliche Ansätze einer Regierung, die das
deutsche Volk (die Menschheit) in die Zukunft führt.

Der Anfang des B S E Falles liegt Jahre zurück, fällt also voll
in die Zeit in der der Herr regierte, der dem deutschen Volke
unter falschen Bedingungen diente.
Wintergemüse* ist sein Name. Geht er jetzt, was eigentlich zu
erwarten wäre, als Schwerverbrecher, in die Geschichte ein,
der nicht nur das eigene Volk belogen, sondern es auch der
Seuche aussetzte, zugeführt hat?!
Sicher nicht, dafür hat er zu viele Mitläufer und Mittäter
gehabt, und gingen sie alle mit ihm mit es müssten neue
Gefängnisse gebaut werden.
Also werden seine Mitläufer ihn vor einer gerechten,
entsprechenden Strafe schützen.

*Was nicht im Menschen ist,
kommt auch nicht von außen in ihn hinein.*

(W. v. Humbold)

Wie recht hat dieser Herr mit seinem Leitsatz! (R.S.)

Und der jetzige Herrscher in Deutschland, Herr Bundeskanzler
Gerhard Schröder, welche Schuld trägt er am B S E Fall?

Keiner, wir kennen keinen einigermaßen intelligenten,
selbständig denkenden Menschen der geglaubt hat, B S E ließe
sich auf eine Region, ein Land, einen Erdteil beschränken, wo
alle von einer Globalisierung reden – die wirtschaftlich schon
vorhanden ist – menschlich aber niiie erreicht wird!
Man muss also ein verantwortungsloses Denken haben, um
diese Seuche sich ausbreiten zu lassen.

Jeder, auch die Damen und Herren die uns regieren wollen,
kennen um die Grausamkeiten von B S E. Wissen, dass die
entscheidende Zeit bis zum Ausbruch zwischen 5 bis 30 Jahren
liegt!
Wir wollen keinem erst unterstellen, daß er so zynisch denkt
und handelt, er könne ohnehin schon tot sein, wenn bei ihm die
Seuche B S E anfängt ihre grausame Wirkung zu zeigen.
        Oder glauben Sie etwa doch?

Klar gesagt: *Die Herren Wg.* (a.D.) und Schröder – ihres
Berufes Bundeskanzler der Bundesrepublik Deutschland –
tragen die volle Verantwortung in Sachen B S E.*

Anscheinend bekommt doch jedes Volk die Führer die es
verdient – oder?!

Wie war das gleich mit Adolf - stecken nicht in der Nachkom-
menschaft seiner Mitläufer und Anhänger vielleicht doch noch
diese NS Gene??
Und wie viele dieser Anhänger / Nachfolger landeten in der
„Christlichen Union"?

Wenn schon diese Herren sich der Verantwortung nicht stellen wollen, dann müss(t)en die jeweiligen Bundespräsidenten mit ihren Beraterstäben die Verantwortung tragen.
Denn wer will schon wem klarmachen, ein Bundespräsident hätte nicht die Möglichkeit, intern vielleicht, auf solch gravierende Fehler hinzuweisen.
Richtig: Der Bundespräsident ist ja Bestandteil dieser Demokratie, dieses Systems, dieser Sympathisanten, auch wenn er nur oder gerade deshalb, von denen da oben gewählt wird.

Und wo bleibt das höchste Überwachungsorgan unserer Republik, dieser Demokratie? Haben auch diese Damen und Herren keine Verantwortung gegenüber der Allgemeinheit, dem Volk das sie bezahlt, gut bezahlt – ihr ganzes schaffendes und folgendes Leben lang?!

Und es geht weiter so:
Es reicht doch wohl nicht mit irgendwelchen billigen Ausreden die Masse beschwichtigen zu wollen, auch wenn es so ist, die Zeit zum Umdenken ist zwar zu spät aber für einen einigermaßen „sauberen", erträglichen Abgang der Menschheit von diesem Globus könnten die uns Regierenden schon sorgen.

Wäre die Gier nach Geld und Macht in dieser Welt nicht das Größte was man erreichen kann, wären nicht nur Aids, Tschernobyl, B S E und all die anderen Widrigkeiten, die die Menschheit noch bedrohen und erleben muss unbekannt.

Und jeder, der diese Menschheit Regierenden, muss noch eines darauflegen, statt zum Humaneren hin zu mindern.

Aber halt, da brachten sie doch tatsächlich gestern im Fernsehen einen Bericht von einem Indianerstamm am Amazonas, von einem Häuptling der seinem Volk alle die Unarten der viel gerühmten Zivilisation ersparte. Glückliches Volk mit einem weitsichtigen „Kanzler" (Häuptling)!

Er hat nie eine Schule besucht, war nicht Maurer oder Schlosser, hat kein Abitur und auch nicht studiert, kennt nur die Gesetze der Natur und seine Erfahrungen und ein für ihn glückliches Leben und das seines Volkes.

Was da zuvor geschrieben steht, ist nicht ein Märchen von gestern oder Träumereien eines Spinners, nein Realität von heute!

Hätten wir auch solch eine Persönlichkeiten, Deutschland und die Welt sähe anders aus.

Und zu B S E? Unsere Rinder würden wie früher Futter auf der Weide fressen solange es ging. Würden nach modernen Gesichtspunkten und Erkenntnissen leben und geschlachtet.
Bräuchten kein Kraftfutter, das von geldgierigen Kriminellen mit Tod bringendem Material versetzt wird.
Das sagt ihnen jeder Landwirt mit Gewissen und Verantwortung.
Bräuchten wir Viehfabriken?
Bräuchten wir geklontes Korn, geklontes Gemüse?
Bräuchten wir geklontes Vieh?
Bräuchten wir geklonte Menschen?

Der Mensch hat bisher stets bewiesen, daß er Gesetze die ihm nicht genehm sind, auch nicht einhält.
Und da es bisher immer so war, keiner ihn gebremst hat, wird er auch in „Zukunft" so weitermachen bis zur letzten Konsequenz.

Wie viele Millionen werden an Aids sterben?
Wie viele Millionen wird Hiroschima, Tschernobyl und was noch kommt an Leben kosten.
Wie viele Millionen werden es an B S E sein?
Wie viele Millionen werden es an ... sein?

Ich höre mit der Aufzählung auf. Es hängt alles, aber auch alles mit dieser falschen – Verzeihung - unrichtigen Politik zusammen - da bestehen keine Zweifel!

Bei dem einen, das Volk hatte ihm zunächst zugejubelt, er sah seine Fehler, Aussichtlosigkeit, wenn auch sehr spät erst ein, kam der Tod kurzfristig, noch bevor das Ende erreicht war, aus eigener Hand.
Man kannte den Täter, der die Hauptschuld, die Verantwortung für dieses Menschenabschlachten trug und hätte noch später handeln können.
Er aber zog es vor, sich dieser Verantwortung zu entziehen.

Bei B S E kennt man die Verantwortlichen, die beim Auftreten der Seuche hätten die Notbremse ziehen müssen auch, doch man lässt sie ungeschoren?!
Wenn die Zeit kommt, in der man sie spätestens zur Verantwortung ziehen müsste, werden sie nicht mehr unter den Lebenden weilen mindestens wegen natürlichen Ablebens allerdings, schade.
Ach ja, sie Handel/te/n ja demokratisch.

Die Gesellschaft will modern sein, will Fortschritt wie es scheint um jeden Preis.
Will sie nicht: Wollen, wollen, nur die, die sich einen riesigen Vorteil davon erhoffen, denn die Erfahrung aus der Vergangenheit sagt uns ganz etwas anderes.

Da offiziell nur nach Gutem und für die Menschheit Nützlichem geforscht wird, übersieht man, nein man will es übersehen, wie beim Atom und anderem, die vielen, vielen Nebenerscheinungen dieser Forschungen oder Anlagen.
Klar, es werden Gen-mäßig nur Menschen produziert mit edlen Motiven und dem Besten.
Ein Teil davon mit relativ einfachem Gemüt, man braucht ja Sklaven.

Und der andere Teil hochintelligent, in ihm aber steckt die Gefahr für die Zukunft.

Wenn Sie nicht wissen was damit gemeint ist, fragen Sie jemanden, der genug Phantasie hat und Ihnen die Antwort dazu gibt oder warten Sie die Ereignisse ab, falls Ihnen die Zeit dazu bleibt.

Nicht wie früher – jeder hat die gleichen Start-Anlagen – nein es werden menschliche Roboter, Maschinen gezüchtet und jeder will und wird „besser" sein als die des anderen „Züchters"/ Forschers.

Diese menschlichen „Maschinen" sollen dafür sorgen, daß man der Reichste wird, welchen Grund sollte es sonst noch geben? Wie viele aber wollen dies wohl sein? Man wird sie also so züchten, Verzeihung, manipulieren, einstellen, daß sie sich gegenseitig vorher beseitigen, eliminieren.

Wer über ausreichende Phantasie und Erfahrungen aus seinem Leben verfügt kann sich sicher noch viele nette und weniger nette Geschehnisse in den nächsten Jahren vorstellen, die Wirklichkeit werden dürften.

Darüber hinaus hat Mutter Erde sicher noch einiges zu bieten, das auf der Tatsache beruht was der Mensch ihr angetan hat und tut und einiges, was kaum jemand wagt zu denken.

Denke ich an meine Jugend: Erschreckend das was heute auf der Tagesordnung steht; dies stand in meiner Phantasie erst in späteren Jahren an, und der Rest?

(R.S.)

Der Laden Europa ist inzwischen der Moloch der aus Deutschland, Frankreich, Spanien, England und, ... zusammen-gewürfelt ist, und jeder kocht seine eigenen Vorteile dabei heraus.

Gemeinsam eine bessere Zukunft für die Menschen dieser Gemeinschaft dabei herauszubekommen ist deren Ziel nicht. Edles, demokratisches Denken dieser Schicht, die dort tätig ist, zu unterstellen wäre mehr als naiv und weltfremd.

Dort wird undemokratisches Handeln gerade zu praktiziert und belohnt. Wer anders handelt ist ein Außenseiter, ein Trottel.

Im Vordergrund steht ganz einfach der Welthandel mit „freier" Marktwirtschaft der den Reichen ihren Reichtum garantiert.
Und die vielen Nieten unter ihnen versuchen sich, jeder auf seine Weise, durch ihre Schweinereien so an die Reichen anzuhängen.
Ein wenig wie die Reichen zu sein.
Ein wenig? Wenn einer mit einem Einkommen von weit über einer halben Million, plus entsprechenden Spesen über seine geringen Einkünfte laut klagt, zeigt dies doch mehr als deutlich die Missstände in dieser EU, in dieser Welt auf. (Sein Name Bomtal*) *a. rechtl. Gründen geändert

Sähe er als Norm-Mensch einmal nach unten, müsste er feststellen, wie weit oben er finanziell steht.
Sähe er einmal nach oben, müsste er feststellen, dass er ziemlich auf der untersten Sprosse steht.
Was aber soll er tun?
Sich aufregen daß er so wenig verdient, obwohl andere keineswegs mehr leisten als er?
Oder soll er - wie dieses Buch - die Missstände in diesen Gesellschaften anprangern und vielleicht für eine gerechtere Politik mit all ihren Erscheinungen kämpfen?!
Er tut es nicht.
Und damit sind wir bei dem eigentlichen Übel dieser Menschheit. Dem Übel, daß inzwischen eine Mehrheit die Widrigkeiten der Reichen sich aneignet, ja übernimmt, und diese, jeder nach seinem Können und auf seine ganz persönliche Art präzisiert und auslebt.

Und was sagt Heiny hierzu:
„Ich war selbst in der Gewerkschaft, und kenne so viel Nieten auch in den oberen Reihen, daß mich nichts mehr wundert. Bei deren Niveau kann nichts Besseres dabei herauskommen.

*Und was der Schicht unten fehlt ist eine finanzstarke Lobby die
für sie ins Feld zieht und ein Führer oder eine Führung, die
dann „Demokratie" praktiziert!*

Auf anderer Ebene tun sich besonders in der letzten Zeit Herr
Henkel, Herr Hundt und ... mit ihren menschenverachtenden
Aussagen hervor. U.a. im TV. Christiansen u. weiteren.
Auch dieser Fall zeigt deutlich: Nur wer „satt" ist, kann so
reden. Vergisst – egal auf welcher Sprosse der
Einkommensleiter man steht - Herr Henkel und ..., daß er zu
den Siegern in diesem Leben zählt, vergisst er seine besondere
Verantwortung für den Rest der anderen.
Vergisst er, dass er eigentlich auch nur ein schwacher Mensch
ist?
Zum Kaiser hat`s ja auch bei ihm nicht gereicht.
Aber er nimmt sich jede Dreistigkeit dieser „Herren da oben"
heraus, ohne die sie nicht das wären - was sie sind!!
Im Prinzip alles, Gesetzesbrecher wenn es genau nach den
Gesetzen, dem Grundrecht der Bundesrepublik Deutschland
ginge, oder?
   Aber, die Masse lässt solch Handeln ja zu – noch!?

Inzwischen unterstützt nicht nur von der Politik, sondern auch
von der Rechtsprechung, die diesen Schichten für ihren
Reichtum und sonstigen Wohlstand einen Bonus und wenn es
sein muss auch zwei und mehr einräumt.

Es sieht so aus als könnte man nicht lesen oder Deutsch
verstehen. Wir haben noch nie gehört, daß jemals eine/r dieser
Damen oder Herren ein Urteil fällte und sich dabei auf die
Grundrechte der Bundesrepublik Deutschland bezogen hat
wenn es um Verantwortung und Gerechtigkeit ging.
   Aber auf dieser Grundbasis sind die Artikel des
Grundgesetzes aufgebaut worden – angeblich.

Gerechtigkeit gibt es nicht –
Nicht im Gerichtssaal -
Und nicht auf hoher See.
(Clarence Darrow)

Zu B S E : Dazu stand im Stern 4/2001 ein „schöner" Artikel mit dem Titel:

Mahlzeit
Einer der Untertitel lautete:
Nicht nur die Tiere sind krank – das ganze System ist der Wahnsinn.

Auch der Spiegel hat wohl erkannt, dass das jetzige System nur solche Blühten hervor bringen kann wie sie jetzt blühen. Trotzdem macht man selbst so weiter, wie bisher.

Der Weg zum Ziel

Das dieser Weg ein unendlich schwieriger gewesen wäre, ist uns wohl bewusst.
Was aber hat der Mensch alles geschafft und geschaffen und schafft es noch.

Und schließlich haben wir da oben ja Eliten die uns führ
     Haben wir?

Was er aber jetzt nicht mehr schafft, der Mensch, ist die Umkehr zu einer weltbeherrschenden Alleinregierung mit einem System, der annähernden Gleichstellung aller Rassen und Menschen, die länger überleben könnten, für die es eine sicherere Zukunft gäbe.
    Können Sie sich gar vorstellen ein Reicher, ein Sklavenhalter wäre bereit zu teilen??

Diese Möglichkeit, die eine längere Überlebenschance der Spezies Mensch garantiert hätte, hat er – der Mensch - inzwischen verspielt.

Stellen Sie sich vor: *Weltregierung und Herr Wg.* vielleicht nur ein kleiner Aktenträger für einen der Damen/Herren der Weltregierung.*

Oder die überaus wichtigen Abgeordneten, nur Stallburschen. Oder ... sie sehen, worauf hinaus dies liefe.

Alles nur Menschen, Menschen in einer Menschengesellschaft, wie ich und du.

Was sagen Sie, Herr Wg.* das ist doch wer!
Ja Länge und Masse schon, aber, beim Check seiner Gene wurde festgestellt, daß er eine Neigung zur Unehrlichkeit und Schlimmerem hat, und somit, als Welt-Diener weniger geeignet ist, und für eine Gehirnwäsche war er schon zu alt.

Die Schuld daran tragen (fast) alle Politiker und die, die meinen, zu den führenden Köpfen dieser Menschheit zu gehören.

Denkt man weiter darüber nach, muss man aber auch all denen eine Mitschuld zuschreiben, die um diese Vorgänge wissen und schweigen.
Und hierunter sind nicht wenige, die wirklich Wissen haben, aber schweigen, um nicht in Misskredit zu geraten und ihren Wohlstand zu verspielen.

Tatsache ist leider, daß er, der weiß, der Mensch, daß das, was er erreicht hat, seine Existenz, über Kurz oder Lang, vernichtet würde, lehnte er sich auf.

Es ist ja auch so einfacher und bequemer, sich als „Satter" Mensch in der Masse, in der man lebt, nicht zu bewegen, als

mit vollem Bauch, gegen den Strom zu schwimmen!!!?
(R.S.)

Nur, hoffentlich nicht solange wie er (und ich) leben.
Wie heißt es da so schön: Herr, lass diesen Kelch an mir
vorübergehen!

Uns kommt es vor, als lebten wir im Turmbau von Babel –
sehen dem Ende der Menschheit entgegen.
In der Phase des *„tobte und tanzte"* befinden wir uns wohl
gerade, zumindest sieht es so aus.

Auszug aus Belsazar:
Und droben in des Königs Schlos, da tanzte
und tobte des Königs Tross!
(frei nach Heine)

Den natürlichen Untergang der Menschheit, dem sie seit ihrer
Schaffung entgegen geht, beschleunigt sie, durch ihr jetziges
Handeln enorm, mit steigender Tendenz.

Vornehm geht die Welt zu Grunde.
(Redensart)

.
Ohne von der Menge die es wissen müsste, die aber in
Blindheit und Naivität lebt und leben will, wahrgenommen zu
werden, läuft die Uhr der Menschheit immer schneller dem
Ende entgegen, ab.
Vielleicht lösen Katastrophen und Seuchen das Problem, viel-
leicht aber auch ein abruptes Ende, bei dem die Menschheit auf
einen Schlag ausgelöscht wird.
   Richtig, einen kurzen Tod wünschen sich viele! Nur, wie
lange ist kurz?

So hätte es nicht kommen müssen, aber die Verantwortlichen
können ja nicht mehr, kann keiner mehr, zur Rechenschaft
ziehen.

„Sie" haben auf jeden Fall auf Kosten der Allgemeinheit mehr als nur gut gelebt, und nur das zählt für sie.
Haben wir aus diesem Grunde „demokratische" Regierungen?

In dem Irrsinn, demokratisch und z. T. noch kirchenchristlich dazu zu handeln, und mehr darf man doch von keinem Menschen erwarten – auch wenn es menschlich gesehen Unrecht und reiner Hohn ist.

Leistung muss anerkannt und dementsprechend honoriert werden, aber ich sage es noch einmal: Ein Einkommens-verhältnis von 1 bis 5, würde alle Leistungen berücksichtigen können, die menschlich gesehen möglich sind!
Wer meint, das ginge nicht, ist in seinem Wissen eingeschränkt und kennt die Menschen und unser Grundrecht nicht!
Das deutsche Volk untersteht den Gesetzen des Grundrechts und nicht denen der Freien-Marktwirtschaft – die ist nur drittrangig, aber das hat sich anscheinend bei all den schlau/tuenden Leuten dieser Republik noch nicht herumgesprochen oder ihnen fehlt vielleicht doch etwas.
Wem eine Demokratie im demokratischen Sinne nicht gefallen hätte, konnte ja auswandern – auf den Mond oder Mars vielleicht. Dort konnte er, wenn er wollte, König werden.

Aber ....

Die Zeiten für ruhige Politik scheinen vorbei zu sein, die Ereignisse häufen sich dramatisch.
Ereignisse die das Leben verändern werden, zeigen allen die sehen wollen, wo die Menschheit im Ablauf der Menschheits-geschichte steht, welche Versäumnisse die Politiker und die „Eliten" auf dieser Erde geschaffen haben und noch schaffen.

Die nachfolgend aufgeführten Vorgänge und Vorfälle zeigen alle zu deutlich, daß die Politik nur Lösungen für Geschehenes bearbeitet, also ein reiner Reparaturbetrieb ist und das auf einer Basis, die, wie es so schön heißt, „menschlich" sein soll, der Zeit in der wir leben, angepasst, zu angepasst, in Wirklichkeit aber das Spiegelbild der Unmenschlichkeit in Perfektion darstellt.
Zukunftsthemen brächten zumindest im Anfang keine Wählerstimmen.

Auf gut (klarem) Deutsch gesagt: Menschen die, wenn sie heute „erfolgreich" sein wollen, die Eigenschaften des Überredens, der Bestechlichkeit und Korruptheit und Neigung zur Kriminalität ja Mafiositum haben müssen.
            Haben müssen??
Eine dieser Eigenschaften steht da selten alleine an, sie reicht nicht mehr aus, um in einem dieser Vereine sich in der Spitze halten zu können, - meistens auf jeden Fall nicht.

Wozu keiner dieses Personenkreises auch nur den Ansätzen nach geeignet ist:
Die Menschheit in eine gesicherte Zukunft zu führen.
Aber das ist auch nicht deren Gesinnung, zumindest nicht mehr,
dann, wenn sie erst mal zum oberen Teil des Vereins gehören.

Die Menschheit wird von einem Haufen Nieten geführt, die alle nur für ihr eigenes Wohlergehen arbeiten und, damit es nicht so auffällt, einen kleinen Haufen anderer auf „unterer geordneter" Ebene, auf diesem Wege mitnehmen.
Wenn diese zudem noch wohlhabender sind als sie selbst, kann ihnen wenig geschehen, ihr Alibi ist dann perfekt.

Wie viele Menschen werden heute wegen einer anderen, positiven Gesinnung oder Handelns umgebracht, aber kaum jemand, der auf und für die anderen Seiten arbeitet.

Es gehört (fast) zu diesen Gesellschaften dazu, aber es ist der „Weg ins Aus".

Basis ist, wie bisher in der Menschheitsgeschichte auch, daß alles auf dem Rest, den Sklaven aufgebaut ist.
   Diese Massenbasis, die Sklaven, sind zwar nicht dümmer, aber auch nicht schlauer als sie, nur sie schweigen und wehren sich nicht, vielleicht fehlt ihnen auch das Geld dazu?

Erlauben wir uns hier noch einen kurzen Blick in die Menschheitsgeschichte zurück:
   Jedem gehörte alles und keinem gehörte etwas, so war es zu Beginn.
Und wer hat eigentlich wem was gegeben und wer wem was nicht?
Waren das eigentlich nicht die besten Voraussetzungen, eine, Menschen/Welt zu schaffen mit mehr Gerechtigkeit?

   Hatte man nicht als Vorbild den Rest der anderen Kreaturen, die diesen Globus für sich nutzten?
   Von denen keine als Endziel die eigene Ausrottung, ja Vernichtung anstrebt?
   Und schließlich gehört/e man doch zu der absolut intelligentesten Art von Kreaturen?!
   Wie aber passt dann das kommen müssende „Endziel" in unsere Rasse hinein?

Nein, bis heute will man nicht erkannt haben, daß es so ist, anders sein müsste:
   Man darf die Erde nutzen und genießen solange man auf ihr lebt, alle Menschen zu annähernd selben Bedingungen!

B S E

Dieses ist seit Jahren ein Thema und kann eigentlich keinen, aber auch keinen Menschen mit einigermaßen gesundem Menschenverstand ungerührt lassen.

Bei allen Politikern, hätten nach Ausbrechen und Bekanntsein des Ablaufs dieser Erkrankungen, die Alarmanlagen klingeln, nein schrillen müssen, aber sie blieben still.

Dies scheint, nein dies ist, wie wir feststellen müssen, in Deutschland und weiteren Ländern der Fall.

Die „Dummheit" der uns regierenden Politiker scheint also grenzenlos zu sein.
Sie ist in ihrer „Dummheit" so groß, daß sie anscheinend meint, zwar nur korrupt zu sein, dabei aber übersieht, daß sie voll davon mitbetroffen ist.

Es ist ebenso naiv und dumm zu glauben, daß der Preis die Qualität bestimmt.
Wer diesen Aberglauben verbreitet, ist ein armer Irrer oder schreibt die Verbrechen an der Menschheit und, nicht nur der, auf seinen Namen fest.

Tatsache ist doch, wer eine bestimmte Qualität herstellen oder produzieren muss, dessen Ware hat einen bestimmten unteren Preis, unter den keiner gehen kann.
Wer es doch tut, legt aus eigener Kasse dazu, was keiner lange kann oder er liefert mindere Qualität.
Wo also ist das Problem? Eine andere gerechtere Gesellschaft hätte diese Probleme nicht.

Da wir diese nicht haben, gibt es nur eine Feststellung: Die Führung dieser, unserer Gesellschaft, ist die Schuldige – ohne Zweifel – wie bei den anderen Problemen auch.
Trägt der Kanzler nun die Verantwortung oder nicht?!

Man kann es fast nicht anders sagen, als dass nur geistig weniger begünstigte zu Gunsten anderer, ihr eigenes, das ihrer Lieben und das Leben der ihnen anvertrauten, wegen finanzieller Vorteile anderer, opfern!

Opfern? Auch Adolf opferte bewusst Menschen – wo ist da der Unterschied?

ANNO 2000: *Ein Schreiben an den Kanzler.*

So traurig auch dieser Skandal/fall ist, so traurig ist auch die Tatsache, dass Sie es sich zu eigen machen, dass Sie, nach dem das Kind in den Brunnen gefallen ist, so tun, als seien alle Deutschen an dieser Katastrophe schuldig.

Dies muss ich aufs schärfste, auch im Namen vieler Bekannter zurückweisen.

Schuld ist die Politik für die Sie zur Zeit verantwortlich zeichnen!!

Sie sind von einer Minderheit gewählt worden (prozentual), und haben mit Ihrer Politik, selbst in der eigenen Partei, nur noch wenige die dieser jetzt praktizierten Politik zustimmen.

In der Sache BSE ist es mehr, als nur eine Unverschämtheit, wenn Sie jetzt öffentlich die gesamte Bevölkerung als gut-gläubig hinstellen.

Dies zeigt, die Mängel Ihres „Betriebes" und die Praktiken nach der bei „Ihnen" gearbeitet und gehandelt wird doch zu deutlich auf.

In meinem Umfeld, das nicht ganz klein ist, kenne ich keinen, der BSE nicht schon seit Jahren bemängelt, und seit Erscheinen dieser Seuche ein Vorgehen wie es Herr Wg.* und seine Regierung an den Tag legt, gutheißt, ja gutheißen kann.

Man braucht nicht unbedingt bis 5 zählen zu können, um sich das, was mit BSE geschehen wird, ja musste, voraus zu sehen.

Selbst gutgläubige Zeitgenossen ahnten Schlimmes und meinten, daß Handeln, wie es Politiker tun, naiv, dumm und alles was es dazu, zu bemerken gäbe, sei.

Ich glaube, die Gründe sind aber noch anders gelagert.

Aber kann man wirklich so naiv sein und glauben, man käme irgendwie an diesem Kelch, der da heißt BSE vorbei?
Nur weil man deutscher/Politiker ist?
Das darf einfach nicht wahr sein!

Konnte man vor Tschernobyl, wenn man weit genug voraus war, fliehen.
Konnte man vor Aids sich schützen oder es umgehen, wenn man wollte und konnte.
Konnte oder kann man vor BSE weder das eine noch das andere tun.
Jeder, ob einfacher Bürger, Politiker und selbst die, die durch diese und die anderen Demokratien undemokratisch reich gewordenen Reichen können vor BSE nicht weglaufen.
Fast zynisch, wenn einige Zeitgenossen anmerken, das sei die zweite Art von Gerechtigkeit auf der Erde die jeden treffen
    kann!

Da nutzt es ihrem Landwirtschaftsminister wenig, wenn er sagt, daß wir sauberes Fleisch essen, nur weil er der Ansicht ist, das Fleisch, das er esse - von seinem eigenen Hof – sei immer „sauber".
Unfähig solche Personen, mehr kann man dazu nicht sagen, gewählt, um dem ganzen Volke zu dienen und nicht nur, irgendwelchen Verbänden

Da hilft es auch wenig, wenn Sie sehr geehrter Herr Bundeskanzler bemerken, Sie sorgten sich um ihre eigene Familie.
Von den Menschen draußen, glaubt Ihnen dies kaum jemand, dafür ist Ihre Politik auf Gleisen die für andere Ziele ausgerichtet ist.

Ja, es stand doch wohl für jeden, aber auch jeden nur mit dem nötigsten Verstand begüterten Deutschen fest, die Seuche BSE wird sich über den ganzen Erdball ausbreiten – wie Aids.

Da ist es eben so zynisch, wenn einige meinen, „sie" glaubten (die Politiker), wenn bei ihnen die Krankheit ausbräche, lebten sie ohnehin nicht mehr.

Politik wurde noch nie für die Zukunft gemacht, dazu wusste man früher zu wenig von der Menschheit und den Zusammenhängen auf der Erde.
Heute, wo fast alles offen liegt, wo man klar erkennen kann, was wodurch geschehen kann oder wird, fehlen Politiker die die Fähigkeit haben und den Mut besitzen, ein Volk, die Völker, in eine gesicherte Zukunft zu führen!

Zukunft, was bedeutet das eigentlich für Menschen mit der Berufsbezeichnung Politiker?!

Vorbilder haben Sie leider keine gehabt, das ist aber auch nicht unbedingt nötig.
Aber die Politik, die Sie ihren Wählern versprochen haben hätten Sie schon einhalten können!

Eine Antwort darauf – vom Kanzleramt - gab es nicht.

Und selbstverständlich geht das Drama der Politiker auch in der Sache B S E weiter.
Nichts wird sich ändern solange es nicht, ein radikales Umdenken gibt, und das wird keine der vielen kleinen und großen "kriminellen" Gruppen auf der Welt zulassen.

Also bleibt alles beim Alten – wird schlimmer!
Also hole sich jeder, was er kriegen kann, auch die Sklaven, hoffentlich, - richtig, wärs.

Es fällt uns nicht leicht, eine solche Feststellung festschreiben zu müssen, aber wie sonst sollen die unteren Schichten zu ein klein wenig mehr „Gerechtigkeit" kommen, wenn sie es sich nicht selbst holen. Die oberen machen es ihnen ja vor.

Zu dem, was sie schon haben wollen sie noch mehr, immer mehr.

Wir denken*: Auch für die Sklaven steht Artikel 3 - **dass alle gleich sind** – und wenn dem so ist, hole man sich was einem von Rechts wegen - das Gesetz nicht geben will.*

Standen eigentlich schon immer, und nicht nur in dieser Sache, vorbeugende Maßnahmen zur Verhütung, die versagten, weil die legislative- und exekutive Macht in unserem Staate inzwischen nicht mehr das sind, was sie sein sollten, wofür sie angelegt wurden.

Jede nennt sich unabhängig und wird dafür gut bezahlt, das aber ist auch schon alles.
   Die Richter, die streng nach Gesetz, nach dem Grundgesetz urteilen sollten und Staatsanwälte, die anklagen sollen, sind so selten, daß sie nicht einmal mehr in der Öffentlichkeit wahrnehmbar sind.

Das, was die hohen Gerichte heute an den Tag bringen, beruht zum Teil auf den nachgemachten Gesetzen der heutigen Epoche, die die Ungleichheit und Ungerechtigkeit dieser, unserer Republik festigen und rechtsfähig machen sollen, und nicht die Artikel der Grundrechte repräsentieren und anmahnen.
   Gleich, wo man auch hinschaut, alles, aber auch alles wird von da oben im Sinne der Politik und Wirtschaft, die keine Zukunft den Menschen bringt, entschieden.
   Ja mit ihren Entscheidungen, fördert sie zum Teil dieses Verhalten im gesamten Lande.
   Man muss sich wirklich fragen: sieht man dies in den Kreisen da oben nicht??
   Dabei sei mal wieder daran erinnert, daß die Wirtschaft die Politik bestimmt.
   Das war nicht nur bei Wg.* so, auch der deswegen sicher gewählte Herr Schönder ist kurz nach seiner Wahl zum

275

Kanzler, zum Umfaller geworden und nicht nur deshalb, auch in anderen Sachen hat er die Richtung (siehe Renten) gewechselt, das Volk belogen und verraten.
Was hat man früher mit Verrätern gemacht?
Welches Glück haben diese Herren heute leben zu dürfen!

Und so wird auch in Zukunft jeder Versuch der Politik kläglich scheitern, eine bessere, saubere Gesellschaft zu schaffen. Sie, die Vorbild sein wollen, leben dieses Vorbild in bester Negativform vor. (Siehe das jüdische Sprichwort)

Zeigt doch das Beispiel des Kanzlers, der sich Wg.* nannte, zu deutlich, wenn man Geld genug und dazu noch einen Namen hat, kann man in dieser und anderen Republiken fast alles machen ohne dafür bestraft zu werden. (siehe Frankreich, Italien und ...)
Eine lächerliche Geldstrafe für Herrn Wg.* ist keine Strafe, gleich in welcher Höhe sie ausfällt.
Noch bevor dieses Urteil gültig ist, ist diese Summe durch einen seiner Gönner lange schon seinem Konto gutgeschrieben – ach nein, seinem Konto nicht, das würde ja Spuren hinterlassen - das zumindest hat man inzwischen dazugelernt.
Für einen Teil der Bevölkerung, mit gesundem Menschenverstand, wird Herr Wg.* dennoch ein Krimineller auf höchster Ebene bleiben, ohne im Namen des Volkes verurteilt zu sein.
Nicht verurteilt, weil, nein, finge man hier an, die Frage mehr als berechtigt ist, wann es einen selbst irgendwie trifft.
Und der Vorwurf der Bestechlichkeit dieses ehemaligen Kanzlers bleibt wohl nur unbewiesen, weil die Politik es so will.
Wer macht schon solche Schweinereien, ohne dafür einen Vorteil haben zu wollen. Und Herrn Wg.* ging es, so beweisen es ja wohl alle seine anderen Handlungen, nur um Vorteile, ums Geld.

Und so gehen die Schweinereien in Sache B S E ebenso weiter wie in allen anderen Fällen auch. Wer da glaubt, neue Gesetze

bringen mehr Schutz, dem sei gesagt, er kennt die Menschen, die Politiker aber nicht, und solche Personen sollten eigentlich nicht auf die Menschheit losgelassen werden.
Von solchen Personen werden wir aber leider regiert.
Von Politikern, Wirtschaftsbossen und ..., die die Demokratie zu Grabe tragen!
Von Personen, die der Menschheit keine Zukunft zeigen und keine Zukunft bringen.

Stellen Sie sich vor: Es werden einige dieser Panscher, Täter – Hauptverantwortliche und Mitläufer der Tat - der Gesetzesübertretung überführt.
Sie bekommen ihren Prozess kurzfristig und als abschreckendes Beispiel:
Von ihrem Vermögen bleibt ihnen nichts mehr, und für den Rest ihres Lebens gingen sie, vorsorglich, zunächst einmal beaufsichtigt, kaserniert, für ihren täglichen Lebensunterhalt – wie es so schön heißt - ehrlicher Arbeit nach, mit Einkommen in Stufe 0,8

Selbstverständlich müssten solche Anwendungen auch auf die Verantwortlichen in den anderen Institutionen angewandt werden. Radikal und mit jeglichen Nebenerscheinungen.

Artikel 3 „vor dem Gesetz sind alle gleich"!

Andere Institutionen? Klar bis hin zum Richter! Ein Gericht, das sich nicht klar und eindeutig genug an die bestehenden Grundrechte hielte, müsste mit voller Gesetzeskraft verurteilt und seine Strafe zu 100 % abbüßen.

Wir sind sicher, wenn man ihnen ihr Spielzeug – Geld und Macht – nähme, würden sie die Freude an üblen Machenschaften verlieren.

Jeder und jede in diesem Lande lebenden und wirkenden müssten für ihr Handeln die Verantwortung und die sich daraus ergebenden, gerechten Konsequenzen tragen ohne Ansehen und Stellung der Person.
Es kann doch nicht so schwer sein, die Gesetze des Grundrechts in die Wirklichkeit um zu setzen!

Und was tut die EU in dieser Sache?
Keine Angst: Die Mängel in diesen Ländern sind teilweise noch weit größer als die, die wir in Deutschland haben, sonst wäre es ja nicht die EU.

Und wie immer, alles was andere vormachen, versucht man nachzumachen, nur der Deutsche kann es ja viel besser.

Je mehr man verdient umso größere – wir wollen es mal vornehm sagen – um so größere Ungerechtigkeiten darf man straffrei begehen.

Und wie es nach außen den Anschein hat, beziehen diese Damen und Herren monatliche Gehälter die fernab jeder Wirklichkeit sind. Ob man will oder nicht, dies tut man, nicht weil sie besser sind, dies scheint man zu bewilligen mit dem Hintergedanken, man könnte selbst einmal das Glück haben und dorthin kommen!
Nicht daß es eine Ehre ist, für Europa arbeiten zu dürfen, einer zu sein, der die Zukunft Europas mitgestalten darf, nein auch hier, so scheint es deutlich, ist Zukunft nicht eingeplant oder vorgesehen.

Uranmunition:

Eigentlich ist dies kein Thema mehr, denn der Schwachsinn der „Menschheit" (der Entscheidungsträger) ist längst bekannt und nicht mehr zu bremsen.

Und solange es diese Spezies gibt, wird jeder versuchen, besser zu sein als der andere, was er ohnehin schon längst ist, nur es hat ihm noch keiner gesagt.

Den anderen zu vernichten und sei es der vorletzte, womit auch immer und sei es auf Kosten seines eigenen Lebens, aber davon wollen sie nichts wissen, sterben müssen schließlich auch sie.

Siehe den Fall B S E

Scherz* und Konsorten

Billiglöhne für „Vollbeschäftigung"

Immer wieder tun Politiker sich durch Äußerungen hervor, die sie besser nicht gemacht hätten.

Zeigt doch diese Äußerung von Herrn Scherz*, daß

a) er die Gesetze, den Inhalt der BRD nicht kennt.

b) er die Menschheit in ihrer bestehenden Form verachtet.

c) hier ein Mensch spricht, der satt ist und keine Sorgen hat.

d) hier ein Mensch spricht, der anscheinend sehr wenig Lebenserfahrung hat.

Anscheinend vergisst er, dass das meiste seines eigenen Wohlstandes auf der Arbeit von anderen beruht, auch wenn dieses heute üblich ist.

Glaubt Herr Scherz*, etwas Besseres zu sein?

Glaubt er sicher, wie die meisten anderen auch, aber sie irren, alle dieser Sorte. sie sind wie alle anderen auch, ein winziges Teil dieser Gesellschaft und gebe es sie nicht, keiner würde es merken!

279

Jeder dieser Riege sollte wissen, daß die Lösung nicht darin liegt, dass jemand Arbeit hat. Nein, die Lösung muss darin liegen, dass jemand Arbeit hat und von dieser Arbeit ein Leben, ein menschenwürdiges Leben leben kann, so wie es seiner Leistung oder sozialen Stellung entspricht.

In der Reihe der Reichen ist er nur eine Nummer unter ferner liefen.

Es sei denn, wir kennen nicht alles von diesen Damen und „diesem" Herrn.

Der Vorschlag von Herrn Scherz* ist ein Vorschlag den Herr Scherz* (und andere auch), einmal vorleben sollte, möglichst ein Leben lang, dann hörten solche mehr als dummen, schwachsinnigen und demokratiewidrigen Bemerkungen auf. Aber – unsere Politiker haben ja Narrenfreiheit und mehr.

Haben Rechtsanwälte, Richter und einige andere Berufsgruppen schon fast Narrenfreiheit, so sind Politiker eigentlich doch ohne jegliche Verantwortung obwohl es bei ihnen doch der umgekehrte der Fall sein müsste.

Im Prinzip und nicht nur im Prinzip keinerlei Verantwortung für das, was sie sagen, tun und tragen.

Was wäre das wohl für ein noch weit größeres Chaos, wären da nicht die anderen Parteien die auch an die Macht, an das Geld kommen wollen – auch wenn sie nicht den Anspruch der „Besserwisser und Könner" für sich einnehmen können.

**Steuermoral der Deutschen nimmt ab / Zeitungsartikel:
Kein Geld in der Bundeskasse. v. H. Stuck* (geä.)**

Dieser Artikel beinhaltet fast alles was an Wahrheit und Dummheit zu sagen ist.

Zu dieser Passage lesen sie den entsprechenden Kommentar an anderer Stelle dieses Buches.

Man wird das Gefühl nicht los, daß die Legislative sich an diesen Gesetzen – wie man heute so schön sagt – aufgeilt. Aufgeilt, weil man auch zu den Reichen gehören möchte, es einfach selbstverständlich ist, dass man auch reich ist, aber die wenigsten dürften es sein, und nach diesen unseren Grundrechten keiner.

Im Zuge der veränderten Lebenszeit und der Zeit, in der wir leben, müsste **Artikel 14 Satz 1** lange schon überarbeitet sein, ja ersatzlos gestrichen werden.
    Die Erkenntnisse, auf denen unser heutiges Wissen beruht lassen andere Schlüsse für ein gerechteres, längeres Zusammenleben der Menschen nicht zu wollte sie eine Zukunft haben. Eine Zukunft, mit Bedingungen, wie die Politik sie uns ständig „glaubhaft" machen möchte, ohne Neid, Hass und Terror, nur „Gerechtigkeit und Friede" auf der ganzen Erde. Heuchler, Simulanten oder sind sie vielleicht nur Unwissende!?

Absatz 1 dieses Artikels garantiert den Besitzstand, was im Prinzip einer **zukunftsorientierten (globalen) Demokratie nicht mehr entspricht.**

Absatz 2 aber stellt diese Tatsache klar und legte den so Betroffenen, schon vor über 50 Jahren weitsichtig fest, daß diese Vorteile (wenn vorhanden) zu Gunsten der Allgemeinheit da sein müssen.

Andere Paragraphen hat man der Zeit angepasst – dieser § ist lange überfällig.
    Eine Demokratie - ein Volk - und vor diesem sind laut Gesetz „alle gleich" und einige gleicher und wiederum andere so gleich, daß sie schon nicht mehr gleich sein können.

Gleiche Rechte, gleiche Pflichten. (Redensart)

Sie sehen wie heuchlerisch, wie verlogen Äußerungen von da oben sind, denn dort meint man - so gibt es den Anschein - auf dem Weg zu einer gerechteren Gesellschaft zu sein.
Jedes Wort, jeder Schritt den man dort geht, führt weiter in den Abgrund hinab.

Arme Irre. Jeder andere Ausspruch dazu gäbe ein falsches Bild wieder.
Streiten Sie ab, irre zu sein, dann sollten sie sich die Frage stellen, sind sie Lügner oder gar Schlimmeres?

Ein Thema dieser Zeit ist die Verschleierung der Wahrheit, wie wir sie Ihnen an Hand einer Werbung einmal aufzeigen wollen. In einer Zeit, wo nur noch wenige wegen B S E Fleisch vom Rind wollen.

Truthahn-Leberwurst *klassisch-fein!*

Der Name des Herstellers ist unwichtig!?
Zutaten:1) Truthahnfleisch, 2) Schweinefleisch, 3) Schweineleber, 4) Hähnchenfleisch, 5) Speck, 6) Hähnchen, jodiertes Speisesalz, Geschmacksverstärker usw, usw.

Was, so muss man sich unwillkürlich fragen, ist nun in dieser Wurst tatsächlich?

Sicher ist, dass nicht einmal der größte Anteil vom Truthahn stammt.

Und noch sicherer ist, *dass wie* vorgetäuscht, *überhaupt keine Truthahn-Leber in der Truthahn-Leberwurst ist!*

Ausgewiesen ist *Hähnchenleber, und das gewichtsmäßig an sechster Stelle, also nur Spuren davon, dagegen reichlich vom billigen Schwein.*
Da nutzt auch der zusätzliche Hinweis auf deutsche Produktion und ausgesuchte Halter bitter wenig.

Korrupt und verlogen sind sie (fast) alle.
Das ist gute deutsche Werbung, **gesetzlich geschützt und**
gewollt.

Sehen wir mal hin, was das Gesetz hier vorschreibt. *Zutaten:*
Aufzählung entsprechend der Gewichtsgröße der verwendeten
Mengen.
Das könnte heißen: auf 100 g bezogen, 1) 25 g, 2) 21 g, 3) 20g,
4) 13g, 5) 12g, 6) 6g.
Wo also ist das Truthahnfleisch? Bei 25 zu 72g, wo bleibt die
„Hähnchenleber" mit nicht einmal 6 %?

Und haben früher Gewürze ausgereicht dem Geschmack
nachzuhelfen, so macht man heute mit Geschmacksverstärkern
köstliche Speisen aus alltäglichem Abfall und alles unter
Aufsicht demokratisch handelnder Personen.
So manch einer würde sich mehr als nur wundern, wüsste er,
was ihm da serviert oder aufgetischt wird.

Der Weg den die Menschheit jetzt geht, führt
Unwiderruflich ins Aus,
zum vorzeitigen Ende dank unserer, dieser Politik.

Und dass, obwohl einige, seit dem zweiten Weltkrieg, durchaus
die Erkenntnis haben, daß es darauf hinauslaufen muss, wird
nicht radikal etwas geändert.

Den Meisten sei gesagt: Den Wohlstand den sie jetzt haben,
diesen Wohlstand könnten sie sicher auch haben würde es eine
gerechtere Politik geben oder sie eine solche vertreten oder
unterstützen ja wählen.
Aber sie wären nicht sie, wären sie gerecht/er und
menschlich/er.

Und „Heiny": *Nüchtern betrachtet verdient Heiny nicht unbe-*
dingt schlecht, aber in einem anderen System würde er sicher
in einer besseren Einstufung landen.

283

Ihm dies zu erklären ist aber- wie bei vielen anderen auch - ein schwieriges Unterfangen.

Wie weltfremd auch die Äußerungen die Herrn Stuck* manchmal von sich gibt, es ist einfach nur traurig.

Sicher wird er einige Steuersünder, so sein Wunsch, so fangen, aber die Großen die Geld bringen würden, werden ihm trotzdem durch die Latten gehen. Weiß Herr Stuck dies wirklich nicht, gibt man sich manchmal wegen der anderen ein wenig naiv, damit es nicht so auffällt?

Und auch bei Frau Christiansen im FS. ist Herr Stuck* auch durch „intelligente" Äußerungen dieser Art aufgefallen.

Tolle Politiker haben wir da!

Nichts wissen, nichts hören, nichts sehen und keine Verantwortung für etwas. Toll.

Aber Herr Struck braucht sich darüber keine großen Gedanken zu machen, er bewegt sich da in Kreisen „Gleichwissender".

Wie sagte Herr Ministerpräsident Gabriel so schön:

„Politiker sind Dilettanten....... "

Was seit Jahrzehnten einem großen Teil der Bevölkerung bewusst ist, die Steuerverschwendung wird sich nie ändern, wenn nicht endlich die Haftung des Steuerverschwenders - gleich wer – festgeschrieben und derjenige angemessen bestraft wird.

Oder hat man bei der Wiedervereinigung ohnehin nicht schon Gelder genug verschleudert, so hätte man den Umzug nach Berlin um Jahre verschieben können, müssen.

Aber von den Herren da oben brauchte ja keiner auf nur eine müde Mark verzichten. Das dumme Volk, die Masse zahlt ja für jeden Mist den sie verzapfen.

Gewährt man den Rentnern eine Rente, die dem Gesetz nach nicht rechtens ist, so kann man sich selbst doch eine solche Untat nicht antun. Also man erhöht seine Diäten, seine Zulagen wie gewohnt.

Wer hierzu sich zu der Äußerung hinreißen lässt; nur Schweine tun so etwas, der kennt das Schwein, aber die Politiker anscheinend nicht.

Oder die Expo 2000: Hier hätte man die Gehälter der Maßgebenden an den Erfolg koppeln müssen, statt wie immer das Volk die Spinnereien, einzelner, bezahlen zu lassen.

Und schämt sich der eine oder andere Politiker vielleicht doch für übermäßiges Volksbluten, dann wird auf das berühmte Tafelsilber, das man noch hat, zurückgegriffen.

Tafelsilber, Volksvermögen, das man hat und das man wie alles nur einmal veräußern kann.

Wer aber veräußert so etwas (?):

Entweder man hat zuviel davon und will sich dieses Ballastes entledigen.

Oder man ist bitter arm und hat im Hintergrund nicht millionenschwere Bürger und will auf bestehende Grundgesetze nicht zurückgreifen. Dies würde wiederum einiges ans Tageslicht bringen und eine Lawine ins Rollen bringen, weil man dann selbst Mitbetroffener wäre.

Oder man wählt einfach den leichtesten Weg, den es gibt.

Oder man glaubt ohnehin nicht mehr an eine lange Zukunft der Menschheit. Dann nämlich ist es ohnehin egal, ob für spätere Generationen noch etwas bleib oder nicht – weil es keine mehr gibt.

Es sind **einige Artikel** die im Grundrecht der Deutschen **fehlen**, die man längst hätte ergänzen müssen.

Und dies sind:

§§ Das Verbot der Veräußerung des Volksvermögens.
Stattdessen müsste auf das Vermögen der Meistbesitzenden
zurückgegriffen werden!

§§ Abbau der Staatsschulden durch die Nutzung von Privat-
vermögen aus dem Volk.
(Nehmen und Geben!)

§§ Die Änderung von § 14 Abs. 1 in;
Das Eigentum wird zu Lebzeiten gewährleistet.
Das Erbrecht erfolgt auf der Basis 1 zu 9
Wobei ein Teil an den/die direkten Erben
geht und 9 Teile der Allgemeinheit zugeführt werden.

§§ Das Gesetz des Naturschutzes:
Nur wer würde dann bei heutiger Lebensweise noch frei
herumlaufen.? Wenige!

§§ Der Tierschutz
und, und, … alles das, wofür wir eigentlich eine Regierung
bräuchten!

So ist die Politik die auf dieser Welt gemacht wird. Warum
sollten dann ausgerechnet wir Deutschen ein anderes Verhalten
zeigen? Schließlich sind wir doch ohnehin etwas Besonderes,
Besseres als alle anderen. Oder(?)

Diätenerhöhung, Vorruhestandsgelder, Freistellungen,
Abfindungen, Pensionskasse der Beamten: Keiner schreit bei
diesen Summen auf, jeder, pardon fast jeder versucht, wie die
Herren da oben auf irgendeine Weise auf gehobenes Niveau zu
kommen um gut zu leben und „wer" zu sein.

Ein Staat der so verschuldet ist wie der unsrige, obwohl er zu
den reichsten gehört, kann nur von Nieten regiert werden. Jede

gute Hausfrau hätte solche Verhältnisse lange schon reguliert, ja erst gar nicht aufkommen lassen.

In jeder gut funktionierenden Familie, und so darf man wohl auch einen Staat sehen, gibt es eine Finanzplanung: Ausgaben sollen und müssen von den zu erwartenden Einnahmen gedeckt werden.
Wenn man will, und die Einnahmen nicht zu niedrig sind, funktioniert dieses auch, problemlos wenn jeder dieser „Familie" seinen gerechten Anteil dazu gibt – und Rücklagen für „Eventualitäten" vorhanden sind.

Das Geschrei unserer Politiker wegen zu wenig Geld haben ganz allen sie selbst zu verantworten.
Es steht doch klar und deutlich im Artikel 14, Absatz 2: **Eigentum verpflichtet.**

In jeder Familie müsste in schlechteren Zeiten der, der es hat, mehr dazulegen.
Wer schon partizipiert von den Ausgaben die diese Demokratie tätigt?
Es sind die, die es schon haben, und die schont man.

Warum nur, muss man sich immer wieder fragen, nimmt ein ganzes Volk so etwas so hin. Ist keiner da der ihnen die Augen öffnet??

Gibt es etwa keinen Ankläger in unserer Demokratie gegen diese groben Rechtsverstöße der Parteien und einzelner Herren, pardon die Damen nicht zu vergessen??

Und unser jetziger Kanzler macht verstärkt auch durch kumpelhafte, „intelligente" Äußerungen auf sich aufmerksam, auch eine Art um für sich, zu werben.
Was aber soll dieser arme Tropf auch zeigen als sein wahres Gesicht, ist er schließlich einer von uns, und böse Zungen würden sagen: Son armer Pinscher!

Dieses, das wahre Gesicht kommt bei den meisten früher oder später doch einmal durch.
Schämen dafür braucht er sich sicher nicht, wenn es dabeibleibt, da gibt es ganz andere Beispiele.

Wer in die Volksvertretung will, müsste Eigenschaften mitbringen, wie sie den jetzigen Vertretern – so weit uns bekannt – alle fehlen.
Wer schon hat Erfahrung in Menschlichkeit?
Wer schon hat vielfache Erfahrungen aus fremden Ländern, von anderen Völkern?
Wer kennt die Lebenslage arm und reich, wer den mehrfachen Wechsel?
Wer ist dabei sauber geblieben und hat sich trotzdem stets für mehr Menschlichkeit, Gerechtigkeit eingesetzt?
Wer lässt andere an seinem Wohlstand teilhaben ohne selbst darben zu müssen, denn das wäre ja auch bei einer anderen Lebensform nicht der Fall.
Keiner derer, aber es gibt diese Menschen.

Es ist wie bei diesem Verein, der schon über Jahrhunderte versucht Vorreiter aller Menschen zu sein, obwohl ihm die Erfahrungen eines wirklichen Menschenlebens fremd sein muss. *So aber fallen viele seiner Entscheidungen eben dementsprechend menschen- oder wie es so schön heißt weltfremd aus.*
Es ist einfach unvorstellbar zu glauben, daß dies bei Politikern anders sein sollte.

Kann und will sich denn keiner vorstellen, wie die Menschheit leben würde gäbe es mehr Gerechtigkeit?

Nur wenige wollen und können es sich vorstellen. Viele verbringen ihr Leben in einer Wahnvorstellung die in jede Richtung geht nur das Menschliche fehlt darin.

Man lebt in dem Glauben, daß sich doch nichts bewegen würde und hört deshalb auf zu denken. (nachzudenken!)

Wer wünscht und hofft,
der lebt schon in der Zukunft. *(L. Schefer)*

Während ich dieses Buch schreibe, weiß ich, daß unterdessen im Volke an einigen Orten dieser Republik etliche Gruppen „Gleichgesinnter" (?) versuchen, eine neue Partei, mit (wesentlich) „edlerer" Gesinnung zu gründen als sie zurzeit gelebt wird.

So steht in der Zielsetzung der sich vielleicht G Z P nennenden Partei u.a.:

§ 3 Zielsetzung: (der **G Z P** = Gemeinschaft zukunftsorientierter Politik)

1) a) Im Mittelpunkt steht es eine Politik zu schaffen die allen Menschen in unserem Lande eine bessere Zukunft und eine Längere Überlebenschance auf diesem Globus gewährt.

b) Dazu sind alle alten und untauglichen Gesetze, Verordnungen und Erlasse so wie bindende und empfehlende Richtlinien zu überarbeiten und auf zukunfts- orientierte Inhalte - radikal - zu überarbeiten.
Änderungen sind möglichst kurzfristig und weitest gehend schonend vorzunehmen.

2) a) Die Gemeinschaft hat Vorrang vor der einzelnen Person.

b) Die Grundrechte sind, soweit zeitgemäß, strikt einzuhalten und anzuwenden.
c) Unzeitgemäße § wie z. B. § 14 Abs. 1, sind zu überarbeiten und zu ergänzen.

289

3) Das Einkommen und der Besitzstand eines jeden wird entsprechend seiner Fähigkeiten, Leistung, Wissens-vermögen, seiner Möglichkeiten, Gesundheit, Familienstand und dergleichen nach unten und oben im engen Rahmen begrenzt.

Der Bemessensspielraum liegt im Bereich von 1 bis 5.

Die Festlegung der einzelnen Stufen, wird von einer Kommission vorgenommen.

Die Einstufung in die Klassen 4 und 5 sind absoluten Ausnahmefällen vorbehalten und dürfen nur von der Klassifizierung-Kommission selbst vorgenommen werden.

4) Erwirtschaftung, überschüssiger Einnahmen:
Um einen gerechteren, besseren Lebensstandard zu bekommen und die Zukunftsaussichten zu verbessern, muss auf die Erwirtschaftung von Überschüssen hinaus-gearbeitet werden.

Überschüssig erwirtschaftete Gewinne gehen in die Gemeinschaft über und werden;
zur Beseitigung von Altlasten verwendet,

a) für Forschung und Entwicklung zukunftsorientierter Lebensformen, Bedingungen und Techniken

d) für Aufklärungszwecke (Werbung), die zur Gründung solcher oder ähnlicher Parteien dienen

e) die kurzfristig zu einer einzigen, weitestgehend gerechteren Gesellschaft auf der Erde führt, verwendet.

Auch das noch Zeitungartikel

Die meisten Politiker meinen,
sie wären galaktisch und „Giganten des Geistes"
bemerkte jetzt ein 13-jähriger Realschüler in einer
Umfrage des Hamburger Magazins „Eltern".

In Wirklichkeit, so der Befragte, *seien die meisten*
Politiker aber Futzis.
Man merke ihnen bei jedem Interview an, dass sie
Weicheier und Knackärsche sind.

Dem ist wohl, auf der Basis eines „Erwachsenen" mit
gesundem Verstand nichts mehr hinzuzufügen.

Wenn schon junge Menschen eine solche Erkenntnis haben,
was mag dann erst ein lebenserfahrener Mensch über unsere
Politiker und deren Handeln denken.
Und was erst jemand, der das Leben aus jeder menschlichen
Lage und mehr erfahren musste.
Die Schweinereien fangen, wenn, im kleinen Stil auf unterer
Ebene an und enden in den oberen Etagen entsprechend.
Oder ist die Reihenfolge eher umgekehrt?!
Und keine Rechtsinstitution tut Entscheidendes dagegen, oder
tut sie überhaupt etwas – dagegen??
Da stellt sich nicht die Frage nach dem Warum und Wieso.

Fazit daraus:
Das Leben der Menschheit auf dieser Erde, wird für
den Wohlstand der lebenden Reichen und deren
Mitläufer geopfert, und der Mitläufer gibt es viele.
(R.S.)

Und „Heiny"!

Heiny sagt dazu: *Es ist nicht ganz richtig, zwar stimmt es dass die Schweinereien von Oben nach Unten durchgehend si,nd, nur die Großen machen die großen Schweinereien vor und die Kleinen machen es ihnen nach.*

Der Hehler ist genauso schlimm wie der Stehler, sagt man, aber gäbe es nicht den Stehler, so gäbe es auch nicht den Hehler.

Täglich neue Bestätigung

Stoiber und Teufel, Merkel und Eichel - und die vielen anderen - zu teuer geflogen!?

Lothar Späth: Ostbetriebe müssen mit weiteren Konkursen rechnen, wenn nach Flächentarifverträgen bezahlt werden muss!

Auch Herr Späth vergisst, dass es anders gehen müsste – oben kürzen - und unten zumindest den Standard halten.

Erst verschwendet und verschenkt man Milliarden für den Aufbau OST, nimmt diese und zieht sich dann unbeschadet nach Westdeutschland oder sonst wo zurück.

Teufel sagt, im TV bei Fr. Christiansen, Gegenstand ist der Vorgang, Trittins Äußerung über Generalsekretär Meyer CDU, bei dem er ihn mit einem Skinhead verglich, daß die Minister ihren Eid zu Deutschland abgegeben haben und dem verpflichtet sind. (Haben sie ihn abgegeben oder abgelegt?!)

Herr Teufel unterdrückt hier die Tatsachen und stellt sich dumm, will nicht wissen, daß der eigentliche Missetäter der eigene Verein, die CDU ist mit all ihren undemokratischen *handelnden Herren wie Wg.*, Barschel, Koch, Kanter, Kiep und, und, und ... sind.*

Herr Ministerpräsident Teufel will wohl auch nicht wahr haben, daß diese seine Gesinnung in der CDU weit verbreitet ist.
Herr Teufel will auch nicht wahrhaben, daß die Parteien dieser Demokratie eine inzwischen so heruntergekommene Gesinnung „pflegen", dass etwas Besseres nicht zustande kommen kann.

Unsere und nicht nur unsere Meinung ist es, nicht nur die Handlungen der NPD auf Verfassungstreue hin zu überprüfen, nein, auch die der CDU/CSU, und wenn das nichts hilft, auch FDP und SPD auf unsere Grundrechte hin zu überprüfen.

Das ständige Lippenbekenntnis von CDU/CSU Leuten von C-hristlich und S-ozial ist doch ohnehin nur eine falsche Alibiaussage und wird nicht wahrer und Tatsache, je öfter diese es auch sagen.

Wie viele unserer Politiker mögen wohl eine Skinhead-Gesinnung haben?
Und wie viele eine nazistische Gesinnung?

Mag man bei fehlender Information vielleicht glauben, die sozialistische Bewegung sei eine rein deutsche gewesen, so irrt man.
NSDAP ähnliche Strömungen und Ströme gab – und gibt - es in vielen Ländern, und daß die gelebte Form der Demokratie nicht das Gelbe vom Ei ist, dürfte doch außer Zweifel stehen.

„Er war schon immer ein Weltverbesserer"
Artikel über Umweltminister Jürgen Trittin.
Kommentar dazu:
Schade nur, daß diese Welt so wenige von diesen

293

Menschen hat.
Und noch trauriger, daß so wenige davon oben
mitwirken dürfen.
Wenn man schon so tut, als suche man nach einer
besseren Welt für alle Menschen, dann sollte man
wenigstens einige wenige dieser Spezies akzeptieren
und nicht in das Abseits stellen, um von ihnen lernen zu
können.

Statt wie bei vielen anderen Dingen auch, fehlt der oder
besser fehlen die, Versuche und Experimente nach einer
anderen, besseren Lebensform der Menschheit ganz.

Vernunft hat jeder und
wie wenige sind vernünftig.
                                          (E. v. Feuchtersleben)

„B S E Skandal kostet Arbeitsplätze"
          „Aufschwung verliert an Fahrt"

„Kriegsgefahr auf dem Balkan wächst"

„Verbrechen immer brutaler"

Man kann es drehen wie man will, dass und die Übel dieser
Menschheit hat sie, haben die sie „regierenden Personen", die
Politik, zu verantworten.
Ja sie sind die eigentlichen Verursacher all dieser Missstände
und ständigen Verschlechterungen im unteren Teil (sowieso)
unserer gesamten Gesellschaft.
Und da der untere, der Teil ist, der nicht zu den Gewinnern
dieser Gesellschaft gehört, „arm" ist und der weitaus größere
Teil ist, muss es unter diesen Vorzeichen schlechter werden.

Die ständigen Bettelbriefe, die viele von uns erhalten, nicht nur von, irgend, jemanden sondern von Organisationen und Vereinen, die sich – anerkannt – sehr um die Not und das Elend, aber auch um fast alltägliche Dinge dieser Demokratie sorgen und kümmern, sind nicht nur beschämend, sondern ein Fall für das Bundesverfassungsgericht. Das aber hüllt sich in Schweigen, eisiges Schweigen. Was schon wissen diese satten Menschen die dort tätig sind, von der Not, dem Elend und Leid der anderen?

Wo sind die Ankläger dieser Demokratie gegen die Demokratie-Verletzer?!

Hierfür wären die unrechtmäßig erworbenen Einkünfte der Reichen genau der richtige Verwendungszweck, denn wie heißt es so schön in **Artikel 14 Absatz 2 des Grundrechts:**
„Eigentum verpflichtet. Sein Gebrauch soll zugleich dem Wohle der Allgemeinheit dienen".

In diesem Zusammenhang sei nochmals deutlich angemerkt: Keine Regierung der letzten Jahrzehnte hat **die Zeichen der Zeit erkannt, erkennen wollen, ja eingestanden!**

Hierzu dürfen sich auch die Wirtschaft und viele, viele andere Verbände, Organisationen und, und, und .... zählen – auch die, die sich nur zur „Elite" zählen wollen.

Wäre da nicht die Tatsache, daß sich durch Kriminalität nichts verbessern kann, könnte man glatt dazu aufrufen, sich das zu holen, was einem gesetzlich und menschlich gesehen zusteht.

Täte man es in der oberen Hälfte der Einkommensskala, wäre es ja –menschlich gesehen- in Ordnung nur, man nimmt´s sich dort, wo es am einfachsten ist, und das ist wiederum in den unteren Kreisen der Fall.

So aber operiert man OBEN an allen Symptomen rum, die nicht die Ursachen für all diese Vorgänge sind, um den Anschein zu erwecken wie wichtig seine Arbeit ist.

Und zu "B S E Skandal kostet Arbeitsplätze": Soll das etwa heißen, man solle wie früher weitermachen?
Oder man will eine Entschuldigung, eine Rechtfertigung für diese Verbrechen, oder Verbrecher herunter stufen?
Saubere Bedingungen – nicht nur in Sachen B S E – würden höchstens ein Mehr an Arbeitsplätzen schaffen, nicht aber weniger. Aber anscheinend ist man da oben nicht fähig genug, dies zu erkennen oder will es nicht.

Die Wg.*-Lügen - oder Naivität?!

Blühende Gärten im Osten.
Was damit gemeint war, das kann und konnte dieser Herr so nicht wahr machen, und die wirklichen blühenden Gärten, die, in denen wirkliche Blumen blühen, gab es schon immer.

„Helmut Kohl hat die Deutsche Einheit nicht gerettet.
Sie aber hat Helmut Kohl gerettet!"
Heiner Geißler, früherer CDU-Generalsäkretär

Zwei Stinkefinger!

2000   Mark Strafe (Zeitungsartikel)
Ein 62-jähriger Autofahrer, der den sogenannten „Stinkefinger" gezeigt hatte, muss dafür eine Strafe von 2000 Mark bezahlen. Einen entsprechenden Strafbefehl hat heute das Kölner Amtsgericht er lassen.

Gleiches Recht für alle Zeitungsbericht - Leserbrief
Zu Clement-Stinkefinger

Ein deutsches Ober-Gericht hat festgestellt,
daß der aufwärts gerichtete Mittelfinger
eines Autofahrers in Richtung Überwachungs-
kamera, den Tatbestand der Beleidigung erfüllt. Gleichzeitig sieht der Bürger N-R-W-
estfalens den eigenen Landesvater,
im Fernsehen, mit eben diesem „Stinkefinger".
Ministerpräsident Clement hatte diesen
zuvor, einer Gruppe Jugendlicher gezeigt,
die unverschämterweise, den eigenen Landesvater nicht erkannt hatten.
Soll man darüber schmunzeln, oder
muss man erschrecken?!
Wen beleidigt der Autofahrer?
Kann man ein technisches Gerät beleidigen?
Der Beamte, der „von Staatswegen" das Foto auswertet, kann
sich nicht beleidigt fühlen, da er persönlichnicht gemeint sein
kann.
Der Jugendliche aber, der „von, Staats
wegen", nämlich vom Ministerpräsidenten
dasselbe erfährt, hat den Vorgang, nach Meinung von
Herrn Clement für einen Scherz zu halten.

In was für einem Lande leben wir eigentlich?
Soll aus der Staatsverdrossenheit eines großen
Teils der Jugend Hass werden, wie es bei viel-
len der Jugendlichen schon der Fall ist?
Ein ganz wichtiger Wesenszug einer zivil-
Isierten, demokratischen Gesellschaft, ist uns
in den letzten Jahren ganz **heimlich abhanden
gekommen: Die Rechtssicherheit nämlich.**
Darunter verstehe ich, daß sich Legislative
und Jurisdiktion an das enorm wichtige
„Gleiches Recht für alle" gebunden fühlen.

Weiter so in Richtung Bananenrepublik!

Ein Leserbrief der es deutlicher nicht sagen kann:
Das ist leider Alltag in Deutschland und auf der ganzen Erde!!!
Leider!
Da nutz auch den darunter leidenden Menschen der
Ausspruch wenig: **Dumm geboren und nichts dazu gelernt.**

* * *

Wir wissen, Sie sehen vielleicht nicht oder wollen nicht
sehen, was in Wirklichkeit hinter diesen beiden, an sichtlich,
gleichen Gebärden steckt:
Der eine bekommt eine nicht unbedingt geringe Geldstrafe,
und der Andere, nur weil er ein Minister ist, für den findet man
eine Ausrede, stellt ihn frei.

Er aber sollte Vorbild sein, erst recht, für unsere Jugend!

Richtig: " **Hier ist der Richter, der eigentliche Täter**. Er ist
der, der das Gesetz und das Recht am besten kennen sollte.
Klar, wir sind ein „freies" Land mit ebenso „freien" Bürgern
und erst recht "freier" Justiz, wo jeder machen kann, was er
möchte – oder etwa doch nicht?
Es gibt zwar einheitlichen Grundrechte für jeden, für
jedermann und jede Frau? Aber nur auf dem Papier!

Und da war doch schon mal etwas von Herrn Clement:
Meinte und sagte er schon zu anderen Vorgängen die nicht
Rechtens waren; das ist doch heute gängige Praxis. Oder: Er
(miss)/ (be)- handelt Journalisten so, wie (wie man dachte) es
eigentlich nur in einer Diktatur oder zu Adolfs Zeiten möglich
war, aber anscheinend nicht nur da.

Ist das die Kultur, der Stil, die Tatsache, wie wir uns Politiker
der nächsten Generation vorstellen müssen? Will diese
Gesellschaft solche "Elite" wirklich?

Will sie wirklich eine Justiz, in der sich nur wenige an bestehende Gesetze halten?

Durchleuchten wir mal den Stil den die C D U in den letzten Jahren und verstärkt heute an den Tag legt. Was wird da noch die Zukunft bringen?

Hier kann man dem deutschen Volk nur sagen: Achtung, bevor es mal wieder zu spät ist.

Ein demokratisches Verständnis ist kaum noch vorhanden!
Ein Christliches Verständnis fehlt ebenso.
Das Sozialverhalten ist auf dem besten Weg zu verkommen!

Wann immer eine/r dieser Damen und Herren den Mund auf macht, ist Gefahr, für alle zuvor genannten Werte im Verzuge. Und überprüfen wir die Richtung und den Stil mit ihren Zielen und vergleichen diese mit der Vergangenheit. Es geht voll in Richtung „Braune-Kultur / Sklaventum" oder ähnlich weiter! Nicht genau so, aber es wird kaum einen Vergleich scheuen müssen, der Zeit angepasst - natürlich.

Bildung, nicht Einbildung, oder doch?

Die C D U gibt sich doch als die Partei der „Eliten" und Wohlhabenden, und Wohlstand für alle Partei und dieser dürfte, sollte man Bildung unterstellen können. Wo aber ist deren, - Wissen darüber? Wo?

Sie, ja, genau Sie, lassen Sie sich als Anhänger dieses Vereins sagen: Diese Partei, mit dieser Partei haben ihre Kinder keine (gute) Zukunft.
Und Sie als Mitläufer, werden weiter zum Sklaven der Wohl-habenden perfektioniert, auch wenn Sie es nicht merken sollten!

Das, was dieser politische Verein in keiner Weise beachtet und ihn auch nicht stört, ist und sind die, dem nächst, verstärkt auftretenden, schon vorhandenen Krawalle und Widerstände gegen diese undemokratischen Verhältnisse.

Schade, jetzt wo diese Strömung noch in den Anfängen ist, müssten Änderungen gebracht werden, weil die Schadenbeseitigung wesentlich glimpflicher vollzogen werden könnte.

Doch eins ist sicher: Auch in der dann neuen Strömung oder Partei werden wir Christ-Demokraten wiederfinden, wie NS Funktionäre in der jetzigen.

Für all dieses trägt die C D U / C S U die Verantwortung – auch wenn die anderen Parteien als Abgucker. Mittäter sind.

Eine globale Menschheit, im Sinne einer echten Demokratie, strebt keine von ihnen an.

Und täglich neue Hiobsbotschaften aus der ganzen Welt

Amerika wählte einen neuen Präsidenten, und wie sieht das aus:
Herr Bush heißt der Neue und gibt sich schon wenige Wochen nach seiner Einführung als einer zu erkennen, unter dem sich das Zusammenleben der Menschheit weiter verschlechtern wird.
Eine größere Gerechtigkeit wird es für und bei ihm nicht geben und Umweltschutz ist für ihn ein Wort das ihm nichts sagt – auch wenn es Menschenleben kostet!

Was wird aus der amerikanischen Freihandelszone die er mit aller Macht anstrebt?

Wie sagt man: Herr Bush gibt das Bild eines dieser Brutalo-Cowboys wieder – den Anschein, zumindest, hat es bei ihm.

Möge dieser Präsident dem Amerikanischen Volk und der Menschheit auf Dauer erspart bleiben.

Merkwürdig ist es schon, bei Adolf und all diesen Häschern hat man eine Bilanz der Toten, die sie zu verantworten haben, aufgestellt - im Nachhinein.
Wer aber hat jemals eine solche erarbeitet für widermenschliche Paragraphen und Handeln die unter heutigen Regierungen verabschiedet wurden.
Sie wissen nicht was ich meine?
Nehmen wir mal den neuen Präsidenten Amerikas, Herrn Bush: Wie viele Menschen müssen sterben durch eine noch mehr belastete Umwelt?
Wie viele Menschen werden zusätzlich sterben, wenn er seine Freihandelszone durchbekommt, vielleicht aber nur, weil sie verhungern?
Wie viele Menschen hat er schon bis heute auf dem "Rechtsweg" - in seinem Bundesstaat als Gouverneur - in den Tod geschickt, Mörder und Unschuldige, und kaum einer regt sich auf.

Armes Amerika - arme Menschheit!

Und wie sieht es bei uns damit aus, streng gesehen, wenn auch laut Gesetz?!

In einem heute geführten Gespräch mit einer Bekannten, sagte sie mir, nachdem sie jahrelang eigentlich nichts von einer gerechteren Menschheit – in meinem Sinne - hören wollte, ja daran gedacht oder geglaubt hatte. „Jetzt wird es endlich Zeit, das etwas geschieht, so kann es doch nicht weitergehen, und man müsste doch lange wissen und begriffen haben, daß es so nicht weiter- gehen kann.

Hatte man früher nicht den Durchblick und die Übersicht, so müsste man inzwischen doch klarsehen, wohin diese Art des Regierens und der Regierung/en führt, so meinte sie.

Und", so sagte sie, „es wird endlich Zeit, daß die arme Masse auf die Straße zum Revolutionieren geht und sich holt, was ihr zusteht. Ich jedenfalls bin dabei".

Recht hat sie, doch außer dem Chaos, daß entstehen wird, wird nicht mehr Gerechtigkeit dabei herauskommen. Vielleicht wird der eine oder andere da oben eliminiert, doch es gehen Hunderte von denen da unten mit und Tausende von unten rücken in die Mitte und nach oben auf.
Gefährlich ist aber nach wie vor die Mitte, sie ist der wirkliche Grund und das Übel, das oben überhaupt entstehen kann.

Dass dies so ist, ist nicht nur eine Erkenntnis, sondern bittere Tatsache mit der die Menschheit bis ans Ende ihrer Tage leben muss.

Was hörte ich vorgestern bei einem Arztbesuch von meinem Arzt, der nie Zeit für „außer-Privates", aber immer Zeit für seine Patienten hat, hervorgehend aus einer Erklärung zu einem Medikamenten Gespräch. „Die Masse wird bewusst dumm gehalten, so wird man ihr leichter Herr".

Spaß- und Genuss-Gesellschaft

Von der Natur lernen und für, mit der Natur leben, statt Spaß und Genuss, wobei man nicht einmal weiß, was das genau ist, denn wenig, sehr wenig nur hat dies mit dem Sinn des Menschen-Daseins zu tun.
Was es zeigt, ist ein Leben ohne jeden Sinn, dieses Dasein begriffen und verstanden zu haben.

Oder ist es die Antwort darauf, daß man die Sinnlosigkeit - für viele - dieses Daseins erkannt hat und sie sich auf diese Art ertragbar macht?

Was es zeigt – Brot und Spiele – und man kann diese Massen ausnehmen oder mit ihnen machen, was man möchte.
Ihr Geist reicht für mehr, für ein Leben nach menschlichem Verständnis, kaum aus, und wie man heute Tiere hält, mit dem Ziel sie möglichst schnell der Nutzung, dem Ende zuzuführen, so scheint es, will man dem Menschen seine Zeit bis zum Tod mit Spaß und Genuss ein wenig versüßen, aus dem wiederum die Reichen ihren Nutzen ziehen, die Gewinner, die eigentlichen Nutznießer sind.
Man stelle die Masse, die Sklaven, ruhig!
(R.S.)
Mit Glück aber hat das sehr wenig zu tun. Aber wer, von dieser Schicht kann schon erklären, was Glück ist.

Dass das Leben Freude bereiten soll, ist selbstverständlich, auch wenn es nicht selbstverständlich ist, daß es immer und für die meisten so ist.
Nur wer weiß, was Un-Glück ist, kann Glück verspüren.
(R.S.)

Diese Umfrage unterstreicht nur die Sinnlosigkeit, unter denen eine nicht kleine Menge der Bevölkerung in den reichen Ländern ihr gestohlenes Dasein verschleudert.

Wo aber ist hierauf der Protest der Religionen geblieben?!!

Das Ende der Geschichte

Den Inhalt dieses Buches wird man nur verstehen, wenn man gewillt ist, sich einige Gedanken mehr und tiefere, über die Zusammenhänge dieser einen "Menschheit" zu machen!

Sonst werden Sie sagen:
Dummes Gerede, Wichtigtuer, Spinner, Weltfremder so höre ich.

Sie aber haben wenig vom Inhalt des Buches verstanden, würde ich sagen - müssen.

Schade, ich wollte Ihnen liebe/r Leser/in, anhand meines Lebens und der gewonnenen Erkenntnisse, einen kleinen Einblick in die Abläufe und Zusammenhänge dieser, unserer so schönen, Erde geben.

Hand aufs Herz: An wie vielen Stellen haben Sie sich, haben Sie ihre eigenen Gedanken, Einstellungen, Gesinnungen und.... entdeckt oder wiedergefunden oder gar ihr eigenes Verhalten?

Weltverbesserer: Es wäre schön und gut, wäre ich - wären wir dieses.
Könnte man den Zerfall der Menschheit, seine Beschleunigung anhalten, wer weiß? Für diese Illusion aber reichen meine Erkenntnisse, Verständnis und mein Glaube nicht aus.

So aber sehe ich nur die sich selbst, die sich durch ihre eigene "Elite", die Politik mit Legislative und Exekutive zerstörende Demokratie.
Wahrscheinlich der letzten Gesellschaftsform der Spezies Mensch, gleich wie lange die Erde sie/uns noch erträgt.

Schade, ich habe der Menschheit gewünscht, daß Sie eines Tages eingesehen hätte, daß es wie bisher nicht weitergehen kann, will sie nicht in Katastrophen enden.

(Und von heute auf morgen an eine Umkehr zu glauben,
schaffen – vielleicht - nur Politiker und "Eliten".)

**Dieser mein Wunsch hat sich bisher leider nicht erfüllt und
für die Zukunft habe ich da keine Hoffnung!
In diesem Sinne lebe ich seit Jahrzehnten, unbeschwert,
trotz dieses Wissens für meine Zukunft, für eine gerechtere
Welt.**

Nachwort, zum Totengräber

Auch wenn der eine oder die andere den Eindruck hat, sie oder
er würde persönlich hier angegriffen, kann ich nur sagen:
das stimmt so nicht.
    Sie, wir alle sind in dieses System fest eingebunden das da
heißt: Sklavenhalter und Sklaven, Arme und Reiche.
    Aber so kann es keine Zukunft für die Menschheit geben!
    Vergessen wir besser das Negativbeispiel Amerika/USA
schnell und kehren zur Menschlichkeit zurück um eine
Zukunftschance zu bekommen!

    Das Buch ist lediglich eine An/Klage gegen diese
Gesellschaft und der zurzeit gelebten Regierungsform, die sich
Demokratie nennt.

Will man etwas ändern, was mehr als über/lebenswichtig ist, muss von heute auf morgen alles auf eine größere Gerechtigkeit umgestellt werden.
Ob NPD oder Arbeitslosigkeit, die Gründe für Dererlei-Existenzen liegen in der Gedankenlosigkeit (aber nicht nur) der Schicht in unserer Gesellschaft die sich "Elite" nennt.

Dennoch, man lebt so wie man lebt, obwohl man weiß, das man so zum Vorzeitigen Ende der Spezies Mensch beiträgt.

Vergessen Sie bitte beim Lesen nicht, daß dieses Buch im Jahre 2000 verfasst wurde, zu einer Zeit, als die Erde noch einwenig anders aussah!

Totengräber der Demokratie oder
Hundert Jahre oder Morgen

Inhaltsbeschreibung / Zusammenfassung

Jugend und Lehrzeit bis hin zur Angestellten Zeit, mit allen Besonderheiten eines zu Beginn des Zweiten Weltkrieges Geborenen. Erlebte Ereignisse und vieles mehr, was heute, Unglaubbar klingt.

etwa bis Seite 90

Institutionen, Parteien, CDU, SPD, PDS, NPD, Grüne, FDP und ...,
und alles was noch wichtig ist. Der BUND, die Selbständigkeit, das
Inn- und Ausland. UNO, Unesco, Schornsteinfeger und die Kirche,
Prostituierte, Reiche und Arme, und immer wieder, warum dieses
Buch.
Gesetze und die Rechtsprechung, Schule, Polizei, Gewerkschaft,
Umwelt, Verkehr und Tschernobyl, und was noch hätte anders laufen
müssen und können.
Wer die Schwarzarbeit erfunden hat und ..., und wer eindeutig
Schuld am jetzigen und zukünftigen Geschehen in Deutschland hat.

etwa bis Seite 230

Oberflächlich, bewusste Fehler und undemokratische Gesinnung in
Form der Beibehaltung alter, aber nicht zukunftsfähiger,
unmenschlicher Werte, lassen schon früh den Zerfall der Demokratie
erkennen. Belegen, seit über dreißig Jahren, sichtbar, den vorzeitigen
Untergang, durch die gelebte "Demokratie"!

etwa bis Ende

Neu 2. Teil

Wo fange ich an?

∗∗∗

Demokratie: Dazu steht im Duden (25 Auflage):
„Volksherrschaft", (Staatsform in der die *vom Volk gewählten Vertreter, die Herrschaft ausüben ...*")
***
Jeder Wähler hat die gleiche Anzahl von Stimmen abzugeben. Doch woher kommen diese Stimmen?!

Es ist wie immer in diesen Gesellschaften, wer sich das meiste Geld für die Wahl leisten kann, weil er es hat, der bekommt auch meist die meisten Stimmen und hat damit das Sagen!

Das ist in Deutschland und ... zweifelsohne die C-Partei/en – bisher.
Sie übt Ihre „Macht" entsprechend ihrer Gesinnung voll und ganz aus, kümmert sich wenig um das von Ihr verfasste **GG**!

Der Kommunismus: Hier sollen, wie bei den Demokraten auch, alle im Volk gleich sein.

Was bei keiner Staatsform in Wirklichkeit umgesetzt wurde! Und somit ist die eine Staatsform so gut oder schlecht wie die andere.
Beide taugen sehr wenig für eine gerechtere Menschheit!

Und trotzdem: Die Demokratie schafft es wesentlich früher, den, Mensch, von diesem Globus zu entfernen. Dazu trägt bei, der **übermäßige Raubbau der Ressourcen** und alles was damit zu tun hat und da ran hängt, auch wenn man versucht, durch neue Techniken gegen zu steuern. Denn das erfordert weitere Ressourcen mit den bekannten Problemen!

Was steht geschrieben, „Totengräber der *Menschheit!*"!

H. Schiemansky

***

Seit dem ersten Buch/Teil sind 20 Jahre vergangen und es hat sich – leider gezeigt, dass viele und Vieles vorausgesagte, Wahrheit geworden ist oder sich verschärft hat, zur Tatsache gereift ist!
Das wichtigste (?)Thema ist nach wie vor die Gleichheit unter den Menschen.
Obwohl, es eine Unmenge an Schlagworten gibt die hier stehen müssten. Zusammengefasst wäre das die „Umwelt mit all Ihren neben Themen", weil die, die Überlebenschancen der Menschen am meisten betreffen!

Dazu der nachfolgende Bericht, als Leserbrief, in einer Zeitung, gedacht.

Doch es gibt ein Ereignis das ich erleben musste, dass alles was bisher geschrieben und gesagt wurde auf den Kopf stellt, **dass die Wahrheit über dieses Deutschland revoltiert und in seiner Wirklichkeit zeigt!**

Dazu sehen Sie den Bericht, eine Seite, die alles Wichtige zeigt und sagt.

Erkenntnisse: Jänner 2015   Autor: Ben Huu Chiey

Liebe/r …; liebe Leserin, lieber Leser!

Diese Dokumentation entstand nach umfangreichen, Jahre Langen Recherchen und wurde gewissenhaft selektiert bevor sie niedergeschrieben wurden!

***

Lesen Sie dazu das Buch:
Jenseits von Demokratie und Recht(s)taat Untertitel Geheimcode Rechtsstaat: Der größte Straftäter – Dein Staat!?

***

Sie alle, die deutsche Staatsbürger sind oder in Deutschland leben, **denken doch,** dass Sie **in einer Demokratie und Rechtsstaat leben!** Den von einem *Scharfrichter* und *Straffreiheit für Straftäter,* ist im Deutsch Grundgesetz GG nichts zu lesen.

Aber, haben Sie sich schon einmal Gedanken gemacht, ob das auch stimmt, ob dieser Staat wirklich diese Werte für sich in Anspruch nehmen kann – darf?!

Er, dieser Staat, müsste es eigentlich wissen was Demokratie und Rechtsstaat ist – und Sie?

Als Jurist oder …, ihm sollten diese Begriffe vollkommen klar sein, was man von einem normalen Bürger nicht unbedingt erwarten darf dazu ist die Materie doch sehr komplex.

Er muss sich **auf das GG dieses Staates verlassen können!**

Dies kann er aber nicht, zumindest nicht im vollen Umfang. **Denn nicht der Rechtsstaat hat das Letzte Wort, nein, es ist die Demokratie die das letzte Wort hat auch in der Rechtsprechung!** Damit es aber nicht so auffällt, dass es so ist, dafür hat er sich, **vom GG abweichende, widersprechende Gesetze zugelegt, die diese Unregelmäßig-keiten (Verfehlungen) verdecken – sollen.** Er hat §§ **geschaffen die jeden § und sogar das GG zu Nichte macht, und Straftäter, die solche Personen, Beamte/Innen geworden sind, von jeglicher Bestrafung freistellt! Dies ist absolut <u>menschenverachtend und menschunwürdig</u> –** gehört in eine Diktatur! Denn *ein Straftäter bleibt nun Mal ein Straftäter!*

Wer als **Richter eine Güteverhandlung führt wie ein Scharfrichter und alle Gesetze und Richtlinien missachtet auf die er einen Eid geschworen hat, darf ohne Zweifel nicht für und in einem Rechtsstaat tätig sein und müsste genauso bestraft werden, wie jeder andere auch.**

Ja, um solchen Verfehlungen (Schweinereien) vorausschauend vorzubeugen, müssten hier, begangene Strafen, noch viel härter bestraft werden. Doch **diese Demokratie, belohnt, solche Straftäter noch mit lebenslangem vollem Bezug ihre Bezüge! Das dieses alles möglich ist, dafür standen bei der Verfassungsgrundlegung die Erfahrungen aus der BRAUNEN-ZEIT. (**siehe original Buch)

Im Zweifelfall suchen Sie entsprechendes im Internet!

Entstanden und als Gesetz gültig? auch wenn **es gegen die Artikel des GG verstoßen,** sind sie zu K. Adenauers Zeiten, übernommen von der BRAUNen Regierung!

Sie liebe/r Leser/In wollen diese Zeilen nicht glauben? dann lesen Sie bitte den nachfolgenden Auszug aus meinem letzten Buch.

Msk .Nr. 6 Kurze Buchbeschreibung
   Autor: Ben Huu Chiey   2013/14   19

Jenseits von Demokratie und Rechtsstaat *oder*
Geheimcode Rechtsstaat: Der größte Straftäter – Dein Staat?
(ISBN 9 783749 44808 1 Verlag BoD)
Hier macht der Autor vom Artikel 5 GG Gebrauch - der Redefreiheit garantiert!
   Das Buch schildert einen **wahren** Fall, die Strafsache zu der sie geworden ist, die durch einen neuen Nachbarn(?) der seinen Willen nicht bekam und daraufhin einen Rechtsstreit mit seinem ehemaligen Schulfreund und Nachbarjungen der RA geworden ist, von Zaun brauch. **Doch der eigentliche Fall wurde erst durch den Richter erzeugt, der eine einfach zu lösende Sache, durch sein gesetzeswidriges Verhalten in Form, eines, Scharfrichter, zu diesem Fall werden ließ!**

Und dieses soll der Nachwelt hiermit erhalten bleiben!!

Nur wer den ganzen Text, das Buch sieht/liest, wird verstehen, was ich sagte.

Um-welt

Im ersten Teil, auf Seite … steht schon geschrieben, dass der Autor mit einem Freund, in den Jahren um 1955, öfter das Gespräch um die Umwelt und … hatten.

Das sind jetzt rund 65 Jahre her.
Und wussten diese beiden Heranwachsenden um diese Themen, so mussten die, die dafür bezahlt werden und gewählt sind, dies erstrecht Wissen!
   Es war und wäre noch Zeit gewesen, an diesen fürchterlichen, auf die Menschheit zukommenden Geschehen, etwas zu ändern!
Doch was für diese Sorten, von, Mensch vielmehr zählt, ist Geld – sprich, Reichtum und Wohlstand!

„Greta T…" kommt um Jahrzehnte zu spät.
Arme Greta dein Tun und Einsatz für eine bessere Um-Welt wir ganz einfach im Sand verpuffen.
Und der Vorschlag von … dich zum Umwelt-Preis zu küren, ist schlicht gesagt nicht richtig.
Die, deine Reise nach Amerika und das Gespräch vor der UNO reden zu dürfen ist mehr als Du je erwarten konntes.

Da ist die Aussage einiger „Der Mensch hat immer eine Lösung gefunden" reiner Hohn!
Und auch die, die da sagen „wir schaffen das schon" werden von dem was die Natur uns jetzt zeigt, widerlegt!
Es gibt, nichts mehr, was die Menschheit noch retten kann – es ist einfach nur zu spät!

Zurück zur Demokratie:
Auch hier hat sich seit dem ersten geschriebenen Teil, viel zum Negativen hin verändert!
Alles zu erwähnen und zu behandeln wäre zu umfassend.

Da gibt es eine Kanzlerin die im Jahr 20.. die Umwelt mit allem Drum und Dran, zu ihrer Chefsache, Erklärte.

Sie aber ist eine Lü…, denn erst in diesem Jahr 2019 wiederholt sie diesen Spruch erneut – natürlich ohne große Ergebnisse die kommen müssten.

Politiker: Nein, ich schrieb es schon, ein absoluter unfähiger Haufen der den Laden Politik zum Selbstbedienungsladen macht, so wie die gewählte Mehrheit(?) es will.

Der neuste Trend: die Anhimmelung von Tutti.
Sie schafft es, eine Gebärmaschine wie die zum Laien zur Kriegsministerin zu Küren.
Dem nicht genug, sie schiebt noch einen nach, und lobt, lullt sie an die Spitze der Europäischen Union.

Wäre *(und vieles mehr)* noch Das: die AKK., das „Allgemeine-Caos-Kabinett".
  Na ja, das Ruder hat man ihr schon, abgewöhnt.
  Bleibt zu hoffen, dass sie, den Karren CDU, in die Wüste fährt - denn da gehört er hin.

Ich weiß was ich sage und weiß auch, dass Deutschland alleine nicht diese Welt verändern, gar Retten kann und eine Mehrheit der Sager auf dieser Erde wird es niemals geben – ist auch nicht mehr nötig,

Politiker: sie alle, und seit Ewig tragen die Verantwortung dafür, was kommen wird und muss.
Und hier ist der nächste Punkt **der das GG bricht!**

Vor dem Gesetz, damit ist vor allem **das GG gemeint**
  „sind alle Menschen gleich".   NEIN!

Alle: ob Bettler, Bäcker, Meister, Ing…, Doktor, Professor oder Milliardär – alle sind gleich, denn gleicher geht's nicht - oder doch?!

Das zeigt: die Armen haben nicht das Geld und das Wissen dagegen etwas zu unternehmen und die „Reichen" tun nichts, weil es auch sie be/treffen wird.

Der Kreislauf, Ende der Menschheit, schließt sich damit, es ist von allen (?) so gewollt.

Alle? Nein, es ist erstaunlich wie sich die Zahl derer mehrt, die dieses, was auf die Menschheit zukommende Problem, jetzt erkennen.

Doch wie geschrieben steht – es ist zu spät!

An der erforderlichen Gleichheit und Gerechtigkeit wird sich bei dieser Menschheit nichts ändern – es löst sich ja von selbst!

Ein Bekannter
Seit längerem benötige ich einen Krankengymnastiker, der inzwischen so etwas wie ein Freund geworden ist – aber wir siezen uns noch.

Wir unterhalten uns während der Gymnastik, über Gott und die Welt.
Ich fragte ihn, der alle meine Bücher kennt, auch vom Inhalt her: Warum nur werde ich so bestraft (Gesundheit)?

„Bestraft"? sagte er. „Ja - und nein – dass lässt sich nicht so einfach beantworten".

Er dachte nach und sagte weiter.
„Sie sind zu sensibel und haben ein übernormales Wissen und Gedächtnis – sehen Dinge voraus, die andere nicht sehen und erinnern sich an Kleinigkeiten aus ferner Zeit. Schreiben Sachen und Erkenntnisse in Ihren Büchern, die die Meisten längst vergessen haben oder nicht erkennen - wollen. Scheuen auch nicht davor zurück, den Menschen Wahrheiten offen darzulegen, die viele von ihnen schockieren. So das Buch „Jenseits von Demokratie und Rechtsstaat".
Und trotz Ihrer Intelligenz, sehen Sie nicht ein, dass sie dieses, Kaput macht --weil Sie vom Charakter her nicht anders können.
So sehe ich Sie als Mensch, als Person".

„Wir"? belügen uns selbst!

Lügen? Jein. Wir sehen, wollen es so sehen, dass es (so) rosig ist in „UNSERER" Gesellschaft.

In Wirklichkeit wird uns nur eine rosige Welt vorgegaukelt.
Nehmen wir nur einmal die Werbung Allgemein und die Medien.
Richtig: wer will, wer möchte schon gerne Sendungen sehen, die Negatives ausstrahlen. Damit ist kaum Geld zu verdienen, alle wollen nur reich und wohlhabend sein -doch, das geht nicht, macht aber, wenn, diesen Globus vorzeitig kaputt.

Da nutzen die vielen neuen Gesetze und alle anderen Gesetze auch nicht, denn die, die sie machen, wollen ja auch an diesem „Wohlstand für alle" teilhaben.

Gesetze: Wie schon irgendwo steht; man macht ständig neue Gesetze und schafft dafür die erforderlichen neuen Arbeitsplätze mit gut bezahlten, hoch positionierten Spitzen-Beamten/innen.
Doch wo hin wird das führen.

Das Geld, dass man für dieses neue Personal und die damit verbundenen Nebenkosten, wie Gebäude, Fahrzeuge, Reisen usw. ausgibt, ist verschwendetes Geld und lässt sich, durch zu vor, fehlerhafte und mangelhafte Gesetze, nicht wieder hereinholen.

∗∗∗

Noch `ne Lüge: Woher, so fragen viele sich, kommen Rechtsextremisten uddgl..
Klar, Gesinnung spielt dabei eine entscheidende Rolle mit.

*Und diese Gesinnung kommt durch die Gesetze und das Vor/Leben
der Reichen!*

Doch ist man ehrlich und kennt sich in der Gesellschaft aus, kommt
man schnell zu dem Ergebnis, der Erkenntnis, dass dafür die völlig
falsche Politik der Grund ist.

*Wie vor vorstehend schon geschrieben steht, leben wir nicht in einer
Demokratie und einem Rechtstaat.*
Und das nennt man Politik – C ristliche Politik!

Davos.

Ein wunderschöner Ferien/Ort in der Schweiz– nicht nur.
Außer den Bergen, dem Schnee, und da gibt es noch das Kirchner -
Museum, sind es noch viele Sehenswürdigkeiten die man sehen
sollte. Wäre noch, nicht zu vergessen, die Rätische Eisenbahn und,
die „Weltwirtschaftskonferenz" der Reichen der Welt, die jährlich
abgehalten wird.
    Neben dem größten Idi… aus den USA, hat sich Malwieder die
deutsche Kanzlerin besonders hervorgetan – durch Ihr mehr als
dummes Gerede.
Sie ist eine der größten, Schauspielerinnen (nein) auf diesem Gebiet
und die raffinierteste Märchenerzählerin dazu.
    Doch Sie ist so bl…, dass die anderen, ebenso bl… den, es nicht
merken, dass sie damit verarsc… werden,-ihr zustimmen!

    Sie wirft ständig den Klimaschutz und alles was dazu gehört ins
Gespräch, obwohl es alte überholte „Kamellen" sind, wenn sie nur
zum Programm der C-Partei passen, und die sind wenig für diese
Themen geeignet, denn SCHWARZ passt zu 99,99 % zu dem

316

anderen Schwarz, dem Schwarz, das einst die Welt regieren, beherrschen wollte.

*Lesen Sie dazu das Buch **SO. in die Zukunft.***

Unter Fr. Merke. und allen aus den C-Parteien kommenden Kanzler/innen, wird es nie eine bessere, gerechtere Welt, Menschheit geben - können!

Alle Proteste und Demos die gegen diese Konferenz stattfinden, verlaufen im Schnee, denn sie sind nicht radikal genug und werden von Laien abgehalten.

Und: wie Sie mich kennen, wird sich daran auch nichts, auch nie etwas ändern – solange es Menschen gibt!

EUROPA-Wirtschaftsgipfel? Jein, sieht man sich die Geldpolitik in Deutschland, der EU an, fragt man sich: Ist die breite Masse der Sparer, die ihr oft mühsam gespartes Geld zur „Kasse" bringen, eigentlich noch n... mal?

Für Zinsen die minimal über (plus) oder sogar im Minus liegen, bringen sie ihre wenigen „Kröten" dort hin, in der Hoffnung, dass ihr Geld sich dort ver/mehrt - nicht weniger wird.

Doch der ständige Kaufschwund frisst alles auf, sodass statt Haben, am Ende ein Minus dasteht

Dies ist mehr als nur eine Unverschämtheit und kann nur funktionieren, weil wir **keine gerechte Gerichtsbarkeit haben**.

Eine Gerichtsbarkeit die, von Wohlhabenden für Reiche gemacht ist.

Gehälter, Tantiemen und der gleichen steigen ständig enorm, da machen Minuszinsen nicht so viel aus.

Das ist eben die viel zitierte und oft gepriesene, „gesetzliche Gleichheit".

Karacho -Virus

In einem Buch von mir wird eine Reihe von Dingen genannt, wie z. B: Erderwärmung; Wasser-Mangel; Gletscher-Schmelze; Ressourcen-Mangel usw., doch dabei fehlt das Wort, wie z. B., Epidemie, Pandemie, die die Menschheit bedrohen können/werden, und nicht vorkommen!

Solange es Menschen gibt, solange gibt es ständig neue Epidemien, Seuchen die von ??? kommen und der Menschheit zu schaffen machen, weil sie Leben, in nicht voraussehbarer Zahl, kosten.

Das ist auch bei diesem Virus nicht anders.
Doch das Entstehungs-, Entdeckungsgebiet ist ausgerechnet China mit seinen Millionen, Milliarden von Menschen.
Dort, die Krankheit im Griff zu bekommen, ist mehr als ein übergroßes Problem.

Die große Seuche im 30ig jährigen Krieg, hat große Teile der damaligen Bevölkerung gekostet.

Wie wird das bei dieser Epidemie aussehen. Wird sie die derzeitige Überbevölkerung auf ein erträgliches Maß reduzieren???
Was sich so manch einer heimlich wünscht!
Doch damit sind die anstehenden und kommenden Probleme der Menschheit auch nicht gelöst!
*Da steht im Buch, **SO: in die Zukunft** ..., zu lesen, unter dem Kapitel, **SO – END/E/LICH unendlich**, Seite 78 u. weiter, dass neben den dort erwähnten Größen, es bisher, etwas Unbekanntes kommen wird!*
Jetzt haben wir eines!

Die Bevölkerung der letzten hundert Jahre, hat un- oder bewusst, der Erde so viel Schaden und Schäden zu gefügt, dass nichts mehr sie retten kann!
Außer – vielleicht, ein solcher Virus-- *schlimm!*!

Schon jetzt ist die Ohnmacht der Menschheit bei diesem Virus zu sehen, obwohl wir erst am Anfang der Viruserkrankungen stehen. Doch offen bleiben viele Fragen: Wieso gerade China wo der Virus entdeckt, entstanden (?) ist.
Hat dort – vielleicht - einer mit C-, B-Waffen experimentiert? Und ist ihm **ein kleines Grünes-Männchen, dabei verloren gegangen?**

Denn in den Medien sagt man, dass dieser Virus zu 96% dem Virus von 2009 gleicht.

Da dürfte, bei den Eliten, die diese Welt hat, es doch nur eine Kleinigkeit sein, ein geeignetes Gegenmittel rechtzeitig, zu finden.
Doch die Natur spielt ihre eigene Rolle ab, da ist der Mensch so gut wie machtlos!

*Man sieht, ob arm oder reich, vor niemanden, in dieser Gesellschaft, mach der Virus halt – **auch eine Gerechtigkeit!?***

Zum Ende des Buches

Hier, nach diesem wenigen Worten, will ich Schluss machen mit Zusatzbemerkungen, denn es ist eigentlich alles gesagt, geschrieben worden was Wichtig ist.

Corona wohin?

Hier müsste der Artikel GG 14 Abs.2 voll zum Einsatz kommen!!

Rechtsextremisten wohin, wodurch?

Selbst gemacht und gefördert durch dies Regierung – sie merken es, wollen aber nicht wahrhaben!!

Neue Techniken die die Menschheit retten sollen – wie?

Auch das schrieb ich schon: für jede neue Technik, wird auch ein neues Kapitel zum Ende der Menschheit verfasst. Ob es um-Fahrzeuge, Wasserstoff-Antriebe, Gipfel hier, Gipfel da, geht, jede neue Verordnung oder Gesetz, alles nur für Blö..., alles nur Show und Arbeitsbeschaffung, und die breite Masse ist so blö... und will es nicht merken. Merken, weil sie zu faul ist, dagegen einzuschreiten.

Bundestag Besetzung von über 700 Abgeordneten? wofür, warum? Sie bringen nichts, nur den Parteien Geld und Scheinansehen – **müssen verschwinden!!** *– und Vieles andere auch!!*

Wir, die Menschen brauchen Regierungen die ein längeres Über/Leben garantieren – keine schlechten Schauspieler und Akrobaten!!!

Was noch auffällt!

Umweltschonen: Da scheint es eine Menge von .... Zu geben, die glauben, durch das sehr klein schreiben von Schriften, die Welt zu retten.

Deren Schriftgröße ist häufig so klein, dass sie nicht mehr zu lesen ist – ohne Lupe. Kommt noch hinzu, die ungewöhnlichere Schrift und, man schreibt, durch Drucken in weiß auf ein blasses grün, rot oder – nicht lesbar.

Das was man durch Nutzung dieser Unsitten spart, ist kaum der Rede wert!
Da wäre die Tatsache, die Autos in der Größe zu begrenzen, viel überzeugender. Doch es träfe viele Anhänger der SCHWARZEN Parteien und dass tät weh!

SCHWARZ: was noch und immer wieder auffällt, **Schwarze steht unangefochten an der Spitze der Umweltvernichter.**

Sie aasen, mit den Steuergelder rum, als sei es ihr eigenes.
Denken wir nur an die ÜBERGROßE, überflüssige Zahl von Beamten.

Ein Gehalt der Leistung angepasst, ja.
Wer aber von denen, denkt schon da die Milliarden, die die Pensions-Kasse jährlich zahlen muss (?!) und am AUS mitwirkt!

Auch eine Tatsache, dass die SCHWARZEN-Parteien zum Totengräber der Menschheit werde lässt!

Schweigen Sie, keiner wird daran etwas mehr ändern!

Sie verstehen es nicht? Schade!

Fällt noch auf, die Medien, Zeitungen und -Schriften.
Und auch da gibt es Unterschiede.

Was alle gemeinsam haben und auch mir als Autor zusteht, **Artikel 5 GG, der Redefreiheit garantiert!**

Da gibt es in der Grafschaft ein Blatt, dass sich Nachrichten nennt, und in kurzer Zeit sich von einer „normalen" Zeitung zur Bild verko... Blatt entwickelt hat.

Bilder ja, wenn sie den Artikel dazu besser erklären. Aber Bilder in Übergröße - nein!

Glauben Sie nicht, dass das alles wäre.

Auf fast jeder Blattseite ist mindestens ein Artikel der unter autoren ... geschrieben ist, schön farbig unterlegt damit man`s nicht übersehen kann.

Anscheinend hält man seine Leser für dumm oder bl... nicht aber für aufgeklärt!

Schulmeisterhafte Aufklärung oder Besserwisser! Was sind sie sonst.

Der nachstehende Artikel zeigt, wie die Leser verars...
werden.

Glaubt wirklich jemand, die Ressourcen dieser Erde könne man in mehreren Kategorien aufteilen? **Der irrt!**

GN 22.08 20

Menschheit lebt ab heute auf Pump

Ressourcen-Budget für 2020 aufgebraucht

BONN Mit dem heutigen Samstag lebt die Menschheit ökologisch wieder auf Pump: Ab diesem Tag beanspruchen die 7,8 Milliarden Erdbewohner für das restliche Jahr mehr Acker- und Weideland, Fischgründe und Wald, als ihnen rechnerisch zur Verfügung stünde. Und sie stoßen weit mehr CO_2-Emissionen aus, als Wälder und Ozeane aufnehmen können.

Damit ist das Budget der natürlichen Ressourcen für dieses Jahr aufgebraucht und der „Welterschöpfungstag" erreicht, wie das Global Footprint Network mitteilte. „Um den aktuellen Ressourcenverbrauch zu decken, bräuchten wir derzeit 1,6 Erden", so das weltweite Netzwerk von Umweltorganisationen und Wissenschaftlern. Das heißt: Die Menschheit verbraucht aktuell 60 Prozent mehr an Ressourcen, als nachwachsen können.

Eigentlich könnte das diesjährige Datum eine gute Nachricht sein, denn 2019 lag der auch als Erdüberlastungstag bezeichnete Stichtag am 29. Juli. Der Wirtschaftseinbruch infolge der Corona-Pandemie hat den ökologischen Fußabdruck der Menschheit aber um zehn Prozent schrumpfen lassen und das Datum des Erdüberlastungstags um mehr als drei Wochen nach hinten verschoben – was seit Jahren nicht mehr geschehen ist. Das bedeute aber keine Trendwende, betonten die Umweltorganisationen Germanwatch und WWF. Dieser Effekt könnte schon im kommenden Jahr wieder verpufft sein, wenn der Weg aus der Corona-Krise nicht ressourcenschonend gelinge. Laut WWF sorgten der verringerte Holzverbrauch und die geringeren CO2-Emissionen dafür, dass die Ressourcen 2020 später erschöpft sind. *KNA*

Es ist nicht zu verantworten, wenn man den Menschen falsche Aussagen präsentiert!
Dass Wenige, das sich regeneriert ist nur ein kleiner Teil vom „Kuchen". Der Rest ist wesentlich größer und Entscheidender fürs AUS!
Das was weg ist und sich nicht regeneriert – aus Mutter Erde – kommt nie wieder, ist für immer verloren!

So z.B. das Eis! Das Eis, dass schon ausführlich genug beschrieben ist.

Von den Ressourcen, die jetzt, vor allem für die neuen Techniken benötigt werden und in der ERDE stecken, gar nicht zu sprechen. Wir holen sie raus, in welchem Glauben auch immer, ich weiß es nicht?!
Sie sind alle endlich. Nicht wie man es sich wünscht, unendlich!

Da sind wir wieder beim Auto. Ob E-Auto, Wasserstoff oder was auch immer, für alle Arten von Treibstoff wird Energie, werden Ressourcen verbrauch die nie wiederkommen!

Regierungen denen mehr als nur, im Kopf etwas fehlt, weil nur der Mammon für die Reichen und Wohlhabende wichtig ist.

Kurz gesagt: die (nachgemachten) Gesetze der Bundesrepublik Deutschland widersprechen zum großen Teil den Artikeln des Grund Gesetze (GG). Von denen ist aber alles andere abhängig!!

Eisverlust in Grönland auf Rekordniveau

$g N 22.08.20.$

Bremerhavener und Potsdamer Forscher stellen Studienerkenntnisse vor

BREMERHAVEN Das grönländische Inlandeis hat 2019 einen neuen Negativrekord erreicht: Der Massenverlust war größer als im bisherigen Rekordjahr 2012. Zu diesem Ergebnis kommt eine Studie des Bremerhavener Alfred-Wegener-Instituts (AWI) und des Potsdamer Geoforschungszentrums (GFZ). Die Wissenschaftler hatten dafür Satelliten- und Modelldaten ausgewertet.

Die Studie erschien am Donnerstag im Fachjournal „Communications Earth & Environment". 2017 und 2018 hatte es nur geringe Massenverluste gegeben. „Nach zwei Jahren ,Atempause' sind 2019 die Massenverluste wieder stark angestiegen und übertreffen alle Jahresverluste seit 1948, wahrscheinlich sogar seit über 100 Jahren", sagte Ingo Sasgen, Glaziologe am AWI in Bremerhaven und

Das Grönland-Eis schmilzt schnell. Foto: dpa/Felipe Dana

Autor der Studie. Als Inlandeis – auch Eisschild genannt – wird eine flächenartige Vergletscherung bezeichnet, die das vorhandene Relief fast vollständig bedeckt. Das Inlandeis in der Ant-

arktis und das in Grönland sind die größten Eisschilde der Erde. Die Massenbilanz eines Jahres ergibt sich aus der Differenz zwischen Eiszunahme durch Schneefall und Eisverlusten durch

Schmelzen und Eisausstoß am Rand in den Ozean. Die Massenverluste in Grönland fielen den Angaben zufolge 2019 mit 532 Milliarden Tonnen deutlich höher aus als im bisherigen Rekordjahr 2012 (464 Mrd. Tonnen). Dies entspreche einem global gemittelten Meeresspiegelanstieg von 1,5 Millimetern. „Immer häufiger haben wir stabile Hochdruckgebiete über dem Eisschild, die den Einstrom von wärmerer Luft aus den mittleren Breiten und damit das Schmelzen begünstigen", sagte Sasgen.

Erst Mitte August hatten Forscher von der Ohio State University berichtet, der Eisverlust von Grönland beschleunige sich und sei nicht mehr zu stoppen, selbst wenn die Erderwärmung sofort ende. Der jährliche Schneefall reiche nicht mehr, um ihn aufzuwiegen. _dpa_

Der vorstehende Zeitungsartikel beweist uns das Gegenteil, die Wahrheit, und widerspricht eindeutig der Aussage,

Die Menschheit lebt seit heute auf Pump!

Die Menschheit lebt nicht erst seit heute auf Pump, sie lebt seit Anbeginn ihres Daseins auf diese Art und Weise bis zu ihrem Ende, ihrem Aus.

Erst wenn gar nichts mehr zu ändern ist, wird die Masse der Menschheit wach!

H. S.

Totengräber der ...

Inhaltsverzeichnis

Aus der Feder von ..., geschrieben für: Red Stone; Jo Red Stone, Jo Redstone; H. Schiemansky

Stand:10-2020

Msk. 1: **Totengräber der Demokratie** oder ...   ISBN 3-937008-92-6
Mangelhafte Ausführung vom Verlag, wahrscheinlich nicht mehr beziehbar!

Msk. 2: **Neue Energiespartechniken** oder ... wegen zu vieler Offenheiten und   Wahrheiten   nicht veröffentlicht

Msk.3: **Direktflug von Teneriffa** oder ...   bisher nicht verlegt

Msk. 4: **Die unbemerkte Blume und** ...   ISBN 9-783739-2-210995 bei BoD   700 Seiten, hochwertig,

Msk.5: **So: in die Zukunft** oder ... ISBN 9-783746-927223-7 bei. Tredition

Msk. 6: **Jenseits von Demokratie und Rechtsstaat** oder
ISBN 9-783749 44808-1 bei BoD   DIN A 4 Hardcover, hochwertig

Msk. 7 (1): **Neuauflage von Totengräber** ... wegen Überarbeitung. Und Ergänzungen   Erscheint 2020 bei BoD

Msk.8: **Mütter und ihre weiblichen Kinder**
                    z.Z. in Arbeit -voraussichtlich in 2021

Msk 9: **Be-richte; Arzt-Berichte;** *be*-**Richter**
                    in Arbeit

Dokument: **Erkenntnisse in** Eigenausgabe   2013

Dokument: Nicht nur Erinnerungen, in Eigenausgabe   2010